O MISTÉRIO DO GRAAL

Julius Evola

O MISTÉRIO DO GRAAL

O Simbolismo Iniciático e Mágico na
Busca pelo Desenvolvimento do Espírito

Tradução
Pier Luigi Cabra

Editora Pensamento
SÃO PAULO

Título do original: *Il Mistero del Graal*
Copyright © 1972, 1994 Edizioni Mediterranee, Roma.
Copyright da edição brasileira © 1986, 2021 Editora Pensamento-Cultrix Ltda.
2ª edição 2021.

Todos os direitos reservados. Nenhuma parte deste livro pode ser reproduzida ou usada de qualquer forma ou por qualquer meio, eletrônico ou mecânico, inclusive fotocópias, gravações ou sistema de armazenamento em banco de dados, sem permissão por escrito, exceto nos casos de trechos curtos citados em resenhas críticas ou artigos de revistas.

A Editora Pensamento não se responsabiliza por eventuais mudanças ocorridas nos endereços convencionais ou eletrônicos citados neste livro.

Editor: Adilson Silva Ramachandra
Gerente editorial: Roseli de S. Ferraz
Preparação de originais: Gilson César Cardoso de Souza
Gerente de produção editorial: Indiara Faria Kayo
Editoração eletrônica: Join Bureau

Dados Internacionais de Catalogação na Publicação (CIP)
(Câmara Brasileira do Livro, SP, Brasil)

Evola, Julius
 O mistério do Graal: o simbolismo iniciático e mágico na busca pelo desenvolvimento do espírito / Julius Evola; tradução Pier Luigi Cabra. – 2. ed. – São Paulo: Editora Pensamento, 2021.

 Título original: Il mistero del Graal
 ISBN 978-85-315-2151-5

 1. A demanda do Santo Graal 2. Cavaleiro – Aspectos religiosos 3. Ritos de iniciação I. Título.

21-75243   CDD-135.43

Índices para catálogo sistemático:
1. Graal: Esoterismo 135.43
Cibele Maria Dias – Bibliotecária – CRB-8/9427

Direitos de tradução para o Brasil adquiridos com exclusividade pela
EDITORA PENSAMENTO-CULTRIX LTDA que se reserva a
propriedade literária desta tradução.
Rua Dr. Mário Vicente, 368 - 04270-000 – São Paulo – SP
Fone: (11) 2066-9000
http://www.editorapensamento.com.br
atendimento@editorapensamento.com.br
Foi feito o depósito legal.

Sumário

Nota do Editor 9

O Graal de Evola entre Símbolo e Esoterismo,
   por Franco Cardini 17

Prefácio 37

PREMISSAS

1. O Preconceito Literário 39
2. O Preconceito Etnológico 42
3. Sobre o Método "Tradicional" 45
4. Local Histórico do Mistério do Graal 49

PRINCÍPIOS E ANTECEDENTES

5. O Ciclo Olímpico 53
6. Sobre o "Herói" e a "Mulher" 55
7. O Tema Hiperbóreo 60
8. A Tradição na Irlanda 62
9. O Ciclo Arturiano 69
10. A Saga Imperial – O Senhor Universal 76
11. Frederico – O Preste João – A Árvore do Império 82
12. Dante: O Galgo e o *Dux* 89

O CICLO DO GRAAL

13. As Fontes do Graal 105
14. As Virtudes do Graal 113
15. A Pedra de Lúcifer 124
16. A Prova do Orgulho 128
17. O Raio e a Lança 137
18. O Mistério da Lança e da Vingança 144
19. O "Golpe Doloroso" 149
20. O Rei Pescador 159
21. A Sede do Graal 162
22. Outras Aventuras Iniciáticas dos Cavaleiros do Graal 167
23. O Graal Como Mistério Gibelino 182

A HERANÇA DO GRAAL

24. O Graal e os Templários 205
25. O Graal, os Cátaros e os "Fiéis do Amor" 219
26. Dante e os "Fiéis do Amor" Como
    Milícia Gibelina 229
27. O Graal e a Tradição Hermética 236
28. O Graal e os Rosa-cruzes 247

EPÍLOGO

29. Inversão do Gibelinismo –
    Considerações Finais 267

APÊNDICE

A Redescoberta da Idade Média, por Chiara Nejrotti 285

Bibliografia 303

Nota do Editor

A primeira edição deste ensaio apareceu em março de 1937 na prestigiosa coleção "Studi Religiosi ed Esoterici" da Laterza, ao lado de nomes como Freud e Guénon, Lanza del Vasto e Maeterlinck, Pettazzoni e Salvatorelli. O livro, segundo Evola em *Cammino del Cinabro* (1963), "tomou forma como desenvolvimento de um apêndice da primeira edição de *Rivolta contro il Mondo Moderno*", intitulado justamente "Sobre o Graal", presente apenas na edição Hoepli de 1934 e depois suprimido, é claro, na da Bocca de 1951 e na da Mediterranee de 1969. A intenção, explica o autor, era "demonstrar a presença, em plena Idade Média europeia, de um traço de espiritualidade que remontava à tradição primitiva em seu aspecto régio, com as ideias correspondentes expressas sobretudo pelo simbolismo da literatura cavalheiresca, além das imagens, mitos e sagas do 'ciclo imperial'". Mas, então, qual o seu significado? Diz Evola na autobiografia espiritual citada: "Em essência, o Graal simboliza o princípio de uma força transcendente e imortalizante ligada ao estado primordial, mas que perdurou até o período da 'queda', do retrocesso ou da decadência".

O Mistério do Graal foi uma das contribuições mais importantes e originais feitas por Evola no âmbito da *Kampf um die Weltanschauung*, da "luta pela visão do mundo" travada nos anos 1930 e 1940 tanto na Itália quanto no estrangeiro e que contrapunha frontalmente duas "culturas" diversas e conflitantes. Evola tentou, com o mito do Graal, com um certo conceito de "romanidade", um certo conceito de "espiritualidade" e por aí vai, fornecer pontos de referência àqueles que na época, em nosso país, teorizavam e praticavam, procurando ressuscitar "mitos" considerados obsoletos. De fato, inúmeras vezes, Evola ressalta como num dado momento histórico (a Idade Média) o símbolo do Graal representou também "um esforço de intervenção direta no jogo das forças históricas" com a finalidade de restabelecer os vínculos entre o poder político e o "Centro" invisível, de concretizar, por meio do Mistério, a dignidade transcendente que o gibelinismo reivindicou para um soberano, de determinar novamente a união dos "dois poderes" (o régio/guerreiro e o sacerdotal). Falar do Graal naquele contexto sociocultural pressupunha um sentido que ia além do erudito, do filológico, do literário, etc.

Tudo isso é confirmado pelas considerações básicas e conclusivas do "Epílogo" da primeira edição em inglês de 1937 do *Mistério* (pp. 183-85), testemunho importante de como Evola encarava seu próprio trabalho, sua intervenção no debate da época em páginas que nos parece útil reproduzir integralmente para um confronto com a situação moderna – circunstância das mais significativas, tendo em vista que a sucinta "premissa" do livro permaneceu praticamente idêntica depois de trinta anos, prova de que a abordagem "oficial" do tema do Graal não mudou nada:

Aqui trataremos o assunto apenas de passagem, como uma espécie de justificação e remate de nosso estudo sobre o Graal e a tradição imperial gibelina.

É natural, numa época que parece o fecho de um ciclo, saturada de impulsos e tendências imperialistas, aflorarem de novo das profundezas, espontaneamente, mitos associados a ciclos correlatos, em alguns casos por via direta, em outros por intermédio de um instinto inconsciente de compensação e defesa. O tema do Graal se insere num quadro similar e, em si mesmo, pertence a um plano mais elevado que aquele onde hoje em dia, por seu aspecto predominantemente político, atuam outros temas de simbólica grandeza pregressa como o da romanidade na Itália ou o do "arianismo" e do paganismo nórdico na Alemanha. Compreender e vivenciar o símbolo do Graal em sua inteireza significaria hoje despertar forças capazes de fornecer um ponto de referência transcendente ao que amanhã poderá manifestar-se, após uma crise de grandes proporções, sob a forma de "época das supranacionalidades"; significaria purgar a chamada "revolução mundial" dos falsos mitos que a intoxicam e tornam possível sua sujeição a forças obscuras, coletivísticas, irracionais; significaria vislumbrar o caminho da verdadeira integração, apta realmente a conduzir-nos para além, seja das formas materializadas – diríamos também "luciféricas" e "titânicas" – de dominação e poder, seja das formas "lunares" da sobrevivência devocional e da desagregação não espiritualista contemporânea. De fato, a tradição régia dos dominadores do Graal e do Templo, com o conceito de *Imperium* a ela associado, que entre outras coisas sempre pode coroar um sistema social bem preciso como aquele que teve, entre suas muitas expressões reais, a constituição hierárquica supranacional da Idade Média, é ao mesmo tempo viril e espiritual, heroica e olímpica: só em função dela a antítese entre "guerreiro" e "sacerdote" é superada, o Império adquire autenticidade, seu direito se torna absoluto, o dominador adormecido acorda, os contatos são retomados, o espírito se faz potência.

Se esse centro de referência será mesmo reconstituído no futuro imediato para dar magneticamente uma justa e feliz orientação a grandes forças supranacionais harmonizadas, transfigurando-lhes os símbolos – em essência: o nórdico e o romano –, isso, por enquanto, é um problema a deixar em suspenso. Também se deve considerar vã qualquer tentativa de constituir grupos ou organizações materiais e visíveis para influenciar diretamente as forças hoje em ação no mundo. Essas mesmas forças, seguindo seu próprio determinismo, logo criarão uma situação decisiva que, em definitivo, deixará entrever a possibilidade de uma ação desse tipo e de uma "conversão", quando não a excluir de todo.

Nesse meio-tempo, pode ser viável uma ação útil. Um dos efeitos daquilo que de negativo atua nos bastidores atualmente é paralisar a força reintegradora que os princípios e símbolos de caráter superior poderiam ter hoje: paralisá-la não pela exclusão, mas pelo desvio do sentido, fazendo com que eles pareçam na prática meros fac-símile, os quais não são degradações nem caricaturas, mas, como substitutos, acabam por transformar sua ação numa ação contrária. Aquilo que o Oriente, ponto de referência supertradicional, se tornou no Ocidente graças às transformações funestas por parte não tanto de seus detratores, mas sobretudo de seus defensores "espiritualistas", panteístas e teosofistas; aquilo que o próprio rosicrucianismo, pelo que se diz, se tornou entre os ocultistas, maçons e similares; num outro plano, aquilo que o conceito de tradição nórdica e super-raça ariana se tornou em alguns postulados do materialismo zoológico e da mitologia política; aquilo em que o supercatolicismo se transformou como anticatolicismo de inspiração maçônica, neoevangélica e humanista ou baseado no super-homem nietzschiano e no culto da imanência, etc. – esses são outros tantos exemplos eloquentes da ação pervertedora de que falamos. Com efeito, não podemos deixar de pensar até que possuem uma "inteligência" orientadora, ciente de sua própria natureza e dos meios com os quais pode contar para seus planos de destruição.

Como, levando-se em conta alguns sintomas, parece que o antigo mito imperial e a tradição do Graal podem ser revividos, mas também sofrer influências do mesmo gênero, julgamos conveniente concluir nossa contribuição para a compreensão e a defesa da realidade "tradicional" fazendo algumas referências oportunas: referências sumárias, mas suficientes aos olhos daqueles que, potencialmente qualificados para a tarefa, desejarem empreender um estudo dos motivos dessa saga, verdadeiro legado de nossa grandeza e de nossa vontade gibelina, até sentir que o centro invisível e inviolável – o imperador que precisa despertar, o herói vingador e restaurador – não é um mito de um passado morto ou mais ou menos "romântico", mas a verdade dos únicos que hoje podem considerar-se legitimamente vivos.

Vinte e cinco e 35 anos depois, na época da segunda e da terceira edição do livro, as intenções seriam bem outras, obviamente, vindo em primeiro plano aquelas que – sempre assumidas e sempre presentes no complexo da obra de Evola – postulavam uma "retificação" das deformações lexicais e semânticas contraídas por palavras e conceitos com o passar do tempo e o agravamento da "decadência". O objetivo será, pois, como se lê no "Epílogo" de 1962 e 1972: de um lado, "denunciar as aberrações que símbolos e doutrinas tradicionais sofreram por culpa de autores e correntes dos tempos modernos"; e, de outro, ressaltar "a fecundidade do método que, por oposição ao das atuais pesquisas acadêmicas, chamamos de 'tradicional'". Nos anos 1960 e 1970, o símbolo do Graal tem para Evola, sobretudo, um significado individual e interior: "O Graal", explica ele em suas conclusões mais atualizadas, "preserva o valor de um símbolo no qual foi superada a antítese entre 'guerreiro' e 'sacerdote' ou mesmo o equivalente moderno dessa antítese: as formas materializadas e, como diríamos, luciféricas, telúricas ou titânicas da vontade de potência, por um lado, e, por outro, as formas 'lunares' da religião sobrevivente de fundo devocional com confusos impulsos místicos e neoespiritualistas voltados para o sobrenatural e o além". Em consequência, se hoje é permitido falar de "templarismo", só podemos fazê-lo de um modo. Diz Evola: "Tenhamos em mente que (...) o templarismo possível pode revestir apenas um caráter interno defensivo em relação à tarefa de manter inacessível a simbólica – mas não apenas simbólica – 'fortaleza solar'".

Em suma, trata-se de uma adequação aos tempos daquele que escrevia em 1937: "Também se deve considerar vã qualquer tentativa de constituir grupos ou organizações materiais e visíveis para influenciar diretamente as forças hoje em ação no mundo" (...). Repercutem aqui as teses existencialistas expostas em minúcia no *Cavalcare la Tigre* (1961), livro publicado um ano antes da segunda edição do *Mistério*, mas concebido e em parte escrito na década anterior.

No início dos anos 1970, Julius Evola não podia sem dúvida prever o inevitável *revival* medieval que logo iria dominar a cultura do Ocidente e, sob diversas formas, perdurar até hoje, na década de 1990. Graças, de modo especial, à saga do *Senhor dos Anéis*, de J. R. R. Tolkien, nos Estados Unidos de 1965 e na Itália de 1970, como também ao "relançamento" do tema em 1980 por conta de *O Nome da Rosa* (que Umberto Eco escrevera com intenção diametralmente *oposta*), no prazo de quatro ou cinco quinquênios foi uma obra de publicação contínua de ensaios e romances "fantásticos" sobre a Idade Média, a Cavalaria, o Graal, além de reedições e traduções do princípio de textos de época, histórias, crônicas, narrativas, poemas. Nesse clima – esboçado em linhas comparativas gerais, enriquecidas de uma vasta bibliografia no apêndice a esta edição da obra de Evola –, *O Mistério do Graal* tem mais que nunca uma missão a cumprir. Não apenas como texto de erudição sólida, de revelações inesperadas, de leitura fascinante, mas principalmente como instrumento metodológico de uma interpretação simbólica insuperável, que adota um ponto de vista heterodoxo e avesso à cultura e à historiografia ainda predominantes, as quais o condenam por sua "cientificidade" insuficiente (ou ausente). Entretanto, o "método tradicional" já mencionado por Evola em *Rivolta contro il Mondo Moderno* (1934) procura inserir o mito na história e não vice-versa...

Isso ocorreu sobretudo no âmbito da análise hermenêutica da narrativa fantástica, em particular, e da narrativa do imaginário, em geral. Pondo de parte, como lemos nas "Premissas" do *Mistério*, as intenções mais ou menos explícitas dos autores (e recorrendo ao mito, à saga, à epopeia, à narração tradicional e ao folclore), até a fábula e o conto fantástico moderno adquirem uma profundidade, uma dignidade e um sentido muito superiores aos que lhes atribuem os críticos ocupados unicamente com indagações estético-filológicas ou históricas. Estamos diante de um tipo de interpretação, a de Evola, que tem claramente suas origens nas pesquisas de René Guénon empreendidas em meados dos anos 1920 e será confirmada pelo que mais tarde dirá Mircea Eliade a propósito do significado oculto e mítico do ciclo arturiano-graálico.

Para figurar na coleção "Opere di Julius Evola", o texto de *O Mistério do Graal* foi revisto em confronto com a primeira e a segunda edição. Desse modo, corrigimos ou eliminamos palavras estrangeiras grafadas de maneira errônea (para outras, ao contrário, foi proposta uma transcrição mais atualizada com respeito à que se adotava nos anos 1930), além de restaurar os saltos tipográficos. Indicamos as traduções das obras citadas, algumas publicadas em italiano meio século ou mais depois das referências de Evola ao original, e mencionamos as últimas edições mais acessíveis. Foram acrescentadas umas poucas referências bibliográficas que consideramos úteis.

– G. D. T.
Roma, dezembro de 1993

Esgotadas em três anos a quarta edição e uma reimpressão simples, o que prova o interesse geral pelo assunto e em particular por esta obra, julgou-se oportuno preparar uma quinta edição em regra a fim de padronizar todos os volumes da coleção (*O Mistério do Graal* é o segundo). Corrigimos, atualizamos e ampliamos a bibliografia e corrigimos alguns erros de impressão que haviam escapado a uma revisão das mais atentas. Agradecemos a ajuda e a colaboração de Adolfo Morganti, Errico Passaro, Antonio Tentori e a senhorita Vanda Gentili.

– G. D. T.
Roma, outubro de 1996

O Graal de Evola entre Símbolo e Esoterismo

Quem melhor apresentou *O Mistério do Graal* foi o próprio Julius Evola numa página densa de *Il Cammino del Cinabro*.[1] Nela, Evola lembrava que, de um anexo original da primeira edição de *Rivolta contro il Mondo Moderno* (1934), desenvolveu-se uma demorada pesquisa que, por fim, se concretizou em *Il Mistero del Graal e la Tradizione Ghibellina dell'impero*, publicado em 1937 pela Laterza e em 1962, em edição "revista e ampliada", pela Ceschina. O objetivo da pesquisa era "demonstrar a presença, no seio da Idade Média europeia, de um traço de espiritualidade que remontava à tradição primitiva em seu aspecto régio".[2] Depois de, corajosamente, tomar distância da reelaboração romântica do tema do Graal sob a forma que ele assumiu no *Parsifal* de Wagner e ter, sem hesitações, classificado de "errônea" a interpretação desse tema como mistério cristão, Evola apontava como sua chave básica de leitura "os assuntos e registros conservados pelas tradições célticas e nórdicas em estreita relação com o ciclo do rei Artur".³ Além disso, indicava como sua essência o princípio de uma força transcendente e imortalizante ligada ao estado primordial, ao mesmo tempo que lhe definia o caráter não como vagamente místico e sim como mais propriamente iniciático. Entretanto, a iniciação graálica implicava, segundo Evola, uma tarefa específica da parte do cavaleiro chamado a fruir a visão e os benefícios do Graal: a de restaurar uma "ordem". Essa tarefa colocava o problema de sua inserção histórica: Evola entrevia sua possibilidade na tradição histórico-política expressa pelo gibelinismo e encarnada em algumas ordens militares, opondo-se à vontade "guélfica" de supremacia da Igreja. E prosseguia reconhecendo alguns "herdeiros do Graal" – ou seja, da "tradição nele implícita" – nos míticos *Fedeli d'Amore* estudados por Luigi Valli, com seu suposto gibelinismo avesso à Igreja e associado à Ordem do Templo, na tradição rosacruciana; por fim, encarava a maçonaria como "inversão do gibelinismo".

Sabe-se que muitas foram as interpretações do Graal: a da herança céltico-pagã folclorizada, a oriental ou mais propriamente árabe-persa e a eucarístico-cristã, que logo se afirmou como a mais difundida.

O núcleo do "mito do Graal" – ou de sua "lenda", como talvez fosse mais exato dizer – continua porém rigorosamente insondável. E isso principalmente porque – convém esclarecer a fim de não perpetuar um equívoco perigoso –, se termos como *gradalis* aparecem já em plena Idade Média para indicar, talvez, um recipiente em forma de terrina, o objeto misterioso que inaugurará o complexo ciclo graálico não é mencionado antes de Chrétien de Troyes. Apenas por hipótese, embora das mais verossímeis, se pode dizer que Chrétien recorreu ao patrimônio céltico folclorizado, não sendo também impossível que haja se abeberado em fontes e temas orientais, transportados a seu mundo pelas Cruzadas na Terra Santa e pela *Reconquista* na

Espanha.[4] Tudo está, porém, envolto na névoa de onde só se podem extrair hipóteses. Resta o fato de que, quando se fala do Graal, o assunto é uma construção literária: sua data de nascimento coincide com o fim do século XII e seu texto-base é o romance de Chrétien. O grande sucesso do tema do Graal não basta, certamente, para justificar uma passagem da literatura ao mito nem da literatura à história. O vínculo da primeira com os demais permanece, pois, obscuro, talvez mesmo arbitrário ou até inexistente.

Contudo, a lenda do Graal dá mostras de ser uma variável do grande tema antropológico do manancial de todos os bens: fonte, cornucópia, caldeirão ou qualquer outra coisa segundo as diferentes tradições.

Isso associaria automaticamente o Graal à "terceira função" de Dumézil, a da produção, fecundidade e abundância. Entretanto, o caráter sacro que lhe é próprio e as provas que é preciso vencer para chegar à sua presença parecem indicar, antes, as outras duas funções, o saber mágico/régio e o poder heroico/guerreiro. Passemos, pois, à lenda.

Alto e solitário, ergue-se o castelo de Monsalvato. Quando, em Bayreuth, o *Parsifal* foi encenado pela primeira vez, o Maestro já estava desiludido e fisicamente debilitado. Passou o ano seguinte em sua bonita casa do Grande Canal e a notícia – "Richard Wagner morreu!" – abalou a Europa tanto das cortes quanto do povo. O Kaiser e o Czar amavam a arte de Wagner; mas, entre os operários alemães e italianos, nas Leghe e nas Società di Mutuo Soccorso, existiam já wagnerianos turbulentos, não faltando sequer quem visse no "Santo Graal" de Monsalvato uma alegoria da Libertação dos Oprimidos, da Revolução Social.

A fortuna de Richard Wagner, como se sabe, nem sempre foi constante; e acabou prejudicada também pelo equívoco grosseiro, mas amplamente difundido, que fez de sua música uma espécie de manifesto *ante litteram* do nacional-socialismo (muita gente, na Alemanha hitlerista, sustentou sem pestanejar que o Graal era o símbolo da pureza da raça ariana). Hoje, eliminados em grande parte esses mal-entendidos, pode-se dizer que Wagner e seu inimigo fraterno, Nietzsche, estão atravessando uma fase de gloriosa *revivescência*. Todavia, mesmo nos tempos em que o wagnerismo já saíra de moda, a palavra "Graal" era automaticamente associada – mesmo entre as pessoas mais cultas – às notas vibrantes do "Encanto da Sexta-Feira Santa" e às imagens que o Maestro parecia ter fixado para sempre: o Graal é a taça que recolheu o sangue de Cristo. Em torno dela se desdobra uma complexa vida espiritual/ritual cujos mistérios serão "resgatados" por um cavaleiro sem mácula, mas também sem discernimento, um "doido varrido" no estado de natureza que, graças ao conhecimento do Bem e do Mal, após a batalha contra as forças tenebrosas (o mago Klingsor), saberá renovar-lhe os ritos e purificar-lhe o santuário, o místico Monsalvato onde jaz o "rei do Graal" Amfortas, atacado por uma doença após pecar contra a castidade.

Muito se discutiu se o misticismo de Wagner é "cristão" ou "pagão", se suas fontes inspiradoras foram meramente "literárias" ou misticamente "esotéricas". É certo que o grande músico partiu de um texto do início do século XIII, o *Parzival* de Wolfram von Eschenbach, acolhendo porém as sugestões de romances franceses que – de Robert de Boron à *Queste du Graal* – davam ao mistério uma interpretação cristã e identificavam com o Graal o cálice da Paixão.

Mas o Graal que a Idade Média conheceu era outro – ou, talvez devêssemos dizer, em torno desse termo ela reuniu uma série de lendas de origens diversas, ora justapostas, ora entretecidas até formar um emaranhado que só ultimamente os esforços conjuntos dos filólogos, historiadores da literatura, antropólogos e mesmo psicanalistas parecem empenhados em desenredar.

Reconstituir numas poucas páginas o "mistério" do Graal – o de sua lenda ou o da problemática gerada pelo estudo dela, não menos nebulosa – é impossível. Contentemo-nos, pois, com um enfoque o mais possível objetivo que constituirá, esperamos, um pequeno *vade-mécum* para quem quiser se aventurar na intricada e fascinante floresta dos símbolos medievais. Tentaremos responder a algumas perguntas básicas: quando (e em que ambiente e circunstâncias) se formou na consciência medieval o "mito do Graal"? Quais foram suas fontes? E formas? Que textos abordaram o tema? Em que patamar se encontra a pesquisa do assunto? Que teses procuraram explicá-lo? Só no final reservaremos, a título hipotético, algumas linhas para nossa interpretação.

O termo *graaus* (caso do sujeito; o do complemento é *graal*) vem atestado na *langue d'oïl* não como nome próprio, mas comum,[5] pelo menos dez anos antes que dele se servisse – sempre como substantivo comum – Chrétien de Troyes, o romancista "oficialmente" reconhecido como iniciador da aventura literária de que ora nos ocupamos. O termo correspondente em latim era *gradalis* ou *gradale* e indicava um grande recipiente fundo ou, se quisermos, uma espécie de travessa, de uso corrente nas mesas medievais, que servia de prato para duas pessoas comerem ao mesmo tempo. Na Provença, a palavra *grazal* ou *grasal* aparece por volta do século XII. Sobrevive sob diversas formas (a saboiana *"grolla"* é bem conhecida) nos dialetos neolatinos modernos. Pode suceder que, na origem, o termo se referisse a um objeto simples, de uso diário: alguns filólogos aventaram que *gradale* talvez seja, em latim, o resultado da síntese de dois vocábulos, *crater* (ânfora para vinho) e *vas garale* (recipiente onde se conservava o célebre molho fermentado dos romanos, o *garum*). No nível semântico, parece que a palavra exibiu sempre um valor mais elevado até passar a significar "acessório para banquetes", ou seja, um objeto de uso solene e de luxo. A opinião daqueles que, baseando-se na função do Graal como dispensador também de sabedoria e conhecimento, tentaram aproximar *gradale* de *graduale* (leitura litúrgica que precede o Evangelho e, em sentido mais geral, o livro que contém os cantos litúrgicos: deriva do latim *gradus*, "passo") não se justifica filologicamente.

Chrétien de Troyes compôs o *Parsifal ou o Conto do Graal*[6] no curso do penúltimo decênio do século XII e o dedicou ao último de seus grandes protetores, Filipe da Alsácia, conde de Flandres. Afirmou ter recebido do conde não apenas a inspiração para o argumento do romance, mas também "um livro" que contava a história. Nos tempos medievais, a originalidade não só não era uma virtude como podia constituir até mesmo um defeito, sobretudo quando alguém tinha objetivos éticos-didáticos (e esses eram os de Chrétien, apesar do engano de muitos que viram em sua obra uma simples *éducation sentimentale* cavalheiresca). O autor devia então apoiar-se, ou fingir fazê-lo, numa *auctoritas*, numa autoridade precedente. O "livro" de que fala Chrétien pode ser então mero recurso, pura ficção literária – mas pode também ter existido, obrigando-nos a deslocar para pouco antes do fim do século XII a origem do mito do Graal como fato literário.

Sabe-se que o *Parsifal*, inacabado, trata do processo de iniciação cavalheiresca de um jovem "tosco", "ingênuo", que graças aos sucessivos ensinamentos, primeiro da mãe, depois de Gornemant de Goort e por fim – na Sexta-Feira Santa – de um eremita, atinge aos poucos a perfeição típica do cavaleiro. O último ato desse aprendizado se dá quando seu terceiro mestre (cada novo ensinamento não anula, mas absorve os anteriores e dá-lhes um significado superior) lhe revela o sentido da "aventura" que é buscar o castelo do Graal.

Hóspede na grande e suntuosa residência do "rico Rei Pescador", Parsifal assiste – durante o banquete – à repetida passagem de um estranho e maravilhoso cortejo: um pajem empunhando uma lança de ferro branco de cuja ponta escorria sangue, em seguida dois criados carregando candelabros dourados e uma donzela trazendo nas mãos um Graal de ouro puríssimo, incrustado de pedras preciosas que enchem o recinto de luz; fecha o cortejo outra donzela com uma salva de prata. Lembrando-se da etiqueta cortesã ensinada por seu mestre de cavalaria, que recomendava sempre a discrição, Parsifal não ousa perguntar qual a utilidade do Graal (cuja relação com o banquete é evidente). Por isso, na manhã seguinte, o castelo está deserto e ele parte como quem dele fora expulso. Em seguida o castelo desaparece e Parsifal é informado por uma jovem de que o Rei Pescador está gravemente enfermo e de que se ele, Parsifal, houvesse feito as perguntas certas sobre a lança e o Graal, teria salvado o doente, pondo-o de novo em condições de governar. A jovem se diz ainda irmã de Parsifal e informa que a origem de seu erro foi um pecado que ele cometeu sem saber: partindo para se tornar cavaleiro, fez sua mãe morrer de dor.

Desorientado após essa notícia e uma série de aventuras vãs que sempre o levam a esquecer Deus cada vez mais, Parsifal volta a si graças ao encontro, na Sexta-Feira Santa, com um eremita que por sua vez se revela seu tio e lhe conta como o Graal foi apresentado ao pai do Rei Pescador (a mãe de Parsifal, o eremita e o pai do Rei Pescador são irmãos) com uma hóstia que basta para seu sustento: "O Graal é um objeto tão sagrado e tão espiritual que a hóstia nele depositada é suficiente para manter-lhe a vida". No entanto o romance – em que a gesta de Parsifal se alterna com a de Galvano – é interrompido e sua mensagem não fica clara. Não sabemos se Chrétien era religioso ou leigo: como, no *Lancelot*, cantara o amor cortês aparentemente a pedido de Maria de Champagne, talvez pretendesse – por proposta de um príncipe piedoso e cavalheiresco – celebrar os elementos e as funções místicas da cavalaria.

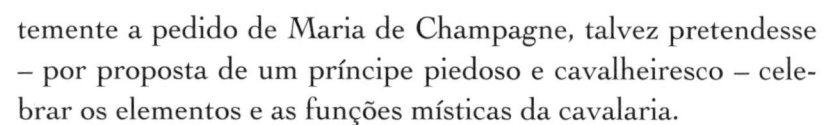

A época correspondente às duas últimas décadas do século XII e início do XIII, *grosso modo* entre o terceiro e o quarto concílios de Latrão (reunidos respectivamente em 1179 e 1215), foi um tempo de grandes mudanças e acontecimentos importantíssimos na história da cristandade. Jerusalém caiu nas mãos de Saladino (1187) enquanto os cruzados ocidentais e os venezianos tomavam Constantinopla (1204); iniciou-se, no *Midi* da França, a luta furiosa contra os cátaros que levaria à "cruzada dos albigenses"; surgiram as ordens mendicantes; e tomou novo alento o culto da eucaristia, reforçado por algumas relíquias da Paixão (como o célebre Sangue Santo de Bruges) e por milagres de caráter popular associados ao mistério da transubstanciação. Não admira, pois, que os continuadores e êmulos de Chrétien de Troyes retomassem o tema do Graal acentuando-lhe os elementos eucarísticos. De resto, o próprio fato de a obra de Chrétien ter ficado inacabada era um convite para transformar o romance isolado do Graal num ciclo completo.

Chrétien acenara a seus epígonos com uma pista segura: a conversa com o eremita não poderia, se o romance fosse completado, ter por consequência senão reconduzir Parsifal ao castelo do Rei Pescador e obrigá-lo a fazer a pergunta sobre o Graal, libertando assim o monarca dos sofrimentos, e o reino do estado de torpor e risco em que o mergulhara a impossibilidade de governar do soberano. Mas esse desenvolvimento da narrativa foi entravado, como era de se esperar, por uma vasta rede de aventuras e digressões. Ainda assim temos um *corpus* em boa regra dos continuadores de Chrétien de Troyes: o pseudo-Wauchier de Denain e sua insistência nos arroubos carnais de Parsifal, que o impediriam de alcançar o estado de perfeição interior e tornar-se digno do Graal; Manessier, que exalta o triunfo místico de Parsifal, finalmente liberto de seus laços mundanos e transformado em rei do Graal (no lugar do Pescador) e padre; e Gerbert de Mostreuil, que insere uma longa e complicada digressão entre os dois continuadores acima citados. Todos esses escritos são em versos de valor heterogêneo e muitas vezes duvidoso.

Nesse meio-tempo, florescia também um ciclo do Graal em prosa, inspirado em outro poema, o *Roman de l'Histoire du Graal*, de Robert de Boron. Trata-se de um relato (mais conhecido pelo nome do protagonista, *Joseph d'Arimanthie*) cujos vínculos com Chrétien são difíceis de precisar, mas que parece depender dele principalmente porque, em vez de lhe dar continuidade, pretende expor a "pré-história" do Graal. Também ele fala de um livro no qual se teria inspirado, o mesmo de Chrétien, e, pelo uso que dele faz, dir-se-ia um texto evangélico, talvez apócrifo. Vêm à mente dois relatos bastante conhecidos, o *Pseudoevangelho* de Nicodemos e o chamado *Vindicta Salvatoris*. Com Robert, o Graal passa, por mão de José de Arimateia, do Oriente ao Avalon céltico-insular e, desse modo – graças a outro poema de Robert, o *Merlin* –, o ciclo do Graal se funde definitivamente com o arturiano.

Robert de Boron viveu na Inglaterra dos reis Plantagenetas e, associando estreitamente o Graal a José de Arimateia e ao ciclo arturiano, serviu a uma causa político-religiosa "nacional". O reino angevino-normando da Inglaterra, governado por Henrique II, buscava uma espécie de independência espiritual e, do ponto de vista eclesiástico com respeito a Roma, a afirmação de uma dignidade semelhante, se não superior, à da coroa rival, dos Capetíngios da França. Assim, em José de Arimateia, que teria viajado diretamente da Terra Santa para a Inglaterra sem passar por Roma, viu-se um "patriarca" do cristianismo insular, filho primogênito do Oriente. Portanto, à França da Auriflama de Carlos Magno descida do céu, à França do Vaso Sagrado de Reims com cujo óleo vertido pelos anjos se ungiam os soberanos, contrapunham-se os reis ingleses, guardiães do Graal desde seu lendário antepassado, Artur. A abadia de Glastonbury, na qual, em 1190, "descobrira-se" o "túmulo de Artur", foi a oficina onde se fabricou essa espécie de hagiografia lendária nacional.

Robert de Boron foi, talvez mais que Chrétien, o grande inspirador dos ciclos em prosa do Graal, atribuídos – ao que parece equivocadamente – ao mesmo Robert de Boron e a um outro autor insular, Walter Map. Nesses ciclos, conhecidos por nomes duplos como *Didot-Perceval* ou *Lancelot-Graal*, insere-se a *Queste du Graal*, obra de um anônimo de óbvia inspiração mística cisterciense que humilha a cavalaria "mundana" e exalta a "espiritual", representada por Galahad, um legítimo "redentor" cavalheiresco. A *Queste* é o remate de um processo de clericalização do mito do Graal, de sua leitura unívoca em sentido místico-cristão.[7]

Enquanto isso, a lenda do Graal ia se espalhando por toda a Europa: entre os séculos XII e XIV, surgiram versões alemãs, norueguesas-islandesas, espanholas e italianas. Das mais importantes é sem dúvida o *Peredur*, um *mabinogi* galês do século XIII. O *mabinogi* (plural *mabinogion*) é uma espécie de poema-base do País de Gales, uma composição que o bardo principiante precisa aprender à risca, uma espécie de *vade-mécum* técnico-temático. Pois bem, o *Peredur* conta a mesma história de Parsifal, com algumas variantes não negligenciáveis. A obra é muito citada pelos defensores da "origem céltica" do mito do Graal; com efeito, embora o *Peredur* date com certeza do século XIII e saibamos que os *mabinogion* passaram à forma escrita muito tardiamente, seu conteúdo pode muito bem veicular lendas famosas bastante antigas. De resto, observe-se que, já em Chrétien de Troyes, Parsifal era galês: terá isso importância para se determinar a origem do tema lendário?

Entretanto, se da linha Chrétien-Robert, que é tudo menos unívoca, passarmos para a obra-prima poética de Wolfram von Eschenbach, ao *Parzival* redigido por volta de 1210, veremos que o discurso muda sensivelmente.[8] Wolfram, como Chrétien e Robert, tem seu "livro" de cabeceira, a *auctoritas* que o inspirou e que relata, só ela, a "verdadeira" história do Graal. Tratar-se-ia de um tal Kyot, provençal, cuja história Chrétien teria traduzido e Wolfram, reconstituído? A Kyot se quis atribuir o conjunto dos elementos de origem cristã-oriental, astrológico-naturalista e, *lato sensu*, "asiático-mediterrânea" do *Parzival* de Wolfram; mas hoje a tendência é pensar que Kyot não passa, como sustenta Mittner, de uma "mistificação literária" (de acordo com o uso de *auctoritates* fictícias, comum na época). Certo, as diferenças entre o Graal de Wolfram e o da tradição franco-inglesa são inúmeras. E não apenas no aspecto, como taça ou pedra (chegar-se-á mesmo a formas mistas: o Graal como taça escavada em pedra). Toda a moldura "oriental" da obra wolframiana, suas referências aos templários e aos sarracenos, seu simbolismo astrológico e naturalista (por exemplo, a propósito das virtudes das pedras preciosas) nos levam a concluir que essa narrativa, onde a tensão mística é temperada por uma veia sutil de humor, tem na verdade profundas raízes orientais. Imaginou-se o *Parzival* como produto das cruzadas e das relações entre cristandade e Oriente, sem, no entanto, menosprezar seu aspecto céltico.

A essa tradição ampla, ramificada e evidentemente não unívoca, vem se opondo até hoje, em muitos estudiosos, uma estranha tendência totalizante: a de considerar que o Graal pode ser explicado por uma única tese básica, em confronto com a qual todos os aspectos não facilmente assimiláveis seriam intrusões, interpolações ou digressões – ou, na melhor das hipóteses, "fantasias" dos diferentes autores.

Muitos, naturalmente, estão dispostos a ver no Graal apenas a alegoria de uma mensagem litúrgica de caráter não somente cristão, mas, sobretudo, eclesiástico. O Graal é o cálice da missa ou o cibório onde se conservam as partículas consagradas; a salva de prata é a pátena; e a lança que sangra alude à "santa lança" do centurião Longino (palavra formada a partir do grego *longkhé*, "lança"), da qual se conservavam algumas relíquias. O cortejo no castelo do Graal evocaria, segundo uns, o ritual da comunhão ministrada aos enfermos; segundo outros, o fascínio exercido pelas cerimônias solenes da igreja bizantina. Ideia semelhante foi defendida por vários eruditos, entre os quais Myrra Lot-Borodine e Mario Rocques.[9]

É uma tese na aparência convincente, mas que não deixou de suscitar certa perplexidade, porquanto – ao menos em Chrétien de Troyes – o rito graálico carece de elementos ligados propriamente à Igreja: a cena é cortesã, fala-se de "pagens" e "damas", o próprio eremita, tio de Parsifal, tem uma posição que eclesiasticamente falando não é nada clara. Em outra parte, o Graal contém o sangue de Jesus ou então se diz expressamente que é um vaso para conservar peixe; sem dúvida, o peixe é um antigo símbolo cristão – mas essa associação do Graal com o banquete, com o alimento material e não apenas espiritual... não é suspeita?

Outras teses foram aventadas. Jessie Weston, em dois livros de 1909 e 1920 respectivamente, retomava as ideias da escola etnológica inglesa, em particular de Frazer, para aplicar ao Graal o mesmo esquema interpretativo com que Margaret Murray tratara a feitiçaria: o mito do Graal seria um ritual de fertilidade agrária, a ser associado mais ou menos estreitamente aos grandes ciclos de Átis e Adônis. O Rei Enfermo é um "senhor do inverno" cujos sofrimentos trazem desolação ao país (lembremo-nos do poema *Waste Land*, de Eliot) até que um herói solar – Parsifal – faça com que o sol do Graal traga a vida de volta. Na esteira dessa tese segue até mesmo a psicanálise: é por demais atraente, aos olhos dos seguidores de Freud e Jung, a hipótese da lança como pênis e do Graal como vagina.[10]

Por outro lado, temos a teoria da origem céltica e da progressiva cristianização da lenda – consequentemente, a de um Graal de origem bretã-galesa enriquecida, de cima, pela influência da cultura cristã.[11] Essa tese – defendida por estudiosos como Loomis, Jean Marx e Frappier – está aberta a infinitas nuances interpretativas, desde a da busca quase inconsciente de mitos e crenças célticas (viagem ao Outro Mundo, caldeirão dispensador de riquezas infinitas), hoje folclorizados, até a de uma espécie de Anti-Igreja céltica (cristianizada ou não) que no século XII teria surgido em desafio à romana. Na verdade, o contrário é que parece verdadeiro: a Igreja cristã céltica mantivera seus ritos, em grande parte, independentes dos ritos romanos até meados do século XII, quando o crescente centralismo pontifício empreendeu um trabalho cauteloso, mas firme, para aboli-los. De qualquer forma, a política dos Plantagenetas, de que o mito de Artur é expressão, pode explicar essa retomada de elementos celtizantes, em parte folclorizados, em parte talvez reconstituídos intelectualmente.

Inútil dizer, nenhuma dessas teses nos convence de todo. Houve quem, com boas ou excelentes razões, arriscasse outras hipóteses. Um grupo heterogêneo, mas aguerrido de estudiosos – de Pierre Ponsoye a Henry Corbin e Pierre Gallais –, propôs para o mito do Graal uma origem islâmica, mais especificamente irânico-muçulmana, por intermédio do esoterismo *sufi* e a leitura mística da vasta e maravilhosa literatura cavalheiresca dos persas.[12] Outros ainda, como Helene Adolf, supuseram um vínculo imediato com este evento de suma importância para o Ocidente: a queda da Jerusalém dos reis latinos e o fracasso do ideal das cruzadas.[13] O Graal, receptáculo do *verdadeiro* corpo do Cristo eucarístico, seria em outras palavras um sucedâneo ideológico oferecido – numa espécie de grande *transfert* – à cavalaria europeia, frustrada por não ter conseguido conservar o Sepulcro de Jerusalém. E não faltou quem interpretasse os elementos místicos presentes no ciclo do Graal como uma referência, não à antiguidade céltica ou à origem oriental, mas a uma ramificação da doutrina cátara. A época do Graal foi a mesma que assistiu à expansão e à repressão violenta do catarismo; a Igreja cátara florescia orgulhosa, como se sabe, na Provença das cortes feudais e dos trovadores, onde imperava também a espiritualidade cavalheiresca. Um esquisito e fascinante tipo de intelectual wagneriano, ansioso talvez por dar à sua fé nacional-socialista uns ares místicos, vagou durante muito tempo, nos anos 1930, pelos Pireneus e acabou identificando (ao menos cenograficamente não estava errado) o "Monsalvato" de Wolfram e do Maestro de Bayreuth com o rochedo de Montségur, último refúgio da heroica resistência cátara.[14] Otto Rahn chegou a ver no Graal uma espécie de paládio do catarismo e a achar possível a existência real daquela relíquia (com efeito, de quando em quando, alguém alega estar de posse do Graal: a catedral de Gênova conserva ainda em seu tesouro o "Vaso Sagrado de Cesareia", uma taça poligonal feita de uma substância verde-esmeralda, semelhante ao vidro, que conforme algumas versões da lenda graálica proviria do saque da cidade palestina de Cesareia pelos cruzados: na onomástica dos doges genoveses, o nome Percivalle é comum; e há também um "Graal" na catedral de Valência). Temos, por fim, as teorias dos esotéricos. Julius Evola dedicou ao Graal este livro que, pela amplitude e variedade de ideias, assim como pela acuidade das aproximações entre as doutrinas cristã, hebraica, muçulmana, budista e diferentes tradições pagãs do mundo euromediterrâneo, merece por si só atenção, embora no plano filológico deva ser visto com cautela. René Guénon escreveu páginas ousadas, mas também atraentes e estimulantes, sobre a relação entre o mito do Graal e a imagem – presente em inúmeras tradições mitológico-religiosas – do "Centro do Mundo", da "Caverna Sagrada", e traçou um paralelo, que merece reflexão, entre o culto do Graal e o do Sagrado Coração de Jesus.[15] De seu lado, um genial estudioso católico dos símbolos, precocemente falecido – Attilio Mordini –, vislumbrou no mito do Graal um dos melhores exemplos de como o cristianismo pôs termo (sem renegá-las de todo) às doutrinas espirituais pré-cristãs ou não cristãs.[16]

Desse modo o quadro pode ser considerado exaustivo, embora talvez não completo. O leitor deverá, porém, levar na devida conta algumas "conclusões" do autor deste livro ("conclusões", entenda-se bem, porque rematam o presente ensaio e não porque esgotam o argumento em si).

Acreditamos que, quando se fala do Graal, convém antes de tudo fugir a duas tentações contrárias, mas de peso semelhante: subestimar o universo simbólico proposto pelos autores, degradando-o ao nível de *féerie*, de "fuga pela imaginação" (o que de modo algum é "degradante", muito pelo contrário...), ou mesmo de fantasia arbitrária (nenhum romancista medieval escreveu sequer uma linha com base unicamente em sua própria imaginação e seria anti-histórico pressupor tal coisa); ou encarar, como certos estudiosos, o ciclo do Graal como um *corpus* filosófico, sustentando que por trás de cada detalhe, cada palavra e cada frase se esconde uma verdade a ser decifrada.[17] Cumpre, em suma, levar em conta que os romancistas do Graal eram o mais das vezes cavaleiros ou, como se dizia na Idade Média, "homens de corte", talvez mesmo membros do baixo clero, não se depreendendo daí que tivessem formação filosófico-teológica. Convém lembrar ainda que eles escreviam para uma elite do laicato e da nobreza, procurando sem dúvida ensinar alguma coisa, mas sem esquecer nunca que seu ofício consistia sobretudo em divertir. No caso de Chrétien de Troyes, embora o discurso tenha decerto uma intenção didática, seria um erro pensar – como já dissemos – numa espécie de *éducation sentimentale* cavalheiresca. A Idade Média não cultivou um discurso à Fénelon, à Rousseau ou à Flaubert: o conhecimento transmitido a um jovem cavaleiro era sempre, e por natureza, iniciático.

Mas iniciático até que ponto? Também aqui as armadilhas estão bem à vista e cair nelas seria por demais ingênuo. Pode-se sustentar igualmente que o castelo do Graal é um "Outro Mundo" céltico e que o Graal é um "Centro Polar"; e pode-se do mesmo modo aproximar seu caráter de dispensador de riquezas inexauríveis (e, graças à hóstia ou ao sangue de Cristo, de vida eterna) dos inumeráveis "dons do Além": a cornucópia grega, o caldeirão druídico. Não bastasse isso, é possível associar o cálice do Graal ao *soma* védico, ao *haoma* avéstico e à ambrosia do Olimpo. Mas daí a concluir que o clérigo francês ou o cavaleiro alemão, autores desses relatos, fossem sempre "grandes iniciados" tem uma grande diferença. Mais prudente seria admitir que, na grande maioria dos casos, não passassem de transmissores, inconscientes ao menos em parte, de símbolos e motivos arquetípicos. Foi essa inconsciência, bem mais que a necessidade de preservar o segredo esotérico ou o terror da acusação de heresia, que tornou o ciclo do Graal tão permeável a uma ideologia de tipo eucarístico-cristã – a qual era talvez a explicação mais simplista, mais banal de seu mistério, porém, ao mesmo tempo, a mais condizente com a *Weltanschauung* cristã difundida na Idade Média.

Mas os símbolos são, por sua própria natureza, válidos em muitos níveis e permanecem legítimos ainda quando, polimorficamente, os empreguemos a fim de multiplicar os significados, que não se anulam por força entre si. Recordemos os "quatro graus da escrita" medievais: pois bem, se no nível literal a busca do Graal é uma bela aventura cavalheiresca e se, no nível ético, é um *récit* da libertação do cavaleiro de sua prisão física para alcançar uma realidade espiritual superior, nos níveis alegórico e anagógico o Graal pode verdadeiramente ser aquilo que Raimundo Lúlio definiu como "o Amado procurado pelo Amante", portanto a posse de Deus e consequentemente da sabedoria, do poder e do amor. Ora, Sabedoria, Poder e Amor são de fato, como bem lembra Dante, as três pessoas da Trindade. O cavaleiro do Graal procura a si mesmo (temos aí, pois, o Graal como exercício de ascese, como conquista e como "guerra santa interior"). Isso posto, todas as interpretações são possíveis: desde a da fábula do Graal como horizonte eminentemente onírico até a do mito proposto como viático existencial a um tipo de guerreiro que não aceita renunciar à ação. Muitas poderiam ser, na prática, as formas da *aventure*: guerra, cruzada, torneio; mas o Graal ensinava o cavaleiro a ver, refletido em todas elas, a face de Deus. Do Deus cristão, certamente, que no entanto já falara à humanidade inteira antes do advento do Cristo não apenas por intermédio da Bíblia, mas também dos velhos mitos, os quais, sob a forma de crenças folclóricas, os povos ainda conservavam.

O mito do Graal nos surpreende pela vitalidade perene; fonte copiosa de riqueza, o Graal permanece também fonte inestancável de motivos de reflexão e, se quisermos, de infinitas atualizações, infinitas interpretações que podem ser muito bem, todas elas, legítimas. Como não ignoravam os cavaleiros da Idade Média e aqueles que lhes interpretaram os sentimentos, a busca do Graal não tem fim: não acaba nunca porque nunca pode acabar. Todos continuamos procurando o Graal, que no entanto permanece inefável e insondável. Só quem tem essa consciência pode esperar decifrar um dia seu mistério.

O livro de Julius Evola, que conhecia apenas parte do debate em torno do Graal, o histórico-filológico tal como se configurava em seu tempo, e que de resto não tinha intenção alguma de participar dele, desenvolve-se a partir das aberrações aventadas em seguida ao êxito da ópera wagneriana e penetra na floresta dos símbolos referentes ao Saber e ao Poder universais. As ideias posteriores de Mircea Eliade sobre o tema da soberania sagrada ou as de Percy Ernst Schramm sobre os símbolos do poder na Idade Média teriam esclarecido e completado suas intuições muitas vezes geniais, mas não suficientemente amparadas pelo aprofundamento filológico e conceitual. Todavia, essa obra constitui um passo importante, embora não pressentido em toda a sua amplitude porque – então e mais tarde – foi lida apressadamente, e de forma preconceituosa, por alguns, e com expectativa antes devota que crítica, como se se tratasse de uma verdade revelada, por outros. Reinstalar Julius Evola na cultura dos primeiros decênios do século XX, com suas limitações e deficiências, mas também com seu valor e importância, torna-se necessário num momento em que a Europa inteira vai reagindo salutarmente à banalização e ao redutivismo irresponsáveis à luz dos quais, por muitos anos – sobretudo na Itália – se procurou legitimar a tese de uma cultura unívoca, orientada, embora de modo um tanto disperso, num sentido essencialmente hegeliano. A essa luz, o discurso do Graal volta a impor-se; e retomar a proposta de Evola não parece tarefa nem inútil nem secundária.

Franco Cardini

Notas

1. J. EVOLA, *Il Cammino del Cinabro*, Scheiwiller, Milão, 1963, pp. 143-47.
2. J. EVOLA, *Il Cammino*, cit., pp. 143-44.
3. J. EVOLA, *Il Cammino*, cit., p. 144.
4. P. GALLAIS, *Perceval et l'Initiation*, L'Agrafe d'Or, Paris, 1972; P. PONSOYE, *L'Islam e il Graal*, Edizioni del Veltro, Parma, 1980.
5. Cf. G. D'ARONCO, *Un Romanzo per l'Europa*, in *La Grant Queste del Saint Graal*, Amministrazione Comunale, Udine, 1990, p. 23.
6. Citamos, entre as muitas edições disponíveis dessa obra-prima em língua italiana, CHRÉTIEN DE TROYES, *Romanzi*, Sansoni, Florença, 1978; e *Perceval o il Racconto del Graal*, Mondadori, Milão, 1979.
7. Consultem-se duas boas traduções: *La Cerca del Graal*, Borla, Turim, 1969, e *La Cerca del Santo Graal*, Rusconi, Milão, 1974.
8. WOLFRAM VON ESCHENBACH, *Parzival*, UTET, Turim, 1957.
9. Consultem-se, para uma visão geral: R. R. BEZZOLA, *Le Sens de l'Aventure et de l'Amour. Chrétien de Troyes*, P.U.F., Paris, 1968; J. FRAPPIER, *Autour du Graal*, Droz, Genebra, 1977; P. LE RIDER, *Le Chevalier dans le Conte du Graal*, S.E.D.E.S., Paris, 1978; J. FRAPPIER, *Chrétien de Troyes et le Mythe du Graal*, Paris, 1979; F. ZAMBON, *Robert de Boron e i segreti del Graal*, Olschki, Florença, 1984; AA.VV., *El Graal y la Busqueda Iniciatica*, "Cielo y Tierra. Monográfico", Barcelona, s/d.
10. Cf. T. GIANI GALLINO, *La Ferita e il Re. Gli Archetipi Femminili della Cultura Maschile*, Cortina Editore, Milão, 1986 (interessante pesquisa em bases originalmente junguianas).
11. Para esse assunto, ver especialmente *Les Mabinogion. Contes Bardiques Gallois*, Payot, Paris, 1979.
12. Cf. acima, nota 4.
13. H. ADOLF, *Visio Pacis. Holy City and Grail*, Pennsylvania State University, 1960.
14. O. RAHN, *Crociata contro il Graal*, Società Editrice Barbarossa, Milão, 1991.
15. R. GUÉNON, *Simboli della Scienza Sacra*, Adelphi, Milão, 1975.
16. A. MORDINI, *Il Tempio del Cristianesimo*, Edizioni Settecolori, Vibo Valentia, 1979.

17. Exemplo interessante de pesquisa que se propõe como totalizante e contém passagens notáveis, embora nem sempre aceitas por unanimidade, é G. von dem Borne, *Il Graal in Europa*, ECIG, Gênova, 1982. Um resumo dos temas mais importantes, enfatizando as teses de Evola e Guénon, é M. Polia, *Il Mistero Imperiale del Graal*, Il Cerchio, Rimini, 1993. Inaceitáveis filologicamente são as teses fantasiosas de M. Baigen, R. Leight e H. Lincoln, *Il Santo Graal*, Mondadori, Milão, 1982.

Prefácio

Na época imediatamente anterior à nossa, as tradições que se referem ao Graal despertaram, sobretudo, dois tipos de interesse. Antes de mais nada, foi um interesse entre o literário e o espiritualista, entre o romântico e o místico, com tonalidades tendentes, principalmente, para o cristianismo. Nesse caso, mais do que um contato direto, sério, com as nascentes da lenda, houve a ação daquilo que, com contornos amplamente deformadores e arbitrários, fez conhecer o *pathos* musical do *Parsifal* de Richard Wagner.

Em segundo lugar, houve uma longa série de estudos acadêmicos sobre o Graal, nos quais entrou em funcionamento o desanimado mecanismo crítico, analítico e comparativo de pesquisa das origens, exame dos textos, verificação da cronologia e das influências empíricas, exatamente pelo método que em nossos dias se convencionou chamar de "científico".

A ambos os métodos de consideração escapa completamente a essência do Graal. O Graal nada tem a ver com as divagações místicas de uns, nem tampouco com as anatomias eruditas de outros. O Graal tem um conteúdo vivo, um "mistério" que ainda em nossos dias pode ser considerado amplamente desconhecido. Somente do ponto de vista de uma disciplina que saiba colher a realidade daquilo que se oculta por trás de símbolos e de mitos primordiais e, em seguida, do de uma metafísica da história, ele pode ser colhido de acordo com o seu significado mais verdadeiro e profundo. O presente ensaio pretende contribuir para a interpretação da lenda do Graal, considerada em suas fontes originais, a partir desse ponto de vista.

J. E.

Premissas

1. O Preconceito Literário

Quem deseja conhecer o essencial do conjunto das lendas da cavalaria e dos escritos épicos aos quais – juntamente com muitos outros afins e a eles relacionados – o ciclo do Graal pertence, deve passar por cima de uma série de preconceitos: o primeiro dentre eles é o que chamaremos de preconceito literário. Trata-se da atitude de quem se recusa a ver na saga e na lenda outra coisa a não ser uma produção fantástica e poética, individual ou coletiva, mas de qualquer modo simplesmente humana, desconhecendo, portanto, aquilo que nela pode ter um valor simbólico superior e que não se pode reportar a uma criação arbitrária. No entanto, é exatamente esse elemento simbólico a seu modo objetivo e muito individual que constitui o essencial nas sagas, nas lendas, nos mitos, nas narrativas de grandes feitos e nas epopeias do mundo tradicional.[1] O que se pode e deve admitir é que, no conjunto das composições, nem sempre ele é precedido por uma intenção perfeitamente consciente. Sobretudo quando se trata de criações de caráter semicoletivo, não é raro o caso em que os elementos mais importantes e mais significativos acabem sendo expressos quase sem o conhecimento de seus autores. Estes, praticamente, não se deram conta de estar obedecendo a determinadas influências que, em certo momento, fizeram uso das intenções diretas e da espontaneidade criadora de algumas personalidades ou grupos como de um meio em relação a um fim. Assim, mesmo nos casos em que o que é composição poética ou fantástica espontânea parece estar, e materialmente está, em primeiro plano, um elemento como esse não tem absolutamente o valor de revestimento contingente e de veículo de expressão, que pode interessar somente à consideração mais superficial. É possível até mesmo admitir que alguns autores tenham apenas desejado "fazer arte" e até o tenham conseguido, a ponto de suas produções irem diretamente ao encontro daqueles que conhecem e admitem somente o ponto de vista estético. Por outro lado, isso não impede que eles, em sua intenção de "fazer somente um pouco de arte", e por mais que tenham obedecido a uma espontaneidade, isto é, a um processo imaginativo descontrolado, tenham feito até outras coisas, tenham conservado ou transmitido, ou provocado a ação de um conteúdo superior, que o olho atento o saberá sempre reconhecer e diante do qual alguns autores seriam talvez os primeiros a se surpreender, caso lhes fosse claramente indicado.

Todavia, nas composições lendárias tradicionais, muito mais frequente é o caso em que os autores não tenham tido a consciência de fazer somente arte e fantasia, mesmo que, quase sempre, junto com uma sensação bastante confusa do alcance dos temas por eles colocados no centro de suas criações. Por campo das sagas e das lendas deve ser aplicado aquilo que hoje se pensa em relação à psicologia individual, ou seja, que existe uma consciência periférica e, abaixo desta, uma área de influências mais sutis, mais profundas, mais decisivas. Psicanaliticamente, o sonho é um dos estados em que influências desse tipo, reprimidas ou excluídas da área da consciência externa de vigília, se apoderam diretamente da faculdade fantástica, traduzindo-se em imagens simbólicas que a consciência vive sem saber quase nada a respeito de seu verdadeiro conteúdo: e quanto mais tais imagens ou fantasmas se mostrem extravagantes e incoerentes, tanto mais se deve suspeitar de um conteúdo latente inteligente e significativo, exatamente porque necessita de uma simulação maior para poder ter caminho livre até uma semiconsciência. É o que se deve pensar em muitos casos, mesmo a respeito da saga, da lenda, da narrativa de aventuras, do mito e até mesmo da fábula. Dessa maneira, com frequência, é o lado mais fantasioso e maluco, menos evidente ou menos coerente, menos suscetível de ter valor estético ou histórico e, portanto, geralmente deixado de lado, que fornece o melhor caminho para colher o elemento central que dá ao conjunto de composições do gênero o seu sentido verdadeiro e, às vezes, até mesmo o seu significado histórico superior. É a advertência própria de uma tradição, que em seguida veremos não estar isenta de relações com aquela mesma do Graal: "Onde falei mais clara e abertamente sobre a nossa ciência, ali falei mais obscuramente e ali a ocultei",[2] quando, já o Imperador Juliano havia escrito: "O que nos mitos se apresenta de maneira inverossímil é exatamente o que nos abre o caminho para a verdade. De fato, quanto mais paradoxal e extraordinário é o enigma, tanto mais parece querer nos admoestar para não confiarmos na palavra crua, mas para nos esforçarmos em torno da verdade oculta".[3]

Isso, no que diz respeito ao primeiro preconceito a ser superado, o qual muitas vezes afeta a consideração dos textos poético-lendários medievais e que, por exemplo, se manifestou particularmente enérgico com relação à literatura dos assim chamados "Fiéis do Amor", nos quais pela preponderância do elemento artístico e poético de cobertura, muitos julgaram iconoclasta qualquer tentativa de exegese extraliterária, isto é, de penetração do "mistério" de que tal literatura "poética" foi efetivamente, em muitos casos, a portadora e que, como veremos, não está imune de relações com as próprias influências que deram forma ao ciclo do Graal e também com certas organizações que agiram por trás dos bastidores da história conhecida.

2. O Preconceito Etnológico

Um segundo preconceito a ser superado é o etnológico. Ele se refere essencialmente a uma ordem de pesquisas que começaram a descobrir várias raízes subterrâneas no ciclo de lendas, entre as quais figura o Graal, mas nelas não souberam perceber mais do que fragmentos de *folclore*, de antigas crenças populares primitivas. É importante chegar a uma explicação a esse respeito, especificamente em relação à matéria de que trataremos, pois a presença de tais elementos na tradição do Graal é muito real, e eles constituem o fio condutor para novamente relacionar o aspecto histórico com o aspecto super-histórico e iniciático da lenda do Graal, relativo à presença e à eficiência de uma determinada tradição.

Em primeiro lugar, deve ser estendida aqui ao coletivo aquela relatividade do aspecto "criação" que acabamos de indicar no caso das produções individuais, tendo em vista que a maioria das pessoas vê no *folclore* uma produção popular espontânea, um produto fantástico coletivo misturado com superstições, que devem ser consideradas em si e por si mais ou menos

nos termos de uma curiosidade. Ao apoiar esse preconceito, as assim chamadas escolas etnológicas, exatamente como as psicanalíticas que passaram a estudar o "subconsciente coletivo", se dedicaram a pesquisar várias, sempre equivalentes a uma sistemática e contagiosa redução do superior ao inferior.

Devemos nos limitar, nesse caso, a um enunciado, isto é, a contestar o próprio conceito da "primitividade" suposta hoje em dia em algumas tradições populares. Longe de serem "primitivas", no sentido de originárias, na maior parte dos casos as tradições em questão nada mais são que resíduos degenerescentes que devem se reportar a antiquíssimos ciclos de civilização. Dessa maneira, com Guénon, deve-se reconhecer que, no pressuposto *folclore*, "em quase todos os casos trata-se de elementos tradicionais no verdadeiro sentido do termo, mesmo que às vezes deformados, deturpados ou fragmentários, e de coisas que têm um valor simbólico real, em que tudo isso, longe de ser de origem popular, não tem nem mesmo origem humana. O que pode ser popular é unicamente o fato da 'sobrevivência', quando esses elementos pertencem a formas tradicionais desaparecidas... que talvez remontem a um passado tão longínquo que seria impossível determiná-lo e que nos damos por satisfeitos em relegar, por essa razão, ao domínio obscuro da pré-história. A esse respeito, o povo tem, portanto, a função de uma espécie de memória coletiva mais ou menos subconsciente, cujo conteúdo chegou até ela claramente de outras raízes". Igualmente correta é a seguinte explicação do fato singular, que justamente o povo aparece nesses casos como o portador de uma quantidade considerável de elementos que se referem a um plano superior, por exemplo, iniciático, portanto próprio daquilo que, por definição, pode haver de menos "popular": "Quando uma forma tradicional está a ponto de se extinguir, seus últimos representantes podem confiar voluntariamente àquela memória coletiva, da qual falamos, tudo aquilo que, de outro modo, seria irremediavelmente perdido. Essa é a única maneira de salvar o que ainda pode, de certa maneira, ser salvo. E, ao mesmo tempo, a incompreensão natural das massas é uma garantia suficiente para que aquele que tinha um caráter esotérico, com isso não o perca, mas subsista como uma espécie de testemunho do passado para aqueles que, numa outra época, serão capazes de compreendê-lo".[4]

Esta última observação vale especialmente para os elementos do pressuposto *folclore* nórdico-ocidental "pagão" presentes nos ciclos do Graal e do rei Artur: elementos que, integrados, isto é, relacionados com o seu significado simbólico por meio de referências tradicionais e mesmo intertradicionais, são aqueles que darão o verdadeiro sentido que as sagas e as epopeias das quais falaremos incorporaram, aparecendo no vértice do mundo dos cavaleiros medievais e tendo inclusive uma relação com o ideal gibelino do *Imperium* e com numerosas tradições e correntes secretas que assumiram, de um modo ou de outro, a herança espiritual desse ideal.

Dessa maneira, aparece de modo bem claro, inclusive a diferença entre o ponto de vista que mencionamos e as referidas teorias psicanalíticas sobre o subconsciente ou inconsciente coletivo, nas quais este último tornou-se como que uma espécie de pacote que reúne as coisas mais variadas, consideradas todas, mais ou menos, em termos de "Vida", de atavismo, de irracional. Aquilo que, com base nessas teorias recentes é considerado tão uniformisticamente como "inconsciente", muitas vezes deve-se reconduzir por si só a uma verdadeira superconsciência; e é somente uma brincadeira que os mitos e os símbolos sejam manifestações da "Vida" justamente onde a sua natureza é essencialmente metafísica e nada têm a ver com a "Vida", a menos que se trate daqueles que nós poderíamos muito bem chamar de seus "cadáveres".[5] Nem tampouco é válido objetar, como foi tentado por alguns,[6] que toda consideração positiva deve limitar-se a estudar as manifestações do "inconsciente" como simples experiências, sem que os elementos transcendentes entrem na questão: caso faltem sólidos pontos de referência, não há como se orientar por entre a variedade das experiências, não há como compreendê-las e avaliá-las, sobretudo quando a experiência é abusivamente identificada com aquelas que são algumas de suas modalidades específicas, condicionadas até mesmo por fatores patológicos. Isso pode ser abundantemente provado pelo resultado de todas as tentativas de interpretação psicanalítica, que não só não alcançam o plano do espírito, como também, às vezes, caindo em aberrações do tipo *Totem e tabu* de Freud[7], não levam para um mundo subnormal de neuropatas e histéricos, desembocando, como, por exemplo, no caso da teoria dos arquétipos de Jung, em confusas concepções muito influenciadas pelo novo culto supersticioso do "vital" e do "irracional", demonstrando desse modo não só uma inexistência de "pressupostos", mas a existência de pressupostos falsos.

3. *Sobre o Método "Tradicional"*

Resta-nos agora eliminar a limitação metodológica relativa à tendência de fazer derivar de modo unilateral, supondo uma transmissão claramente exterior, casual e empírica, os motivos fundamentais do Graal e, da mesma maneira, os do mito imperial, de uma determinada corrente histórica. De acordo com uma opinião muito difundida, a do Graal seria essencialmente uma lenda cristã. No entanto, há aqueles que formularam a hipótese céltico-pagã,[8] à qual outros os contrapuseram a hipótese indo-oriental[9] ou siríaca.[10] Referimo-nos à alquimia[11] e, em outro plano, não só o Graal foi relacionado com a doutrina dos cátaros ou dos persas, mas em alguns personagens característicos e em alguns pontos da lenda, procurou-se até mesmo reconhecer personagens e localidades históricos, provençais para uns, persas para outros.[12]

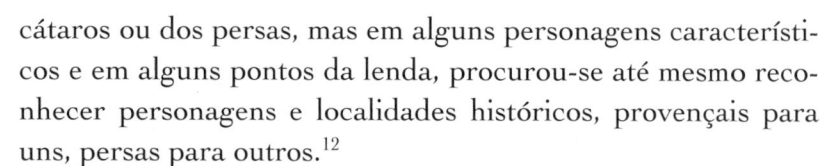

Qualquer que seja a legitimidade de algumas dessas aproximações, o que é decisivo é o espírito com o qual elas são realizadas. A característica do método que nós, em oposição ao profano – empirístico ou crítico-intelectualístico – das pesquisas modernas, chamamos "tradicional", é colocar em destaque o caráter universal de um símbolo ou de um ensinamento relacionando-o com outros correspondentes de outras tradições, a ponto de estabelecer a presença de algo superior e anterior a cada uma dessas formulações, diferentes entre si, mas assim mesmo equivalentes. E como uma tradição pode, mais do que outras coisas, ter dado a um significado comum uma expressão mais completa, típica e transparente, assim o estabelecimento de correspondências desse tipo é um dos meios mais fecundos para compreender e integrar aquilo que nos outros casos se encontra numa forma mais obscura ou fragmentária.

Se na matéria que se segue aplicarmos justamente esse método, não é esse o caminho trilhado pelos eruditos modernos. Em primeiro lugar, eles estabelecem, mais do que verdadeiras correspondências, opacas derivações, isto é, pesquisam o fato empírico e sempre incerto da transmissão material de determinadas ideias ou lendas de um povo para outro, de uma "literatura" para outra, ignorando o fato de que, onde quer que se manifestem influências de um plano mais profundo do que o da consciência apenas individual, uma correspondência e uma transmissão podem acontecer mesmo por caminhos totalmente diferentes dos habituais, sem condições exatas de tempo e de espaço, sem contatos históricos exteriores. E em segundo lugar, sobretudo, toda aproximação nessa ordem moderna de pesquisas acaba resolvendo-se num deslocamento, em vez de numa ampliação de pontos de vista. Por exemplo, quando um estudioso descobre a correspondência de alguns motivos do ciclo do Graal com outros, presentes, digamos, na tradição persa, isso lhe vale simplesmente como uma "procura de origens" e o resultado é poder afirmar triunfalmente: "O Graal é um símbolo persa". Em nada a nova referência lhes serve para esclarecer uma tradição com base na outra, para compreender uma por meio do elemento universal, metafísico e super-histórico eventualmente mais perceptível no símbolo correspondente, da maneira como foi formulado na outra tradição. Enfim, é um deslocamento contínuo e sem uma razão precisa de um para outro dos pontos de uma perspectiva de duas dimensões; não é a procura daquele ponto que, mais do que os outros, com base nas duas dimensões sobre a superfície pode levar à terceira dimensão, à dimensão de forma profunda, a ponto de poder servir como centro ordenador ou fio condutor para todo o resto.

Quanto à menção por nós feita sobre as tentativas de interpretar os motivos do Graal em função de figuras e situações históricas, tendo em vista que tais tentativas foram exercidas, inclusive com relação a outras sagas que contêm importantes inter-relações com o Graal (rei Artur, preste João, etc.), merece uma explicação mais aprofundada.

Em geral, nessas tentativas age a assim chamada tendência "evemerística", retomada dos modernos de acordo com seu irresistível impulso para relacionar, onde quer que seja possível, o superior com o inferior. As figuras do mito e da lenda – é o que se pensa – são tão somente sublimações abstratas de figuras históricas, que acabaram por tomar o lugar destas últimas e por valerem em si e por si, mitológica e fantasticamente. No caso, o oposto e que é verdadeiro, ou seja: existem realidades de uma ordem superior, arquetípica, diferentemente embelezadas pelo símbolo ou pelo mito. Pode acontecer que, na história, determinadas estruturas ou personalidades acabem, de certo modo, por encarnar tais realidades. História e super-história então interferem e acabam integrando-se reciprocamente, e a fantasia pode transferir instintivamente àqueles personagens e àquelas estruturas as características do mito exatamente com base no fato de que, de certo modo, a realidade se tornou simbólica e o símbolo se tornou realidade. Face a casos como esses, a interpretação "evemerística" revolve totalmente as verdadeiras relações. Nelas está o "mito", que constitui o elemento primário e que deveria servir como ponto de partida, enquanto a figura histórica ou o dado histórico é apenas uma expressão desse fato, contingente e condicionada em relação à ordem superior. Foi assim que, em outras oportunidades, tivemos ocasião de indicar o verdadeiro sentido das relações, aparentemente absurdas e arbitrárias, estabelecidas por algumas lendas entre figuras históricas bastante diferentes, com base no fato de que elas, mesmo nada tendo em comum historicamente, no tempo e no espaço, foram sentidas de maneira obscura como manifestações equivalentes de um único princípio ou de uma única função. Análoga é a razão de ser de algumas genealogias aparentemente não menos extravagantes: a descendência lendária exprime figuradamente uma continuidade espiritual, que pode ser real mesmo sem as condições inerentes a uma continuidade do sangue no espaço e no tempo. As genealogias dos reis do Graal, de Lohengrin, de Artur, do preste João, de Elias, e assim por diante, devem ser consideradas essencialmente tendo em vista esse fato. E mais, exatamente as situações ideais procedentes da interferência entre história e super-história que acabamos de mencionar nos oferecem a chave fundamental para compreender a gênese e o sentido do ciclo do Graal e de tudo aquilo que nele se relaciona não só com a ideia super-histórica do Império, como também com um determinado aparecimento deste, no mundo ocidental da Idade Média.

4. *Local Histórico do Mistério do Graal*

Isso deve ser esclarecido como segue.

Isolando os textos que se referem propriamente ao Graal, em seu conjunto, eles nos apresentam a repetição de alguns poucos temas essenciais, expressos por meio do simbolismo de figuras e feitos dos cavaleiros. Trata-se essencialmente do tema de um centro misterioso, do tema da procura de uma provação e de uma conquista espiritual, do tema de uma sucessão ou restauração real que, às vezes, assume inclusive o caráter de uma ação vingadora ou restabelecedora. Parsifal, Galvano, Galaad, Holger, Lancelot, Peredur, etc. são em sua essência nada mais do que nomes diferentes para um único tipo; assim como figuras equivalentes, modulações variadas de um mesmo motivo são o rei Artur, José de Arimateia, o preste João, o Rei Pescador, etc., e novamente imagens que se equivalem são as de inúmeros castelos misteriosos, de várias ilhas, de numerosos reinos, de regiões inacessíveis e misteriosas que passam à nossa frente nas narrativas que, se de um lado criam uma atmosfera estranha, surrealista, de outro frequentemente acabam tornando-se monótonas. Já mencionamos que tudo isso tem, em primeiro lugar, ou está sujeito a ter, um caráter de "mistério" no sentido próprio, isto é, iniciático. Mas na maneira específica segundo a qual tudo isso é expresso no ciclo do Graal devemos reconhecer o ponto no qual uma realidade super-histórica pressionou a história, associando de maneira estreita os símbolos do supracitado "mistério" à sensação confusa, mas viva, que a sua realização efetiva se impunha para a solução da crise espiritual e temporal de toda uma época, isto é, da civilização ecumênico-imperial da Idade Média em geral.

É exatamente com base nessa situação que o ciclo do Graal assumiu uma forma e tomou vida. A evocação de motivos primordiais e super-históricos encontrou-se com o movimento ascendente de uma tradição histórica num ponto de equilíbrio, em torno do qual, em curto período de tempo, se precipitou e se cristalizou uma matéria de natureza e proveniência muito diferentes, unificada por sua suscetibilidade a servir como expressão para um motivo comum. Dessa maneira, devemos partir da ideia de uma unidade fundamental interna de todos os textos, com todas as diferentes figuras, os símbolos e as aventuras que lhes são próprios, e precisamos descobrir a capacidade latente de um texto em integrar ou dar continuidade ao outro, até a completa explicação de alguns temas fundamentais. Relacionar esses temas com os seus significados universais intertradicionais e com uma metafísica complexa da história significaria repetir o que já expusemos em outra obra.[13] Portanto, no presente texto nos limitaremos a expor em forma de enunciado os pontos de referência mais indispensáveis para poder compreender realmente o sentido, ao mesmo tempo histórico e super-histórico, do mistério do Graal.

Notas

1. Para o sentido específico que damos à expressão "mundo tradicional" é preciso reportar-se às nossas obras: *Rivolta contro il mondo moderno* (1934), Roma: Edizioni Mediterranee, 1969; *Maschera e volto dello spiritualismo contemporaneo* (1932), Roma: Edizioni Mediterranee, 1971. Trata-se do mesmo sentido que R. Guénon e seu grupo adotaram.

2. GEBER, *Summa perfectionis magisterii* (in J. J. MANGETUS, *Biblioteca Chemica Curiosa*. Gênova, 1702), IX, x, p. 557.
3. JULIANO IMPERADOR, *Contr. Eracl.*, 217 c.
4. Cf. R. GUÉNON, "Le Saint Graal", in *Le voile d'Isis*, nº 170, 1934, pp. 47-8 (tr. it.: "Il Santo Graal", in *Simboli della Scienza sacra*, Adelphi, Milão, 1975).
5. Cf. o nosso ensaio. "Das Symbol, der Mythos und der Irrationalistischer Irrweg", in *Antaios*, nº 5, janeiro de 1960.
6. JUNG-WILHELM, *Il mistero del fiore d'oro*. Laterza, Bari, 1936, pp. 57 ss. (Ver também, de um outro ponto de vista, a tradução de *Il Mistero* preparada por Evola para as Edizioni Mediterranee, Roma, 1971, que traz também um ensaio introdutório de Pierre Grison – N. do E.)
7. Tradução italiana mais recente: Bollati-Boringhieri, Turim, 1990. Note-se que tanto o título de Freud quanto o de Jung e Wilhelm apareceram na coleção "Studi Religiosi ed Esoterici" da Laterza antes do de Evola (N. do E.).
8. A. NUTT, *Studies on the Legend of the Holy Grail*. Londres, 1888. J. MARX, *La légende arthurienne et le Graal*. Paris, 1952.
9. L. VON SCHROEDER, *Die Wurzel der Sage vom Heiligen Gral*. Viena, 1910.
10. L. E. ISELIN, *Der Morgenländische Ursprung der Grallegende*. Halle, 1909.
11. R. PALGEN, *Der Stein der Weisen, Quellentudien zum Parzifal*, Breslau, 1922.
12. O. RAHN, *Kreuzzug gegen den Gral*. Friburgo, 1933 (tr. it., *La crociata contro il Graal*, Società Editrice Barbarossa, Milão, 1991). F. VON SUHTSCHECK, "Wolfram von Eschenbach's Reimbereitung des Pârsiwalnâma", in *Klio*, vol. 25, 1932, nºs. 1-2, pp. 50-71.
13. A já citada *Rivolta contro il mondo moderno* (1934). Roma: Edizioni Mediterranee, 1969.

Princípios e Antecedentes

5. O Ciclo Olímpico

De acordo com a linha de pensamento que seguimos, aquilo que nos mais diferentes povos se manifestou como verdadeira "tradição" não é algo de relativo, de determinado por fatores externos ou simplesmente históricos, mas se relaciona sempre com elementos de um conhecimento único em sua essência, que apresentam um caráter de "constância".

O ensinamento tradicional em uma ou outra forma sempre e em toda a parte afirmou a existência de uma raça das origens portadora de uma espiritualidade transcendente e, por isso, muitas vezes considerada como "divina" ou "semelhante à dos deuses". Definimos como olímpica a sua estrutura, querendo com esse termo indicar uma superioridade natural, "uma natureza que, imediatamente como tal, é supernatureza". Uma força do alto numa raça como essa é "presença", e ela a predestina ao comando, à função real, demonstra-a como a raça daqueles "que são" e "que podem", às vezes como uma raça solar.

Se a idade do ouro, da qual inúmeras tradições falam de uma maneira ou de outra, é uma lembrança longínqua do ciclo dessa raça, ao mesmo tempo foi formulada sobre ela, sua função e mesmo sua sede, uma concepção super-histórica, devido ao fato de que, em determinado momento, aquilo que havia sido manifestado se tornou oculto. Devido a uma progressiva involução da humanidade, lembrada igualmente por múltiplas tradições, a função exercida nessa raça tornou-se gradativamente invisível e o contato direto entre elemento histórico e elemento super-histórico foi interrompido. Esse é o sentido, por exemplo, do ensinamento de Hesíodo, de que os seres da idade primitiva não morreram, mas passaram de modo invisível a orientar os mortais.[1] Do tema da idade de ouro passa-se, portanto, ao de um reino metafísico, com o qual estão em misteriosa relação objetiva ou ontológica todos os dominadores do alto, não só os que podem se considerar herdeiros verdadeiros da tradição primitiva, como também aqueles que reproduziram mais ou menos perfeita e conscientemente o seu tipo de *regnum* numa determinada terra e no quadro de uma determinada civilização. Dessa maneira, define-se a noção tradicional de um invisível "Rei dos reis", "Senhor universal" ou "Rei do mundo", associada a símbolos bem determinados, alguns dos quais derivam diretamente de analogias, enquanto outros são lembranças mitologizadas da terra ou das terras nas quais se desenvolveu o ciclo primitivo olímpico.

Antes de mais nada, são símbolos de centralidade: o centro, o polo, a região no centro do mundo, a pedra central ou de fundamento, o ímã. São também símbolos de estabilidade: a ilha imóvel no meio das águas, a rocha, a inquebrantável pedra – e símbolos de inviolabilidade e de inacessibilidade: o castelo, ou terra, invisível ou impossível de se encontrar, a altitude da montanha selvagem, uma região subterrânea. E mais: a "Terra da Luz", a "Terra dos Vivos", a "Terra Santa". Além disso, todas as variações do simbolismo áureo que, ao mesmo tempo que engloba os conceitos de solaridade, luz, realeza, imortalidade e incorruptibilidade, sempre teve alguma relação com a tradição primordial e com a era tão frequentemente marcada por esse metal. Outros símbolos referem-se à "Vida" em sentido eminente (o "alinhamento perene", a "Árvore da Vida"), a um conhecimento transcendente, a uma força invencível, e o todo aparece combinado dos modos mais variados nas representações fantásticas, simbólicas ou poéticas que nas diferentes tradições obscureceram esse tema constante do *regnum* invisível e do "centro supremo" do mundo, em si ou em suas emanações e reproduções.[2]

6. *Sobre o "Herói" e a "Mulher"*

Como se sabe, a doutrina da idade do ouro pertence àquela das quatro idades que nos fala da mencionada progressiva involução espiritual observada no decorrer da história, a partir de épocas muito remotas. Mas cada uma dessas idades tem também um significado morfológico, exprime uma forma típica e universal de civilização. Depois da idade do ouro, temos a da prata, que corresponde a um tipo sacerdotal, mais feminino do que viril de espiritualidade: nós a chamamos de espiritualidade lunar, porque o símbolo da prata sempre esteve tradicionalmente – em relação ao do ouro – como a Lua está para o Sol, e uma correspondência como essa, nesse caso, é particularmente esclarecedora: a Lua é o astro feminino que não mais tem em si, como o Sol, o princípio da própria luz. De onde a passagem para tudo o que é espiritualidade condicionada por uma mediação, ou seja, espiritualidade extrovertida caracterizada por uma atitude de remissão, de abandono, de rapto amoroso ou estático. Temos, dessa maneira, a raiz do fenômeno "religioso" em sentido estrito, desde as suas variações teístico-devocionais até as místicas.

Cada aparecimento de uma virilidade selvagem e materializada contra tais formas espirituais define uma idade do bronze. É a degradação da casta guerreira, a sua revolta contra quem representa o espírito enquanto este não é mais o chefe olímpico, mas somente um sacerdote; e o desencadeamento do princípio que lhe é próprio, exatamente como o orgulho, a violência, a guerra. O mito correspondente é a revolta titânica ou luciférica, a tentativa prometeica de usurpar o fogo olímpico. A era dos "gigantes", ou do Lobo, ou dos "seres elementares", é uma figuração equivalente, que se encontra em várias tradições e nos fragmentos destas tendo sido conservada nas lendas e nas epopeias de vários povos.

A última é a idade do ferro ou, de acordo com a correspondente denominação-expressão hindu, a idade obscura. Nessa era se encaixam todas as civilizações dessacralizadas, todas as civilizações que conheçam e exaltem somente o que é humano e terreno. Contra tais formas de decadência define-se a ideia de um ciclo possível de restauração, chamado por Hesíodo de ciclo heroico, ou idade dos heróis. Nesse caso, deve-se entender o termo "heroico" num sentido de especial, técnico, diferente do habitual. De acordo com Hesíodo, a "geração dos heróis" foi criada por Zeus, isto é, pelo princípio olímpico, com a possibilidade de reconquistar o estado primitivo e, portanto, de dar início a um novo ciclo "áureo".[3] Mas, para realizar esta, que é justamente só uma possibilidade e não mais um estado de natureza, coloca-se a dupla condição de ultrapassar não só a espiritualidade "lunar", como também a virilidade materializada, ou seja, tanto o sacerdote quanto o mero guerreiro ou titã. Esses traços aparecem com frequência nas figuras "heroicas" de quase todas as tradições. Dessa maneira, por exemplo, na tradição helênico-aqueia, Hércules é descrito exatamente nesses termos, como protótipo do herói: ele tem como eterna adversária Hera, figura soberana do culto panteístico-lunar; e ganha para si a imortalidade olímpica exatamente para ser o aliado de Zeus, do princípio olímpico, contra os "gigantes": e, de acordo com um dos mitos desse ciclo, por meio dele, o elemento "titânico" (Prometeu) é libertado e reconciliado com o elemento olímpico.

Deve-se observar que se no "titã" concebe-se quem não aceita a condição humana e deseja raptar o fogo divino, somente um traço separa o herói do titã. A esse respeito Píndaro já exortou a não "querer transformar-se em deuses" e, na mitologia hebraica, o símbolo da maldição de Adão valeu como uma advertência semelhante e passou a indicar um perigo fundamental. O tipo titânico – ou, sob outro aspecto, o tipo guerreiro – continua a ser, afinal, a matéria-prima do herói. Para a solução positiva, isto é, para a transformação olímpica como reintegração do estado primitivo, coloca-se, porém, uma dupla condição.

Antes de tudo o mais, a prova é a confirmação da qualificação viril – de onde, no simbolismo épico e cavaleiresco, uma série de atos, de aventuras, de empreendimentos, de combates – mas de tal modo que não se transforme em limite, em *hybris*, em fechamento do Eu, que ela não paralise a capacidade de se abrir a uma força transcendente, somente em função da qual o fogo pode tornar-se luz, e libertar-se. Por outro lado, uma libertação desse tipo não deve, porém, significar cessação da tensão interior, pelo que uma prova posterior consiste em reafirmar adequadamente a qualidade viril no plano suprassensível, o que tem como consequência exatamente a transformação olímpica, de conseguir alcançar aquela dignidade que nas tradições iniciáticas sempre foi designada como "da realeza". Esse é o ponto decisivo, que diferencia a experiência heroica de toda evasão mística e de toda confusão panteística, e entre os simbolismos que a ele se podem referir, vale aqui, sobretudo, lembrar o da mulher.

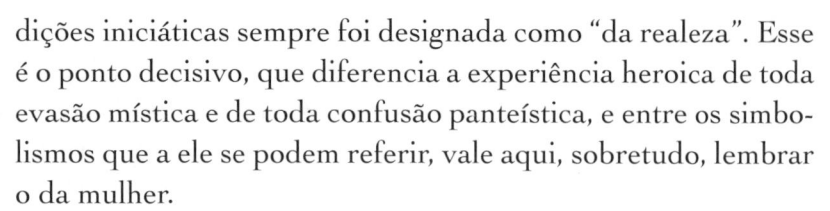

Na tradição indo-ariana, cada deus – cada poder transcendente – está unido a uma esposa e o termo *shakti*, esposa, significa também potência. No Ocidente, a Sabedoria, Sophia, às vezes o próprio Espírito Santo, tiveram como representação uma mulher da realeza, enquanto como Hebe, nos aparece a juventude olímpica perene que foi dada como esposa a Hércules. Nas representações egípcias, mulheres divinas oferecem ao rei o lótus, símbolo do renascimento, e a "chave da vida". Do mesmo modo que os *fravashi* do Irã, as *walkyrias* nórdicas são representações de partes transcendentais dos guerreiros, são as forças de seu destino e de sua vitória. A tradição romana conheceu uma *Venus Victrix* com o caráter de "geradora" de uma estirpe imperial (*Venus Genitrix*) e, a celta, mulheres sobrenaturais que raptam os heróis em ilhas misteriosas, para torná-los imortais com seu amor. Eva, de acordo com uma etimologia, significa a Vida, a Vivente. Sem nos estendermos mais na série de exemplos, coisa que já fizemos em outra parte[4], constatamos, portanto, que um simbolismo bastante difundido representou na "mulher" uma força vivificadora e transfiguradora, mediante a qual pode produzir-se a superação da condição humana. Por outro lado, qual é o fundamento da representação feminina dessa força? Todo simbolismo se baseia em relações exatas de analogia. Por isso, é preciso começar pelas possíveis relações entre homem e mulher. Essas relações podem ser normais ou anormais. São anormais quando a mulher se torna a dominadora do homem. O simbolismo da mulher que se prende a esse segundo caso não diz respeito ao tema de que estamos tratando, pelo que não nos alongaremos a respeito. Mencionaremos somente que se trata de concepções ginecocráticas (matriarcais) que devem ser consideradas como resíduos do ciclo da civilização "lunar", nas quais se reflete o tema da dependência e da passividade do homem em relação ao espírito concebido como sendo da espécie feminina (Mãe cósmica ou *Magna Mater*, Mãe da Vida, etc.): tema característico desse ciclo.[5]

Por outro lado, não se encaixa necessariamente nesse quadro a ideia mais geral da mulher como administradora do *sacrum* e como princípio vivificador, como a portadora de uma "vida" que liberta a *anima* e transforma o simples "ser".[6] Essa ideia pode enquadrar-se, e efetivamente se enquadrou com certa frequência, no mundo da espiritualidade que nós chamamos "heroica". Nesse caso, devemos nos referir, como base da analogia e do simbolismo, às relações normais entre homem e mulher, e disso resulta o conceito fundamental de uma situação em que o princípio viril mantém a própria natureza; o espírito, frente a ele, e a "mulher": aquele é o ativo, este o passivo – mesmo frente à força que o transfigura e vivifica, o herói mantém o caráter que o homem tem como senhor de sua mulher. É de se observar, nesse caso, que estamos no oposto do simbolismo nupcial, usado, sobretudo, na mística de orientação religiosa, principalmente na cristã, onde à alma é atribuída a parte feminina, a de "esposa".

Posto isso, lembrando os "sinais" do centro, temos símbolos compostos: a Mulher da Ilha, a Mulher da Árvore, a Mulher da Fonte, a Mulher ou Rainha do Castelo, a Rainha da Terra Solar, a Mulher escondida na Pedra, etc. Especificamente, como Viúva, a mulher exprime um período de silêncio, isto é, a tradição, a força ou a potência que não mais é possuída, que perdeu o seu "homem" e aguarda um novo senhor ou herói:[7] semelhante é o significado da "Virgem" aprisionada que espera ser libertada e desposada por um cavaleiro predestinado. Nessas bases, tudo o que nas lendas épicas e em muitas narrativas de cavaleiros se encontra em termos de aventuras e de lutas heroicas empreendidas na fidelidade a uma "mulher" e para possuí-la, é quase sempre suscetível de ser interpretado em termos de um simbolismo relativo às provas da qualidade viril, que são impostas como uma premissa para a integração transcendente da personalidade. E se nessa mesma literatura encontramos também mulheres, às quais é relacionado um motivo de sedução e de perigo para o herói, ele não deve ser entendido somente à maneira primitiva e direta, ou seja, em termos de simples sedução carnal, mas também relacionando-se com um plano mais alto, com base no perigo, que a aventura "heroica" leve a uma queda titânica. Então a mulher exprime a sedução constituída pelo poder e pelo conhecimento transcendente, quando o significado de sua posse é a usurpação prometeica e a culpa do orgulho prevaricador. Um outro aspecto oposto pode estar relacionado com aquilo que alguém chamou de "a morte por sucção, que provém da mulher", referindo-se à perda do princípio mais profundo da virilidade.[8]

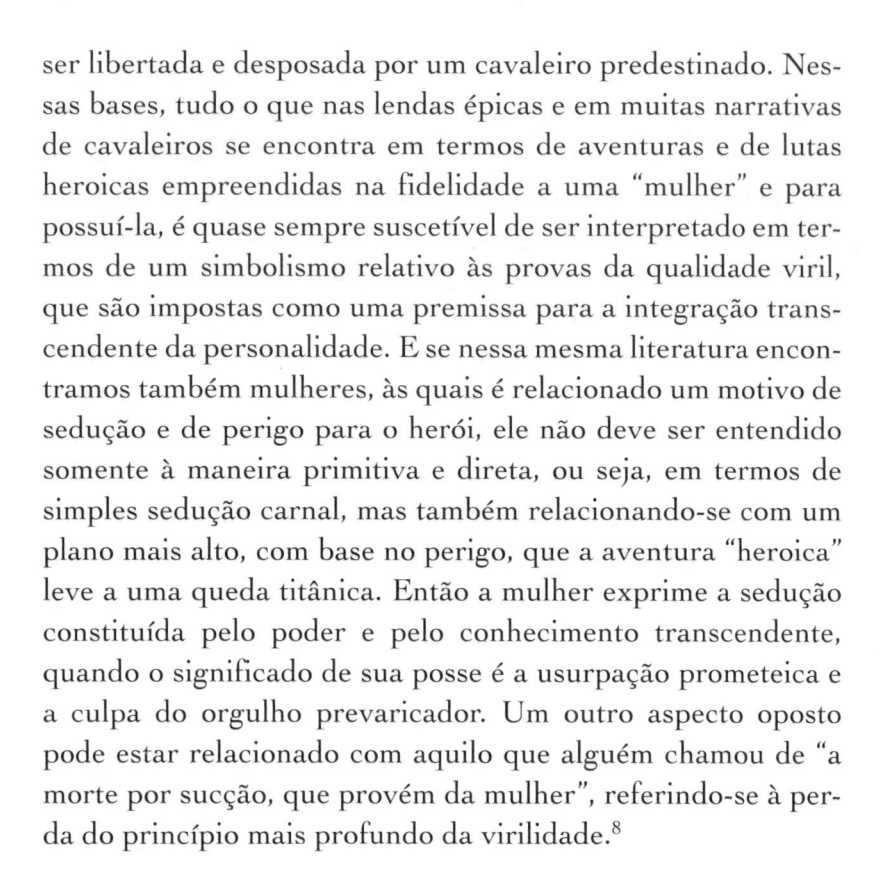

7. *O Tema Hiperbóreo*

A localização numa região boreal ou nórdico-boreal, que se tornou inóspita, do centro ou sede originária da civilização "olímpica" do ciclo áureo é outro ensinamento tradicional fundamental, que analisamos em outra parte, apresentando inclusive documentação a respeito.[9] Uma tradição de origem hiperbórea em sua forma originária olímpica ou em seus reaparecimentos do tipo "heroico", está na base de ações civilizadoras desenvolvidas por raças que, no período que se estende entre o final da idade do gelo e o neolítico, se irradiam pelo continente euro-asiático. Algumas dessas raças provavelmente vieram diretamente do Norte; outras parecem ter tido como pátria de origem uma terra atlântico-ocidental, onde se constitui uma espécie de imagem do centro nórdico. Essa é a razão pela qual vários símbolos e lembranças concordantes se referem a uma terra que, às vezes, é nórdico-ártica, e outras vezes é ocidental.

O centro hiperbóreo, entre suas inúmeras denominações, que passaram a ser aplicadas inclusive ao centro atlântico, teve a de Thule, a de Ilha Branca ou do "Esplendor" – o *shveta-dvîpa* hindu, a ilha Leuké helênica[10] – de "semente originária da raça ariana" – *airyanem-vaêjô* – de Terra do Sol ou "Terra de Apolo", de Avalon. Lembranças concordantes em todas as tradições indo-europeias falam do desaparecimento dessa sede, que se tornou mítica, em relação a um congelamento ou a um dilúvio. Essa é a contrapartida real, histórica, das diferentes alusões a algo que, a partir de um determinado período, teria sido perdido ou teria se tornado oculto ou impossível de se encontrar. Essa é também a razão pela qual a "Ilha" ou "Terra dos Viventes" – com o termo "Viventes" (em sentido eminente) entendendo-se os componentes da raça divina originária – a região à qual mais ou menos se referem os símbolos já conhecidos do centro supremo do mundo, muitas vezes se confundiu com a "região dos mortos", significando com "os mortos" a raça desaparecida. Assim, por exemplo, de acordo com uma doutrina céltica, os homens devem ter tido como antepassado primitivo o Deus dos Mortos – Dispater – que habita uma região longínqua além do Oceano, morando naquelas "Ilhas extremas" de onde, segundo o ensinamento druídico, uma parte dos habitantes pré-históricos da Gália teria saído diretamente.[11] Por outro lado, é tradição clássica que, após ter sido o senhor da Terra, o rei da idade do ouro, Kronos-Saturnus, destronado ou castrado (isto é, privado do poder de "gerar", de dar vida a uma nova descendência), viva sempre, *in sonno*, numa região do extremo norte, na direção do mar Ártico, que por essa razão foi também chamado mar Crônide.[12] Isso deu origem a inúmeras confusões, mas essencialmente trata-se sempre da transposição ou da super-história, ou sob a aparência de uma realidade ou de um centro espiritual latente ou invisível, de ideias que se referem ao tema hiperbóreo. Para o que necessitamos, é preciso determo-nos rapidamente na forma que tais lembranças assumiram no ciclo celta e sobretudo no irlandês. Trata-se essencialmente das tradições que se referem ao Avalon, aos Tuatha dé Danann e também ao próprio reino de Artur. Essas tradições têm um alcance mais do que local e histórico; muitas vezes até mesmo os dados geográficos que nelas aparecem, como costuma acontecer frequentemente em tais casos, têm um significado somente simbólico.

8. *A Tradição na Irlanda*

A história lendária da Irlanda centraliza-se nas vicissitudes de raças que sucessivamente ocuparam a região e a dominaram, sendo provenientes de um misterioso centro nórdico-atlântico, ao qual eventualmente voltaram. A *Historia brittorum* muitas vezes denomina esse centro com o nome de Hibéria, mas na realidade esse termo é somente a fantasiosa transcrição das palavras irlandesas *mag-mô*, *trag-môr* ou *mag-mell*, que indicam a "Terra dos Mortos", isto é, o centro primitivo nórdico-atlântico.[13] Inúmeras são as vicissitudes dessas raças: elas estão em eterna luta contra os Fomoros, gigantes ou seres obscuros e monstruosos, assimilados significativamente nos elementos cristianizados da saga, aos gigantes antediluvianos ou às naturezas selvagens descendentes de Cham e de Caim.[14] Esses Fomoros são o equivalente das "naturezas elementares" ou dos "gigantes", contra os quais, na tradição nórdica dos *Edda*, estão os Asi, os "heróis divinos". Eles representam as forças de um ciclo da "idade do bronze", obscuras forças telúricas, associadas às profundezas das águas (no ciclo de Ulster), como a esta já foi associado o telúrico Posêidon; ou seja, correspondem a forças do ciclo originário que se materializaram e se degradaram em sentido titânico. Esse segundo aspecto parece resultar nas tradições celtas, pelo fato de que ao rei dos Fomoros, Tethra, às vezes é relacionada a mesma pátria misteriosa além do Oceano, e pelo fato de que a inconquistável torre de Conann, outro rei dos Fomoros, na "Ilha de vidro no meio do oceano", afinal, é ela própria visivelmente uma representação do centro primitivo.

De qualquer modo, os Fomoros, em seu aspecto essencial de raça obscura e telúrica, são vencidos por um primeiro núcleo de civilizadores, que se instalaram na Irlanda, provenientes da região atlântica, da raça de Partholon. Essa raça se extingue, e a ela se sobrepõe um segundo povo da mesma origem, a raça de Neimheidh. O nome Neimheidh, que provém de uma raiz celta que significa "celeste" e também "antigo", "venerável", "sagrado",[15] permite-nos conceber esse mesmo novo ciclo como uma criação dos representantes da tradição primitiva ainda em seu estado puro, "olímpico". Na época de Neimheidh, deve ser lembrado um episódio simbólico que encontra eco num episódio análogo dos *Edda*. Nos *Edda*, os Asi, os "heróis divinos", dirigem-se aos "seres elementares", para que estes lhes reconstruam a fortaleza da "região central", o *Asgard* do *Mitgard*. Como retribuição para um empreendimento de tal porte, os gigantes querem para si a "mulher divina", Freja, e juntamente com ela, "a Lua e o Sol". Como não obtêm o que desejam – isto é, por terem os Asi impedido essa usurpação das forças do alto provocada pelo fato de eles terem se servido das potências elementares –

origina-se uma luta, que acaba provocando fatalmente o "declínio dos deuses". Do mesmo modo, no ciclo irlandês, Neimheidh serve-se dos Fomoros para construir uma fortaleza, mas em seguida, temendo que eles se apossem da obra, promove a eliminação dos Fomoros.[16] Isso de nada lhe adianta. Os descendentes de Neimheidh acabam sendo subjugados pelos Fomoros que habitam a *Tor-inis*, fortaleza existente numa ilha – novamente – na posição norte-oeste da Irlanda. Nessa situação, são massacrados após uma tentativa de rebelião, da mesma maneira como, na saga dos *Edda*, termina a luta contra as forças elementares: com o ocaso dos Asi. Em ambos os casos, tem-se a representação do advento de um ciclo "titânico" sobre as ruínas de uma civilização diretamente derivada da civilização primitiva.

Nessa altura, começa a aparecer, no desenvolvimento da saga irlandesa, uma tentativa de restauração "heroica". Trata-se do ciclo dos Tuatha dé Danann, termo que significa "gente da deusa Anu ou Dana".[17] Essa raça, por um lado é concebida como tendo chegado à Irlanda "pelo céu" – de onde provém, segundo o *Leabbar na hvidhe*, "sua sabedoria e a superioridade de seu saber";[18] por outro lado, é na região hiperbórea que ela teria adquirido o conhecimento sobrenatural.[19] As duas versões não se contradizem mas iluminam-se reciprocamente, seja pelo caráter não apenas humano do centro primitivo, seja porque, de acordo com a saga, a raça dos Tuatha derivaria de descendentes sobreviventes da raça de Neimheidh, que teriam se dirigido para a terra hiperbórea ou atlântico-ocidental justamente para aprender as ciências sobrenaturais. Com base nisso, origina-se também uma relação com alguns objetos místicos, dos quais falaremos.[20] Por ser a raça de Neimheidh aquela "celeste" e "antiga" que terminou sendo arrastada por um ciclo titânico, o sentido do conjunto provavelmente é que se trata de um contato reintegrador com o centro espiritual originário – celeste e, na transposição geográfica da lembrança, hiperbóreo ou atlântico-ocidental –, contato que reanima e dá forma "heroica" à nova estirpe, aos Tuatha dé Danann,[21] que vencem novamente os Fomoros e raças afins – os Fir-Bolg – e se apossam da Irlanda. O chefe dos Tuatha, Ogme, é uma figura "solar" – *Grian Ainech* – com traços semelhantes aos do Hércules dórico. Ele conquista a espada do rei dos Fomoros.

Porém, o domínio dos Tuatha também tem o seu fim. O *Lebor Gabala* (Livro das Conquistas) fala da chegada à Irlanda de uma nova raça, a dos filhos de "Mileadh", cuja fisionomia ainda não está totalmente esclarecida. Nela predomina o aspecto guerreiro – Mileadh parece ter a mesma raiz de *miles*[22] – porém não separado de resíduos da mais alta tradição própria do ciclo precedente dos Tuatha. Dessa maneira, na civilização de Mileadh também subsiste o simbolismo da "sede central": a constituição desse povo é feudal, com uma realeza suprema estabelecida em Tara, na "terra do meio" – Meadhon – já centro sagrado dos Tuatha, e o rei era consagrado pela "pedra do destino" – *lia-fail* – a respeito da qual falaremos, e que pertencia igualmente à tradição dos Tuatha.[23] Quanto aos próprios Tuatha, eles, segundo alguns textos, teriam abandonado a terra, assumindo uma forma invisível como habitantes de maravilhosos palácios "subterrâneos" ou de cavernas nas montanhas inacessíveis aos homens; eles não mais voltaram a se manifestar entre os homens, e somente o fizeram excepcionalmente; de acordo com outros textos, voltaram para a sua pátria de origem, no Avalon.[24] Com base no que já dissemos, as duas versões se equivalem, trata-se de duas diferentes representações do centro primitivo que se tornou oculto ("subterrâneo") e inacessível. A ele, nas tradições celtas, continuaram a se aplicar as imagens da "Ilha" atlântica Avalon, e a esse respeito interessa-nos observar que essa ilha foi concebida, nos tempos sucessivos, sobretudo como lugar de "mulheres" que atraem os heróis para torná-los imortais. O nome de Avalon, de resto, é explicado com base no termo címrico *afal*, que significa pomo, como "ilha dos pomos";[25] o que, naturalmente, nos lembra a ilha das Espérides "além do Oceano", com os simbólicos pomos áureos que Hércules conquista numa das ações que lhe valeram a concessão da imortalidade olímpica. As mulheres sobrenaturais da ilha de Avalon parecem possuir o dom da "saúde" – na saga de *Tir-nan-og* elas declaram que em sua terra nunca "se verá a morte ou a dissolução do corpo" e que nela o herói Oisin poderá obter "a coroa de rei da juventude eterna".[26] Mas ao mesmo tempo o Avalon, a "Ilha Branca",[27] tem também valor de ilha "polar" e "solar". A ilha de Avalon, de acordo com uma outra etimologia possível, na realidade não seria outra coisa que não a ilha de Apolo, deus, que tem o nome celta de Ablun ou Belen; representa, portanto, a terra "solar" e a região hiperbórea, sobretudo tendo em vista que Apolo foi considerado até mesmo como um rei solar justamente da idade áurea e da região hiperbórea.[28] E se essa ilha muitas vezes se confunde com "ilha de vidro", isso deve levar-nos ao simbolismo geral de paredes vidro e até mesmo de ar, utilizado para indicar uma espécie de defesa invisível que envolve determinados lugares, para impedir-lhes o acesso como de acordo com um símbolo ulterior, o de uma muralha de fogo que gira em torno dessa ilha. São variações da ideia de inviolabilidade, que sempre foi relacionada com o centro supremo.

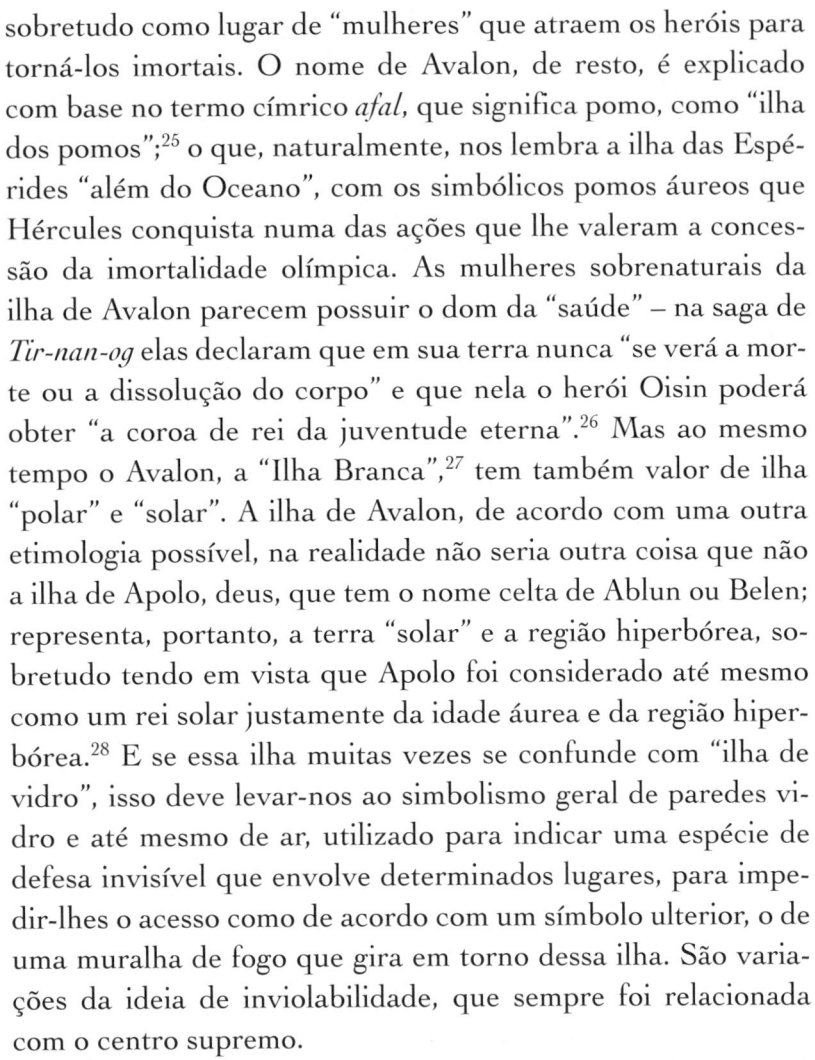

O texto conhecido pelo nome de *Battle of Mag-Tured* (pars. 3-6) narra que os Tuatha levaram consigo de sua sede nórdico--atlântica quatro objetos que têm estreita relação com o ensinamento ali recebido: uma pedra, uma lança, uma espada e um recipiente. É a "pedra fatídica" ou "pedra real", assim chamada porque ela permite, como uma espécie de oráculo, reconhecer quem pode ser legitimamente rei; é a lança de Lug, deus do raio, da qual se fala que "nunca nenhuma batalha foi perdida por quem a empunhou"; é a espada invencível e inexorável de Nuadu; e, enfim, o recipiente de Dagdé, que magicamente sacia com o seu conteúdo qualquer quantidade de guerreiros. Esses objetos dos Tuatha reaparecerão em correspondentes objetos do ciclo do Graal, da mesma maneira como a sede deste resultará estar em estreita relação com a mesma ilha de Avalon, ou "Ilha Branca".[29]

Nas tradições reunidas nos *Annali dei quattro maestri* é particularmente visível o tema da luta e da vitória como prova. Uma fórmula sempre repetida é: "O rei X foi abatido por Y, que se tornou rei".[30] Seu sentido mais profundo se refere à saga do Rei das Florestas de Nemi, das quais já falamos em outra parte, onde vencer e matar um determinado personagem parece introduzir diretamente à função e à dignidade real e sacerdotal que este detinha – como também à qualidade de esposo da "mulher divina".[31] A literatura medieval relativa aos cavaleiros da época está cheia de variações deste tema: a prova das armas leva, muitas vezes automaticamente, à posse de uma mulher, que passa de um herói para outro. Com base no assim chamado "direito de amor", era, de acordo com a ética dessa literatura, algo quase natural que um cavaleiro pudesse ter como objeto de seus desejos a Senhora de seu próprio senhor, caso se julgasse, e pudesse demonstrar ser mais valente do que ele na prova das armas.[32] O caráter singular que tudo isso, se tomado ao pé da letra, apresenta a sua própria escassa correspondência com os hábitos efetivos da época, já deveriam induzir a supor um conteúdo oculto como sentido verdadeiro de tais "aventuras":[33] nelas se trata verossimilmente de longínquos ecos do tema da seleção daquela qualidade viril que, primeira entre todas, qualifica para obter a posse da "mulher".

De acordo com a *Historia regum britanniae*, a Britânia teria sido originariamente habitada por gigantes. O principal deles chamava-se Goemagog. "Bruto", concebido como um dos descendentes dos troianos que também criaram Roma, dizima-os e funda a tradição britânica.[34] Goemagog corresponde visivelmente a Gog e Magog. É uma reminiscência bíblica significativa. Gog e Magog são entes demoníacos que no mito imperial desempenharão um papel importante. Eles equivalem aos Fomoros, equivalem aos "seres elementares" ou *rinthursi* aos quais os Asi, os "heróis divinos" dos *Edda*, barram o caminho com uma muralha de modo que a "sede do Centro" – o *Mitgard* – isto é, uma determinada reprodução do centro primitivo – lhes seja inacessível. De certo modo, eles representam o demonismo do mundo das massas.

Os *Annali dei quattro maestri* relatam várias revoltas contra a dinastia sacral dos Tuatha dé Danann, e também contra a sucessiva dinastia guerreira dos filhos de Mileadh, insurreições devidas à raça dos Fir-Domhanain, ou "raça das profundezas", raça telúrica, associada a resíduos degenerescentes de anteriores habitantes da Irlanda, com os Fir-Bolg. Fala-se enfim de uma "raça plebeia" – *aithe-ach-tuatha* – que, aproveitando-se de uma festa, massacra a nobreza, ou seja, induz os Quatro Senhores a rebelar-se contra o rei supremo da "sede do Centro". Mas, como punição a tal violência, todo o país é atingido por uma esterilidade geral, acompanhada por todo tipo de flagelos: o reino permanecerá nesse estado de desolação até que o filho do último rei, que havia sido vencido e morto, volte para a terra do pai.[35] Na saga oriental de Alexandre, a devastação e a esterilidade "de todas as correntes, a ponto de não deixar uma única gota d'água", estão relacionadas com a época da vinda dos povos de Gog e Magog.[36] É a mesma condição em que termina o reino do Graal, que se tornou a *Gaste Terre*, a terra devastada devido ao assim chamado "golpe doloroso", e que continuará nessa condição até a chegada do herói vingador e restaurador. Esse conjunto de antigas tradições e de antigos símbolos celtas pré-cristãos já apresenta os temas principais que irão se reencarnar nas lendas do Graal. O elo de conjunção posterior é a saga do rei Artur.

9. O Ciclo Arturiano

No conjunto das formas dessa saga, a realidade histórica de Artur – que teria sido o *dux bellorum* dos Cimros nórdicos em luta os anglo-saxões entre o século V e o VI – passa para segundo plano frente ao aspecto, devido ao qual, em seu reino, fomos levados a ver uma espécie de imagem da função real central estritamente relacionada com a tradição hiperbórea, a ponto de valer, afinal, como essa função tomada em si mesma, com caracteres simbólicos e super-históricos. A relação do reino de Artur com a Inglaterra torna-se, portanto, acidental; na literatura medieval, esse reino teve antes um significado supernacional, abraçava a melhor cavalaria e a influência por ele exercida sobre a cristandade heroica medieval foi tão grande, que esta vislumbrava em Artur exatamente o seu chefe simbólico, e a ambição de todo cavaleiro era tornar-se membro da misteriosa Ordem do "Rei Artur" – fato esse particularmente significativo.

O nome de Artur é susceptível de várias interpretações. A mais aceitável entre elas é a que o relaciona com as palavras celtas *arthos* = urso e *viros* = homem.[37] Nênio já havia explicado: "*Artur latine sonat ursum horribilem*".[38] Esse significado de uma força viril que incute medo relaciona-se com um simbolismo de origem hiperbórea e, ao mesmo tempo, leva à ideia de uma função central ou "polar" (Ursa Maior). Não é só: no conjunto dos textos tradicionais, símbolos e nomes acabam estabelecendo uma relação entre essa constelação, como o simbolismo do polo ou centro que a ela se refere, e Thule, um dos nomes da "Ilha Branca" hiperbórea, centro tradicional primitivo.[39] O elemento "polar", o elemento hiperbóreo e o elemento real convergem, portanto, na figura de Artur. O aspecto unilateralmente viril e guerreiro que se poderia supor em Artur como *ursus horribilis* parece corrigido até pelo fato de que, na lenda, Artur sempre se faz acompanhar, como uma espécie de seu complemento ou contrapartida, de Myrddhin ou Merlin, detentor de um conhecimento e de um poder supermaterial, a ponto de se apresentar, afinal, menos como uma pessoa distinta do que como a personificação do lado transcendente e espiritual do próprio Artur.[40] A estreita conexão desses dois princípios, um guerreiro, o outro espiritual, define por si só o "espírito cavalheiresco" da corte de Artur e o significado das aventuras mais características que se referem aos membros desta. O espírito cavalheiresco da Távola Redonda, isto é, do rei Artur, não é simplesmente guerreiro – aqueles que são escolhidos para dela fazerem parte, lê-se na *Morte Darthur*,[41] "sentem-se mais abençoados e dignos de veneração do que se tivessem conquistado metade do mundo. E deixam os seus pais, parentes, mulheres e filhos para seguir a Ordem". O próprio Graal pode, no fundo, representar o elemento transcendente com que esse espírito cavalheiresco aspirava completar-se: coisa que resultará claramente nas formas da saga em que o reino de Artur acaba se confundindo com o do Graal. Vale aqui relatar o episódio sobre as pedras de Stonehenge, que existem ainda hoje e que são motivo de surpresa para muitos, pois continua sendo um mistério a maneira com que aqueles blocos gigantescos foram recortados e transportados, em épocas tão remotas, até o local onde se encontram, como restos de um enorme templo solar que remonta, parece, ao megalítico ou ao neolítico. Merlin, ordenando aos seus guerreiros que fossem buscar essas enormes pedras no alto de longínquas montanhas, diz: "Mãos à obra, corajosos guerreiros, e aprendam, fazendo essas pedras descerem das alturas, se é a força que supera o espírito ou se é o espírito que supera a força". Os guerreiros mostram-se incapazes e Merlin, rindo, cumpre sem nenhuma dificuldade a tarefa.[42] Que a virtude guerreira tivesse, no ciclo arturiano, um ponto de referência espiritual, resulta de resto dessa exortação, contida no próprio texto, isto é, na *Historia regum britanniae*: "Combatam pela vossa terra e aceitem, se necessário, a morte: pois a morte é uma libertação da alma".[43] É essa exatamente a antiga concepção da *mor triumphalis*, ponto central da ética própria das tradições do tipo "heroico".

De acordo com a lenda, Artur demonstrou o seu direito inato de ser o rei legítimo de toda a Inglaterra ao superar a prova da espada, isto é, ao conseguir extrair uma espada encravada numa grande rocha quadrangular colocada sobre o altar do templo, rocha que parece ser evidentemente uma variante da "pedra dos reais" pertencente à antiga tradição dos Tuatha dé Danann.[44] Apresenta-se-nos aqui um simbolismo duplo, convergente. De um lado, tem-se o simbolismo geral da "pedra de fundamento", que nos leva à ideia "polar", pela qual a alegoria e o mito referir-se-iam a um poder viril (a espada) a ser extraída desse princípio. Em segundo lugar, extrair a espada da pedra pode significar até mesmo a libertação de um poder da materialidade, pois a pedra frequentemente tem esse significado, e isso está de acordo com outro episódio da lenda: aquele em que Artur, guiado por "Merlin", se apodera da espada Caliburn ou Excalibur erguida por um braço misterioso acima das águas.[45] Essa arma, porém, comenta-se, havia sido fabricada em Avalon, isto é, tem relação com o "centro supremo"; e o fato de ela ser mantida acima das águas exprime novamente uma força separada das condições da vida material, passional e contingente, vida que sempre foi relacionada com um aspecto fundamental do simbolismo das águas. Esta vida deve ser superada, não somente por aqueles que aspiram receber o mandato real do "centro" e pretendem vir a ser chefes no sentido superior, mas também por todo cavaleiro que têm como objetivo tornar-se digno de pertencer ao séquito do rei Artur e, enfim, de reencontrar o Graal.

Entre os motivos próprios da antiga tradição britânica, mencionaremos ainda a instituição da Távola Redonda e o simbolismo da sede do rei Artur. Sobre esta última, muitas vezes mencionam-se os conhecidos símbolos da terra inacessível: o de Artur, de acordo com Andrea Cappellano, é um reino separado do mundo dos homens por um largo rio; a única maneira de passar por esse rio é atravessando uma ponte perigosa. Esse reino é defendido por gigantes, e nele se encontra um castelo em perene movimento giratório.[46] Nesse castelo, que tem até o nome de "castelo real" – *caer rigor* – ou castelo dos "ricos" – *caer golud* – seria mantido um recipiente sobrenatural conquistado (de acordo com a tradição do *The Spoiling of Annwn*) pelo rei Artur ao rei do "outro mundo". Esse recipiente, reprodução de um dos símbolos próprios da tradição hiperbórea dos Tuatha dé Danann (o recipiente Dagdé), como o Graal no castelo do "rico" rei, "sacia" qualquer pessoa, cura qualquer ferida e preserva da ação do tempo, porém negando os seus dons aos covardes e aos perjuros.[47] Uma sede como essa, um castelo giratório – *revolving castel, caer sidi* – forma uma unidade com a "ilha giratória" que, na antiga saga celta, muitas vezes ocupa o lugar da "Ilha de Vidro" e, em geral, do Avalon, e aqui certamente há uma alusão à "Terra Polar", que gira em torno do seu eixo e transportaria o mundo em seu movimento de rotação: isso nos faz pensar na imagem do "Senhor universal" como *cakravartī*, palavra que significa exatamente "aquele que gira a roda", referindo-se àquele que, como centro imóvel, move a roda do *regnum* e, em geral, do universo ordenado. Essas são ideias que em outra parte encontram eco no próprio simbolismo da Távola Redonda que Artur, sob conselho de "Merlin", teria instituído, para distinguir a ordem dos cavaleiros, da qual era chefe supremo. De acordo com o texto de Malory, a Távola Redonda teria sido de fato construída à imagem do mundo e nela todo o universo, terreno e celeste, encontraria proteção.[48] Em outros textos[49] nos referimos em geral ao curso dos astros e à rotação do céu em relação a um centro imóvel, do que resulta claramente que os cavaleiros que se sentam à Távola Redonda são outros tantos representantes do poder central ordenador. É importante destacar que em várias narrativas esses cavaleiros da Távola Redonda, ou pelo menos os melhores entre eles, são ao todo doze, do que resulta uma visível correspondência com os doze Pares que, no *Roman de Brut*, "dividem a terra em doze partes, cada um deles assumindo uma parte em feudo e intitulando-se rei".[50] A importância desse detalhe reside no fato de que doze é um número solar; esse número, de um modo ou de outro, sempre apareceu onde quer que se tenha constituído, ou tentado constituir-se um centro tradicional: os doze tronos do Midgard, os doze supremos deuses olímpicos, os doze marcos do centro de Delfos, os doze litores de Roma, os doze residentes de Avalonia, os doze condes paladinos de Carlos Magno, e assim por diante. Mas na saga do Graal e do rei Artur um motivo posterior se relaciona com esse simbolismo, o do lugar perigoso. É um lugar deixado vazio na Távola Redonda e reservado a um cavaleiro esperado e predestinado, superior a qualquer outro que aparece às vezes ser o décimo terceiro cavaleiro e que então, manifestamente, corresponde à mesma função suprema de centro, de chefe ou de polo dos "doze" e é a imagem ou representante do próprio *cakravartî*, ou "Rei do Mundo".[51]

Naturalmente, quando se apresenta o tema do "lugar perigoso" concebido como um lugar vazio, deve-se pensar num estado de involução do reino de Artur ou de decadência dos seus representantes, a ponto de tornar necessária uma restauração. Idealmente, é exatamente esse o ponto em que os cavaleiros da Távola Redonda se colocam à procura do Graal e no qual, na literatura correspondente, as aventuras do Graal e as dos cavaleiros do rei Artur se entrelaçavam inextricavelmente. Em geral, o reino de Artur identifica-se, então, com o de Locris ou Logres – uma antiga designação da Inglaterra, como "Albânia" e "Ilha Branca", e como sede do Graal; e os cavaleiros de Artur dedicam-se à procura do Graal para reconduzir o reino ao seu antigo esplendor e destruir os sortilégios que, e já de acordo com *Mabinogion*, atingiram essa terra. O Graal é o símbolo do que acabou perdido e que deve ser reencontrado. Um homem deve fazer com que o Graal manifeste novamente as suas virtudes, e esse homem frequentemente é também o cavaleiro que se sentará no "lugar perigoso".

Com relação a tudo isso, tem-se uma espécie de desdobramento da figura de rei Artur. De um lado, tem-se um "rei Artur" super-histórico, que simboliza uma função; de outro, tem-se um rei Artur que, como tipo de representante histórico dessa função, está no centro de acontecimentos que têm um êxito fatal, a ponto de se reportar às antigas narrativas sobre a destruição e o desaparecimento dos Tuatha dé Danann e de seus descendentes. Para não antecipar, mencionaremos aqui somente o epílogo da antiga lenda de Artur, na qual, entre outras coisas, reaparece o simbolismo da mulher.

Dois personagens procuram roubar de Artur a sua "Mulher" – Quennuwar, isto é, Guenevere (esse nome significa "o espírito branco", o que confirma o seu caráter simbólico). O primeiro é Maelvas, que a leva para sua cidade de Glastonbury, identificada com a "Cidade de Vidro" oceânica e com o Avalon – *Glastonia id est urbs vitrea – etiam insula Avalloniae celebriter nominatur*.[52] Em consequência, a "Ilha de Vidro" é assediada, e enfim chega-se a uma reconciliação. Até esse ponto insinua-se na saga um elemento cristão, porque se pretende que, nessa circunstância, Artur deixasse a ilha em feudo para um representante da Igreja, assegurando-lhe a imunidade. Na realidade, isso nos leva de volta a uma tentativa da tradição cristã de suplantar a tradição celta-hiperbórea, apropriando-se de todos os seus temas mais importantes. Glastonbury foi um dos centros principais da difusão do cristianismo na Inglaterra e, para ganhar prestígio, ele tentou absorver de maneira cristianizada as anteriores tradições nórdico-celtas, até reivindicar para si o significado do antigo Avalon. Glastônia, isto é, Glastonbury – explica o texto principal a esse respeito, o *De Antiquitate Glastoniensis Ecclesiae* – antes chamava-se *ygnis gutrin*, *ygnis* em bretão significando *insula* e, *gutrin*, *vitrea*; com a chegada dos ingleses, tornou-se *Glastiburi*, de *glas* = *vitrum* e *buria* = *civitas*, Glastiberia.[53] A história da doação da ilha para a Igreja por parte de Artur é, portanto, uma espécie de álibi da "sucessão tradicional" fabricado pelos evangelistas cristãos. Nem nos limitamos a isso: referindo-nos ao mencionado trágico epílogo da antiga lenda, declarou-se que o rei Artur estava morto, e que o seu túmulo era em Glastonbury. Desse modo, permanecia o antigo centro, somente com o novo significado de centro do cristianismo missionário.

Em segundo lugar, enquanto Artur está prestes a realizar o seu império mundial lendário e a conquistar até mesmo Roma para ali ser coroado, o sobrinho Modred, que havia ficado na pátria, usurpa o trono e se apodera da "Mulher" de Artur, Guenevere. Na guerra que se segue a esse ato, o traidor é morto, mas os melhores cavaleiros da Távola Redonda desaparecem; o próprio Artur é ferido mortalmente, e transportado para o Avalon, para que a ciência de saúde das "mulheres" daquela terra, e sobretudo de Morgande (= "a Nascida do Mar"), o cure e lhe permita reassumir sua função.[54] Mas as feridas do rei Artur (segundo alguns, sobretudo a produzida por uma lança envenenada) se reabrem todos os anos, e os seus fiéis esperam em vão a sua volta. Subsiste, todavia, a tradição de que um dia o rei Artur manifestar-se-á novamente do Avalon, e reassumirá o seu reino. Isso é tão significativo a ponto de os britânicos de então não mais aclamarem um novo rei.[55] Em outras formas da lenda – por exemplo nos *Otia imperialista* de Gervásio de Tilbury – Artur é representado deitado num leito, num palácio maravilhoso, no topo de uma montanha. De acordo com outra versão, tendenciosamente cristã, ele "morreu" e seu corpo está enterrado naquela abadia de Glastonbury que, como vimos, tentou apresentar-se como o próprio Avalon.

Tudo isso pode referir-se a uma crise e a um interregno, ao qual se seguirá a procura do Graal. Enquanto isso, vislumbramos outro tema fundamental do ciclo do Graal: o rei ferido que, na sede inacessível e misteriosa, espera sua recuperação total para poder "voltar". Lembramos, ao mesmo tempo, o outro tema preexistente na saga celta: o reino atingido por devastação e por esterilidade pela revolta plebeia, ou mesmo pela ferida provocada por uma lança ou por uma espada cintilante.

10. *A Saga Imperial – O Senhor Universal*

De acordo com o aspecto que acabamos de mencionar, a saga de Artur parece ser uma das muitas formas do mito geral do Imperador ou dominador universal invisível e de suas manifestações. É um motivo que remonta à mais alta antiguidade e que tem até certa relação a doutrina das "manifestações cíclicas", ou *avatara*: a manifestação, em momentos determinados, em várias formas, de um princípio que nos períodos intermediários subsiste no estado não manifesto.[56] Dessa maneira, toda vez que um soberano tenha apresentado os traços de uma espécie de encarnação de um princípio como esse, surgiu obscuramente na lenda a imagem de que ele "não morreu", de que ele se retirou para uma sede inacessível, de onde um dia voltará a se manifestar, ou de que ele "dorme" e deverá acordar. E como o elemento super-histórico deve, nesses casos, sobrepor-se ao histórico, tornando simbólica uma determinada figura real, assim, os nomes dessas figuras reais às vezes sobrevivem, porém passando a indicar algo que as transcende.

Mas a imagem de uma realeza em estado de "sono" ou de morte aparente se relaciona com a de uma realeza alterada, ofendida, paralisada, não a respeito de seu princípio intangível, mas de seus representantes exteriores e históricos. Disso deriva o tema do rei ferido, mutilado ou inanimado, que continua a viver no "Centro" inacessível, onde a lei do tempo e da morte não vigora.

Sem repetir o que expusemos em outra parte a esse respeito,[57] para dar uma ideia mais completa e universalizada do contexto em questão, lembraremos algumas formas típicas nas quais, em épocas mais antigas, esse simbolismo se exprimiu.

Na tradição hindu, encontramos o tema de Mahâkâshypa, que dorme numa montanha, mas acordará com o som das escudelas, no momento em que o novo princípio se manifestar, o mesmo princípio que já apareceu na forma do Buda. Esse período é também o da vinda de um "Senhor Universal" – *cakravartî* – que tem o nome de Shankha: mas *shankha* significa justamente "escudela", pelo que, por essa assimilação verbal, se exprime a ideia de um despertar do sono em função da nova manifestação do "Rei do Mundo" e da própria tradição primordial que a narrativa em questão concebe encerrada, nos períodos intermediários de crise, exatamente numa "escudela".

Uma tradição iraniana análoga refere-se ao herói Kereshâspa que, ferido por uma flecha enquanto estava imerso num estado de "sono" (temos novamente o reaparecimento do mesmo símbolo), sobrevive em estado letárgico através dos séculos, assistido pelos *fravashi* (assim como o rei Artur, ferido, permanece em vida na ilha das mulheres que dominam a arte esotérica): mas ressurgirá na época de Shaoshyant e lutará ao seu lado.[58] Shaoshyant é o Senhor de um futuro, triunfal reino do "Deus de Luz" e o destruidor das forças obscuras arimânicas: é interessante mencionar nesse ponto que a concepção hebraica do "Messias" e a cristã do "Reino", às quais muitos atribuem o mito imperial medieval, é um eco dessa antiga concepção ário-irânica pré-cristã.

No entanto, para ter a formulação mais importante do motivo de que estamos tratando, devemos nos remeter à doutrina do Kalki-Avatara em conexão com a história de Parashu-Râma, uma entre as figurações típicas do expoente heroico da tradição olímpico-hiperbórea primitiva. Com seu machado, quando os antepassados dos colonizadores arianos da Índia ainda se encontravam numa sede ao Norte, ele teria dizimado os guerreiros rebeldes e assassinado sua mãe culpada: símbolos, estes, da dupla superação que, como já dissemos (par. 7), caracteriza o espírito "heroico" – superação não só da virilidade degradada como de uma espiritualidade que passou sob o signo feminino-materno de acordo com uma involução e uma degradação em sentido oposto – sobretudo tendo em vista que a sua ação está relacionada com um período entre a idade da prata, ou lunar, e a idade do bronze, ou titânica, entre o *tretâ-* e o *dvâpara-yuga*.

Parashu-Râma nunca morreu; ele se retirou para uma vida de asceta numa montanha, o Mahendra, onde vive perpetuamente.[59] Com o chegar dos tempos, de acordo com as leis cíclicas, ter-se-á uma nova manifestação do alto sob a forma de um rei sacral que vencerá a "idade obscura", como Kalki-Avatara. Kalki nasce simbolicamente em Sambhala, um dos nomes que nas tradições hindus e tibetanas indicam o centro sagrado hiperbóreo,[60] que tem justamente Parashu-Râma como mestre espiritual e, depois de ter sido iniciado na ciência sagrada, obtém a investidura real. Enquanto isso, de Shiva ele havia recebido um cavalo branco alado (ao qual na história é dada extrema importância, a ponto de ele ser, muitas vezes, identificado com o próprio Kalki), um papagaio onisciente[61] e uma espada luminosa – e nesse ponto, em termos comparativos, lembramos que está escrito que o rei Artur também voltará a se manifestar montado num cavalo branco e que o mesmo símbolo tem uma famosa parte no *Apocalipse* de João; sobre a espada, fala-se igualmente da espada desaparecida que Artur voltará a empunhar e que periodicamente reaparecia nas águas, cintilando ao longe.[62] Guiado pelo pássaro ele consegue a "mulher", a esposa, isto é, Padmâ ou Padmavatî, filha de rei que ninguém nunca pudera possuir, pois, por vontade divina, todo homem que a desejara se transformara em mulher – símbolo este portador de um significado profundo. Kalki com os seus guerreiros atravessa a pés enxutos um mar, tendo-se este magicamente solidificado à sua frente; alcança novamente a sua terra de origem, Sambhala, que encontra tão transformada a ponto de parecer-lhe a estadia de Indra, o Rei dos Deuses e o Deus dos Heróis. Trata-se de um símbolo para uma nova manifestação das forças do Centro primitivo, pelo que reaparecem também os representantes da dinastia solar e da lunar, os reis Maru e Dêvâ, que graças à potência de sua ascese haviam sobrevivido ao passar dos tempos do mundo e até a "idade obscura" sobre o Himalaia, concebida como a região onde a idade primitiva "dura perpetuamente". Trava-se, enfim, a última batalha, a luta dos Kalki contra a idade obscura, personificada por Kâlî e igualmente pelos dois chefes dos demônios, Koka e Vikoka;[63] essa luta é especialmente áspera, pois tais demônios se ressuscitavam reciprocamente e ressurgiam intactos assim que tocavam o chão – mas que, afinal, termina com a vitória de Kalki.[64]

Os elementos simbólicos compreendidos nessa história cujo sentido ainda não estiver claro para o leitor serão explicados em seguida. Aqui pretendemos essencialmente traçar alguns elementos adequados para enquadrar de um ponto de vista intertradicional o mito imperial da nova manifestação do *Regnum*, e impedir que se considerem separadamente e, sobretudo, numa dependência unilateral de crenças cristãs, as expressões que esse mito teve na Idade Média. De resto, já a romanidade, em seu período imperial pagão, pareceu a muitos significar um novo despertar da idade áurea, cujo rei, Kronos, como se viu, foi concebido como sempre vivente num estado de sono na região hiperbórea. Sob o imperador Augusto, as profecias da Sibila anunciaram um soberano "solar", *rex a coelo* ou *ex sole missus*,[65] ao qual parece referir-se o próprio Horácio[66] quando invoca o deus hiperbóreo da idade áurea, Apolo, para que venha afinal, e assim também Virgílio,[67] quando anuncia igualmente a imanência de uma nova idade do ouro, de Apolo e dos heróis. Foi assim que Augusto concebeu sua simbólica "filiação" de Apolo e da Fênix que sempre aparece nas imagens de Adriano ou de Antonino, e está estritamente relacionada exatamente com essa ideia de uma ressurreição da idade primitiva por meio do Império Romano.[68] O pressentimento da conexão de Roma com o princípio super-histórico e metafísico do *Imperium*, levando-se em conta o já explicado processo de transposição daquilo que é próprio de tal princípio para uma sua determinada imagem na história, pode, afinal, ser considerado como a base da própria teoria da perenidade e da *aeternitas* de Roma.

O mito imperial recebe no período bizantino, desde Metódio, uma formulação que, com maior ou menor relação com a lenda de Alexandre o Grande, retoma alguns dos temas considerados anteriormente. Temos o motivo de um rei julgado morto, que desperta do seu sono e cria uma nova Roma; mas após um curto reinado prorrompem os povos de Gog e Magog, aos quais Alexandre havia impedido o caminho, e assim se dá a "última batalha".[69] É a própria forma que na Idade Média gibelina será retomada e amplamente desenvolvida. O imperador esperado, latente, nunca morto, que se retirou para um centro invisível ou inacessível, transforma-se aqui num dos maiores representantes do Sagrado Império Romano: Carlos Magno, Frederico I, Frederico II. E o tema complementar, de um reino devastado ou que se tornou estéril e aguarda a restauração, encontra o seu equivalente no tema da Árvore Seca. A Árvore Seca, associada a uma figuração da sede do "Rei do Mundo", a respeito da qual falaremos mais adiante, reaparecerá no momento da nova manifestação imperial e da vitória contra as forças da "idade obscura" apresentadas, de acordo com a nova religião, em termos bíblico-cristãos; como os povos de Gog e Magog que irromperam na idade do Anticristo.[70] Isso não impede que a imagem de Frederico II ou do rei Artur sobre a montanha, como também a dos cavaleiros de Artur que prorrompem em busca da montanha, nos levem de volta a antigas concepções nórdico-pagãs, à Walhalla como sede de Odin, chefe dos "heróis divinos"[71] e ao bando das almas dos heróis escolhidos pelas "mulheres" – pelas *walkyrias* – que da forma de massa selvagem à caça passa para a de exército místico. Esse exército, guiado por Odin, irá combater a última batalha contra os "seres elementares".

Com inúmeras variantes, essa saga se repete no período de ouro da cavalaria ocidental e do gibelinismo, e no fermento profético despertado pela ideia proveniente do "terceiro Frederico" ela se conclui na fórmula enigmática do imperador vivo e não vivo: *Oculus eius morte claudet abscondita supervivetque, sonabit et in populis: vivit, non vivit, uno ex pullis pullisque pullorum superstite.*[72] "Vive, não vive": a fórmula sibilina encerra o mistério da civilização medieval no ponto de seu ocaso. O rei ferido, o rei em letargo, o rei que morreu apesar de parecer vivo e está vivo apesar de parecer morto e assim por diante, são temas equivalentes ou convergentes, temas que voltaremos a encontrar exatamente no ciclo do Graal, que se animaram de vida e força sugestiva no ponto final do supremo esforço do Ocidente para se reconstituir segundo uma grande civilização espiritualmente viril e tradicionalmente imperial.

11. *Frederico – O Preste João – A Árvore do Império*

Um antigo conto italiano refere que o "preste João, nobilíssimo senhor indiano", enviou uma embaixada ao imperador Frederico, como aquele "que realmente era o espelho do mundo, para verificar se ele era sábio em palavras e em atos". Portanto, são transmitidas a "Frederico" (verossimilmente estamos nos referindo a Frederico II), por parte do "preste João, três pedras e, ao mesmo tempo, lhe é perguntado qual é a melhor coisa que existe no mundo. "O imperador as recebeu e nada perguntou de suas virtudes"; quanto à pergunta, ele respondeu ser "a medida" a melhor coisa que existe no mundo. Com base nesse comportamento, o preste João deduz que "o imperador era sábio em palavras, mas não em fatos; pois nada havia perguntado sobre a virtude das pedras que eram de tão grande nobreza". Ele pensa que, com o passar do tempo, tais pedras iriam "perder suas virtudes, pois o Imperador não conhecia o poder delas" e providencia a sua retirada das mãos do Imperador. Isso se dá essencialmente por meio de uma delas, que tem a virtude de tornar invisível e a respeito da qual se diz que ela "vale mais do que todo o vosso império".[73]

De acordo com outra lenda, que nos foi mantida por Oswald der Schreiber, Frederico II recebeu do preste João uma roupa de pele incombustível de salamandra, a água da juventude perene e um anel com três pedras, que tinham a virtude de possibilitar a vida embaixo d'água, de tornar invisível e de tornar invulnerável. Sobretudo a pedra do preste João aparece várias vezes nos escritos alemães do período em torno de 1300, juntamente com a alusão à força que torna invisível.[74]

Essas lendas são muito significativas, se levarmos em consideração que o reino do preste João não é outra coisa que não uma das representações medievais do "Centro supremo".[75] Imaginava-se que ele se encontrasse numa região misteriosa e maravilhosa, ora da Ásia Central, ora da Mongólia, ora da Índia e até mesmo da Etiópia, termo, este último, que naqueles tempos tinha um significado bastante vago e variado. Mas, com base nos atributos referidos a tal reino, não há dúvidas sobre o seu caráter simbólico. Os "dons" do preste João ao imperador Frederico constituem uma espécie de "mandato" de caráter superior, oferecido ao representante alemão do Sagrado Império Romano, para que este estabelecesse um contato verdadeiro com o princípio do "Senhor Universal". A água de juventude eterna tem visivelmente um significado de imortalidade; a roupa incombustível relaciona-se com a virtude da Fênix de permanecer ilesa, de subsistir e se renovar no fogo; a invisibilidade é um símbolo corrente pelo poder de ter contato com o invisível e o supersensível, de se transferir nele; o poder viver sob as águas equivale, no fundo, a não afundar nas águas, a poder caminhar sobre as águas (o que deve nos lembrar o episódio da travessia do Kalki-Avatara, a espada de Artur levantada acima das águas, e assim por diante): significa participar de um princípio superior à corrente do mundo, ao fluxo da evolução. Trata-se, enfim, de qualificações e de poderes de tipo estritamente iniciático.

Com base nisso, a lenda italiana parece fazer alusão a uma espécie de inadequação de Frederico a esse mandato. O limite de Frederico é uma virtude da cavalaria leiga e do simples regimento temporal; "a medida" é a melhor coisa do mundo.[76] Ele não faz a pergunta – a pergunta sobre os símbolos dos poderes que lhe foram oferecidos pelo preste João. Por essa inconsciência do mais alto mandato, sua função, com o passar do tempo, teria sido condenada a decair, pelo que o mandato lhe é retirado pelo preste João. Uma nova forma do "vive e não vive", do imperador, cuja vida é apenas aparente, ou do rei em letargia – mas agora, intimamente associado a um tema fundamental do Graal: a culpa de "não fazer uma pergunta", que teria tido uma virtude restauradora.

Acrescentamos alguns detalhes a respeito da imagem que se tinha do reino do preste João. O *Tractatus pulcherrimus* o define como o "Rei dos reis – *rex regum*". Ele reúne a autoridade espiritual com o poder dos reis,[77] e pode dizer de si: "*Johannes presbyter, divina gracia Dominus dominacium omnium, quae sub coelo sunt ab ortu solis usque ad paradisum terrestrem*". Mas, essencialmente, o "preste João" é um título, um nome que indica não um determinado indivíduo, mas sim uma função. Assim, em Wolfram von Eschenbach e no *Titurel*[78] encontramos o "preste João" exatamente como título, e o Graal, como veremos, indica ele próprio quem, vez por outra, deverá tornar-se o "João". Por outro lado, na saga, "preste João" é aquele que refreia os povos de Gog e Magog exerce um domínio visível e invisível (figuradamente: domínio sobre os seres naturais e sobre os invisíveis), defende o acesso ao seu reino com "leões" e "gigantes".

Nesse reino encontra-se também a "fonte da juventude" e não raro ele se confunde com a sede dos três reis Magos, ou seja, com a cidade Seuva, construída, junto ao Monte da Vitória – Vaus ou Victorialis – por ordem expressa dos três reis Magos.[79] Além do mais, reaparece aqui o simbolismo "polar" do "castelo rotatório" à imagem dos céus, e o do lugar onde existem pedras de luz e pedras "que dão a visão aos cegos" e que tornam invisíveis.[80] Especificamente, o preste João possui a pedra que tem a virtude de ressuscitar, de acordo alguns, a Fênix e, segundo outros, a Águia: referência esta da qual um colherá o alcance, tendo em vista que sempre a Águia, e sobretudo na época de tais lendas, valeu como símbolo da função imperial, que em seu aspecto "eterno" já em Roma vimos relacionar-se igualmente com o símbolo da Fênix. De acordo com alguns, o rei irânico Xerxes, Alexandre, os imperadores romanos, enfim Holger da Dinamarca e Guerrino teriam "visitado" o reino do preste João.[81] Trata-se da representação lendária da obscura sensação de contatos, que os grandes dominadores históricos e os heróis lendários teriam tido – de modo mais ou menos direto, a título de uma espécie de sanção invisível de sua legitimidade ou dignidade – com o Centro supremo, onde reside a pedra que faz ressuscitar a Águia.

De fato, segundo a lenda, Alexandre, como extremo coroamento de suas conquistas, depois de ter galgado o caminho da Índia já percorrido por Hércules e por Dionísio, teria pedido à divindade o supremo sinal de vitória. Ele alcança, além da fonte da juventude, as duas árvores – masculina e feminina – do Sol e da Lua, que lhe anunciam o seu destino e o seu *Imperium*.[82] No contexto das lendas desse ciclo, fala-se de maneira genérica da "Árvore do Centro", da "Árvore Solar", da Árvore que confere justamente a vitória e o Império, mas, ao mesmo tempo, da "Árvore de Set".

Com base nas notícias vagas e maravilhosas de vários viajantes, na Idade Média a imagem do longínquo, magnífico império do Grão-Cã, Imperador dos Tártaros, voltou a despertar aquela do "Rei do Mundo", pelo que frequentemente ele foi confundido com o reino do próprio preste João. Dessa maneira, sobretudo em relação com a lenda do Grão-Cã desenvolve-se o motivo de uma árvore misteriosa, que assegura a vitória e o império universal a quem a alcançar ou nela pendurar o escudo. Eis um texto bastante característico de Johannes von Hildesheim: "*Et in ipsa civitate in templi Tartarorum est arbora arida, de qua plurima narratur in universo mundo... ab antiquo in omnibus partibus Orientis, fuit consuetudinis, et est, quod si quis rex vel dominus vel populus tam potens efficitur, quod scutum vel clipeum suum potentur in illam arborem pendet, tunc illi regi vel domino in omnibus et per omnia obediunt et intendunt*".[83] A árvore mencionada tornou-se um ponto de interferência de diferentes significados devido a assonâncias verbais. Não se trata do símbolo já explicado da Árvore Seca, mas "Árvore Seca" é, nesse caso, uma das interpretações do termo *Arbre Solque*, ao qual foram atribuídos ainda os sentidos de "árvore solar" – *arbor solis* – de "árvore solitária" – *arbre seul* – de árvore de Set – *arbor Seth*. Marco Polo, referindo-se à terra do Grão-Cã, havia escrito: "*et il y a un grandisme plain où est l'Arbre Solque, que nous appelons l'Arbre Sec*". *Solque*, por outro lado, referindo-se a uma raiz árabe, pode significar "vasto, alto, durável", e um manuscrito inglês revela tratar-se não da Árvore Seca, mas da Árvore de Set, pois é aquela que Set fez nascer de uma muda tirada da Árvore do Conhecimento, isto é, da Árvore Central do Paraíso Terrestre.[84] Nesse contexto, a árvore que confere a quem a alcança a potência e a soberania universal nos faz voltar mais uma vez a uma tradição que se reporta ao "estado primitivo" (mencionado desde o Paraíso Terrestre), enquanto, seja a duplicidade da árvore solar e da lunar, seja o duplo aspecto de árvore do conhecimento e de árvore da vitória, nos levam de volta à síntese dos dois poderes, inerente àquele mesmo estado: a síntese antecede a sucessiva separação, a feminilização do espiritual e a materialização do viril. A conexão da árvore do império com a árvore central do paraíso, como resultado nessas lendas, é natural, tendo em vista a mencionada relação que intercorre a cada verdadeira manifestação do "Império" e o estado primitivo. Quanto ao atributo "seco", já falamos sobre ele: esse aspecto da árvore refere-se a um período de decadência que deve ser superado. Um significado desse tipo está claro, por exemplo, na lenda, segundo a qual a árvore reverdecerá quando o preste João se "encontrar" com Frederico.

Quanto à imagem do reino do preste João, mesmo historicamente, ela serviu de apoio à ideia obscura de uma integração das forças que se desenvolveram sob os símbolos do espírito cavalheiresco, do Império e das Cruzadas. Numa transposição materialística, esse príncipe misterioso e poderoso do Oriente, não cristão mas amigo dos cristãos, foi invocado para auxiliar o empreendimento cristão nos momentos mais trágicos de seu desenvolvimento, para um êxito vitorioso da guerra santa.[85] Tendo essas esperanças caído por terra, não havendo se manifestado o auxílio na forma militar ingenuamente imaginada, e não tendo sido encontrados os caminhos para a percepção daquilo que estava por trás do símbolo do preste João e de sua "ajuda", subsistiu a seu respeito a "lenda", como elemento de diferentes sagas.

A esse respeito, é oportuno mencionar o ciclo de Holger. Na tradição dinamarquesa, Holger é uma representação do imperador gibelino que nunca morreu: é um herói nacional, raptado no profundo de uma montanha ou na parte subterrânea do castelo de Kronburg, mas que reaparecerá quando a sua terra tiver necessidade de um salvador.[86] É no ciclo de Carlos Magno que a saga de Holger apresenta o desenrolar dos fatos que mais nos interessam, pois ela junta significativamente numa unidade os diferentes motivos que visualizamos até agora. Holger da Dinamarca se nos apresenta como um dos Paladinos de Carlos Magno que, após ter entrado em conflito com esse imperador, acaba assumindo os traços de um salvador da cristandade no momento do perigo extremo, e de um conquistador universal. Ele estende o seu poder sobre todo o Oriente e alcança, como fizera Alexandre, o reino do preste João com as duas árvores, lunar e solar, que ali se encontram, e que vimos serem equivalentes à árvore do poder universal da saga do Grão-Cã[87] e a árvore do centro associado ao estado primitivo ("paradisíaco"). Mas é muito interessante que nesse momento o reino do preste João acabe identificando-se com Avalon, ou seja, com o centro da tradição hiperbórea[88] e, além disso, que se estabeleça uma estreita relação entre o "bálsamo" das duas árvores e o passar de Holger para a forma daquele que "vive sempre" e que "um dia vai voltar". A esse respeito, na tradução alemã de Otto von Diemeringen da narração das viagens de John Mandeville lê-se: *"Man saget auch in den selben Landen das Oggier by den selben boumen were und sich spyset mit dem balsam und do vo lebt er so lang, und meinen er lebe noch und solle har wider zu inen komen"*.[89] Depois de conquistar o Oriente, Holger da Dinamarca chega, portanto, a Avalon, onde se torna o amante da mulher sobrenatural, Morgana, irmã do rei Artur. Aqui vive isolado do mundo numa juventude perene. Mas a cristandade, estando num momento de grave perigo, novamente precisa dele. O arcanjo Miguel vai até Morgana e, por ordem divina, Holger reaparece no mundo e consegue a vitória. A essa altura intervém um novo tema característico, que reaparecerá no ciclo do Graal, sobretudo referindo-se ao "filho" do rei do Graal, Lohengrin: o herói enviado pelo centro supremo não deve revelar o seu nome, nem tampouco de onde vem. A função que encarna e o que realmente age nele devem permanecer ocultos, não devem ser confundidos com a sua pessoa ou então ser relacionados com ela. Por ter traído essa lei e revelado onde "esteve", a lei do tempo retoma imediatamente o seu curso e Holger envelhece naquele instante e está a ponto de morrer. No último momento aparece Morgana. Ela o leva novamente para Avalon, onde ele permanecerá até que, pela sétima vez, a cristandade precise novamente de sua ajuda.[90]

Se levarmos em conta tudo isso, é bastante significativo o fato que, em Wolfram von Eschenbach, o preste João seja concebido como um descendente da dinastia do Graal, que no *Titurel* o próprio Parsifal assuma a função do "preste João" e que afinal o Graal se transfira para a terra deste, a fim de indicar a cada vez o nome daquele que deve tornar-se o "preste João".[91] Na redação alemã da saga de Holger, o preste João e o Grão-Cã nos são apresentados como dois companheiros de Holger que criam duas poderosas dinastias.[92] Trata-se de diferentes representações da unidade interna do tema, diferentemente expressa no ciclo de cada saga, tendo por ponto central uma ou outra destas figuras simbólicas.[93]

12. Dante: O Galgo e o Dux

Para encerrar essa série de aproximações, relevaremos que a mesma concepção dantesca do "Galgo" e do *Dux* deve ser relacionada com uma ordem de ideias e de símbolos não diferente desta.

Do ponto de vista exterior, não está excluído que Dante tenha escolhido o termo "veltro" – cão galgo – com base na semelhança fonética de "cão e Cã, título do grande chefe do Império mongol. Como dissemos, naquela época, um Império como esse confundia-se às vezes com o do rei João, o de Alexandre, o de Holger e assim por diante, isto é, em geral, com obscuras representações do "Centro do Mundo". O Grão-Cã dos Tártaros, então, ainda não se havia tornado o terror da Europa mas, de acordo com as descrições de um Marco Polo, de um Haithon, de um Mandeville, de um Johannes de Plano Carpini, e assim por diante, era exatamente considerado como o poderoso imperador de um misterioso, longínquo e desmedido império, como um sábio e felizardo monarca, amigo dos cristãos, apesar de "pagão". A assimilação verbal, que de Cã leva ao galgo, de resto, já aparece na versão alemã de Mandeville: *Heisset der grosse hundt, den man gewonlich nennt Can... der Can ist der öberst und machtigst Keiser den die sunne überscheinet* – e o próprio Boccaccio, se bem que sem aceitá-la, menciona uma interpretação do galgo dantesco exatamente em função do Grão-Cã.[94] De resto, na antiga língua alemã, *hunô* significava senhor, dominador, e esta palavra aparece em vários nomes de antigas famílias nobres alemãs, como Huniger e outras.

Isso não é totalmente absurdo; a singularidade que essa perspectiva pode aparentar à primeira vista cai por terra, quando nos referimos ao acima exposto para mostrar que o Grão-Cã, no ciclo em questão, era um simples apoio para indicar uma função não ligada especificamente a nenhuma pessoa determinada e a nenhum reino propriamente histórico. Em Dante, essa função é lembrada; nele ela se torna um símbolo e, ao mesmo tempo, uma fé política e uma esperança, o que se aproxima daquilo que veremos ter sido o espírito animador e gerador do ciclo do Graal.

Não é o caso, aqui, de examinar o simbolismo da *Divina comédia* de acordo com as diferentes interpretações a que ela se presta. Vamos nos limitar a indicar que, em linhas gerais, a viagem além-mundo de Dante pode ser interpretada como o esquema dramatizado de uma progressiva purificação e iniciação. Do mesmo modo, uma "aventura" como essa, assim como a do

Graal, tem em Dante estreita relação com o problema do Império. Dante, perdido na selva escura e selvagem, que força "o passo, que nunca deixou pessoa viva",[95] as suas referências à "praia deserta" e à "morte que ele combate – sobre o rio onde o mar não tem possibilidade",[96] à sua ascensão ao "deleituoso monte" e à sua "esperança de altura"[97] não podem fazer com que não pensemos em situações semelhantes que veremos apresentar-se aos cavaleiros à procura do Graal, destinados a transpor caudalosos rios e a correr perigos mortais na "terra selvagem" para, enfim, ascender ao monte selvagem, *Montsalvatsche*, onde se encontra também o "Castelo da Alegria".

Na "Beatriz" de Dante – e veremos isso mais de perto quando mencionarmos o simbolismo geral dos "Fiéis do Amor", organização à qual Dante pertencia – reaparece o tema da "mulher sobrenatural"; e no amor, que a leva a ajudar Dante do alto, há algo que lembra o tema da predestinação ou "eleição", de máxima dedicação para que os cavaleiros possam alcançar o Graal e vencer aquela série de aventuras e de combates simbólicos, que, no fundo, exprimem o mesmo processo de purificação que em Dante, talvez pela referência a um caminho diferente, menos caracterizado pelo espírito de uma tradição heroica do que pelo espírito de uma tradição teológico-contemplativa, assume a forma de travessia do inferno e do purgatório.

Voltando ao episódio inicial, Dante é impedido de subir diretamente ao monte essencialmente por um leão e por uma loba, que têm uma visível correspondência com os símbolos da meretriz "segura, quase fortaleza no alto da montanha", e do gigante feroz em cópula com ela, da qual se fala na segunda parte do poema.[98] A interpretação mais corrente, segundo a qual a loba e a prostituta representariam a Igreja Católica, enquanto o leão e o gigante representariam a Casa de França, parece-nos ser mesmo a correta; dá um passo à frente quem, a partir da referência histórica contingente (que então diria respeito ao episódio da destruição da Ordem dos Templários), remonte aos correspondentes princípios. Leão e gigante nos aparecem, então, genericamente, como as representações do princípio de uma realeza aviltada, leiga, prevaricadora, do selvagem princípio guerreiro; enquanto a loba e a prostituta referir-se-iam a uma involução ou ao aviltamento correspondente que sobreveio no princípio da autoridade espiritual. Porém, sobre esse segundo ponto, a concepção de Dante sofre de uma limitação que deriva de sua adesão ao cristianismo. Quando acusa a Igreja, ele – mais ou menos como fará Lutero – a acusa devido à sua corrupção no sentido de mundanização e de intriga política; não a acusa partindo do princípio de que, mesmo que ela tivesse permanecido a pura e incorrupta representante do ensinamento original de Cristo, mesmo nesse caso ela teria constituído um obstáculo, reduzindo-se em geral o cristianismo, em sua essência, a uma espiritualidade de caráter lunar, no máximo ascético-contemplativo, incapaz de constituir o ponto supremo de referência para uma reconstrução tradicional integral. Mas teremos de voltar a falar a esse respeito, mesmo sem ter de levar o leitor a consultar nossa obra principal já citada.

De qualquer maneira, Dante prediz o advento daquele que colocará um fim à dupla usurpação. É justamente o "galgo"[99] que, de acordo com a mencionada convergência dos símbolos, forma uma unidade com o *Dux*, "Enviado de Deus" que "eliminará a lascívia, com aquele gigante que delinque com ela".[100] O símbolo complexo é o de um vingador e de um restaurador, como imagem do "Senhor Universal" a respeito do qual Dante fala no *De monarchia*, e de uma "devolução" baseada na destruição dos dois princípios de decadência, solidários, já mencionados, que lembra sem dúvida as ações do próprio Parashu-Râma (cf. acima, par. 11), quaisquer que sejam as personalidades históricas nas quais Dante, de acordo com suas esperanças de gibelino militante, acreditou reconhecer aquela figura. A isso acrescentam-se referências diretas a outros símbolos que encontramos na saga do Grão-Cã, do preste João, de Holger da Dinamarca, de Alexandre e na saga imperial em geral – sobretudo a Árvore Seca, o seu reflorescimento, a Águia.

Em Dante, a Árvore assume igualmente o duplo significado de Árvore do Conhecimento e de "Paraíso terrestre" (por sua referência a Adão) e de Árvore do Império (por sua referência à Águia); no geral, indica, portanto, o Império que se justifica em função da tradição primitiva. A Árvore de Dante é, antes tudo, a *Arbre Sec*, o *Dürre Baum* da saga imperial: "planta desnudada", "viúva leviana" – e dela se diz que "quem quer que roube aquela [a planta] ou a derrube – com blasfêmia 'de fato ofende a Deus' – que só a criou santa para seu uso".[101] Sobre o desenvolvimento da visão de Dante que se segue, deixando de lado os elementos que têm uma referência histórica contingente (os símbolos das várias fases da Igreja e das suas relações com o Império), vamos nos deter a observar o seguinte: Dante tem a visão da Árvore que floresce, imediatamente após ter tido a do rosto descoberto da "mulher sobrenatural", que ele compara significativamente com "esplendor de viva luz eterna".[102] Em segundo lugar, enquanto a visão da Árvore novamente viçosa leva à profecia da vinda do *Dux*, isto é, de uma nova manifestação vingadora do "Senhor Universal", ao mesmo tempo apresenta-se a imagem do "estado primitivo", do "paraíso terrestre", e se diz: "Aqui tu estarás pouco tempo silvestre; – pois mais tarde estarás comigo [com a 'mulher sobrenatural'] sem fim, cidadão – daquela Roma onde Cristo é romano".[103] É, então, a participação efetiva do *Regnum* metafísico, para o qual é lembrado o símbolo romano, e, para dizer a verdade, assim que ele se superponha ao próprio cristianismo ("romanidade" de Cristo). Por outro lado, a regeneração de Dante se sucede a essa visão por meio da água da lembrança, transformação esta que lhe abre o caminho celeste, isto é, a que tende a estados puramente metafísicos de existência, desenvolvimento ao qual é aplicado o mesmo simbolismo do reflorescimento já relacionado com a "planta desnudada": "Eu voltei da santíssima onda – refeito assim, como plantas novas – renovadas de novas folhas, puro e disposto a subir até as estrelas".[104]

Em Dante, o itinerário espiritual representado pelo simbolismo da *Comédia* acaba tendo uma saída contemplativa: em conformidade com a ideia dualística de Dante, segundo a qual o Império com a inerente *vita activa*, em sua própria espiritualidade, representaria um simples preparo para a *vida contemplativa*. Ver-se-á algo de análogo em algumas formas da própria saga do Graal, nas posteriores a ela que, do mesmo modo que a saga italiana de Guerrino, se encerram com a retirada do protagonista para uma vida ascética. Porém, no ciclo do Graal isso aparece nos termos de uma espécie de conclusão pessimista, testemunhando suas formas fundamentais um espírito diferente, de uma tensão mais elevada, de uma atitude mais incondicionada, sinal da influência de uma tradição mais original do que a que se refere ao pensamento de Dante.

Tendo a esta altura recolhido todas as referências necessárias para nossa orientação, passemos então a considerar o mistério do Graal.

Notas

1. HESÍODO, *Opera et Dies*, vs. 112-25. (tr. it.: *Le opere e i giorni*, Edizioni Studio Tesi, Pordenone, Itália, 1994.)
2. A esse respeito é fundamental a obra de R. GUÉNON, *Le roi du monde*. Paris, 1927, à qual nos referiremos com frequência. (tr. it.: *Il Re del Mondo*, Adelphi, Milão, 1977.)
3. Cf. HESÍODO, *Opera et Dieas*, vs. 156-73.
4. Cf. nossa obra *Metafisica del sesso* (1958). Roma: Edizioni Mediterranee, 1993 (N. do E.).
5. Cf. *Rivolta contro il mondo moderno*, cit., Segunda Parte, cap. 6 (N. do E.).
6. Cf. *Metafisica del sesso*, cit.
7. Daqui, inclusive, o claro significado da expressão "filho da Viúva", que se manteve da tradição irânica e do maniqueísmo até à maçonaria ocidental.
8. Cf. *Metafisica del sesso*, cit.
9. *Rivolta contro il mondo moderno*, cit., Segunda Parte, caps. 3-5.
10. Sobretudo na tradição relatada por DIODORO SICULO (II, 47), a ilha Leuké, isto é, a Ilha Branca, é identificada com a terra dos Hiperbóreos, localizada no Oceano, "à frente da região dos Celtas": e ela é indicada inclusive como a ilha de Apolo.
11. Cf. H. D'ARBOIS DE JUBAINVILLE, *Le cycle mythologique irlandais*, Paris, 1884, pp. 26-7. A denominação irlandesa de "Terra sob as ondas" – *tir fa tonn* – aplicada a uma imagem dessa região (cf. F. LOT, *Celtica*, in *Romania*, XXIV, pp. 327-28), provavelmente incorpora uma lembrança do afundamento e da submersão dessa sede.
12. Cf. PLUTARCO, *De facie in orbe lunae*, par. 26 (tr. it.: *Il volto della Luna*, Adelphi, Milão, 1991); PLÍNIO, *Historia naturalis*, IV, 30. Trata-se aqui propriamente da terra de *Thulé*, que de acordo com STRABONE, *Geographia*, I, iv, 2, ficava a seis dias de navegação da Britânia, perto do mar congelado. Para a referência dos "heróis" à idade primitiva – eles voltam, de certo modo, a usufruir desse estado primitivo – é interessante a tradição segundo a qual Kronos, já rei daquela era, aparece com certa frequência como rei dos heróis (HESÍODO, *Opera et Dies*, vs. 168-71).
13. Cf. H. D'ARBOIS DE JUBAINVILLE, *Le cycle mythologique*, cit., p. 85.
14. *Ibid.*, pp. 92, 94.
15. H. MARTIN, *Études d'archéologie celtique*. Paris, 1872, p. 77.

16. Cf. H. D'ARBOIS DE JUBAINVILLE, *op. cit.*, p. 91.
17. *Ibid.*, pp. 118-19.
18. *Ibid.*, p. 56.
19. *Battle of Mag Tured*, pars. 1-3 (H. D'ARBOIS DE JUBAINVILLE, *L'épopée celtique en Irlande*. Paris, 1892, p. 403).
20. Cf. H. D'ARBOIS DE JUBAINVILLE, *Le cycle mythologique*, cit., p. 141.
21. A isso pode-se fazer corresponder a tradição relatada por PLUTARCO (*De facie*, cit., par. 26), segundo a qual na terra boreal a estirpe de Hércules (o ciclo heroico) teria se misturado com a de Kronos (ciclo primitivo), determinando uma civilização "semelhante à helênica" (a olímpico-heroica, da qual justamente Hércules foi o símbolo). "Por isso, tributa-se a Hércules a máxima honra e, depois dele, a Kronos."
22. Cf. H. MARTIN, *Études*, p. 82.
23. *Ibid.*, pp. 84-5.
24. Cf. C. SQUIRE, *The Mythology of Ancient Britain and Ireland*. Londres, 1909, p. 41. A tradição dos Tuatha continua, de certa maneira, no ciclo heroico Ulster, considerados seus descendentes, com caráter "solar", semelhante ao dos heróis gregos (p. 54).
25. Cf. E. WINDISCH, *Das keltische Britannien bis zum Kaiser Arthur*, Leipzig, 1912, p. 114. Da mulher da longínqua ilha, o herói Condla recebe uma maçã que, por mais que dela se coma, sempre fica inteira e que desperta em Condla uma nostalgia invencível: é o tema do "alimento inesgotável", que veremos reaparecer no Graal, junto com a nostalgia que este provoca em quem já o tenha visto uma vez.
26. Cf. H. MARTIN, *Études*, p. 154. MARX (*La légende arthurienne*, cit., p. 52) relaciona-se com a palavra *avallach*, maçã – a maçã que torna imortais.
27. Deve-se destacar que os termos *Albion* para a Inglaterra, e *Albânia* para uma parte dela, resultam de uma transposição para tais países dessa antiga imagem da "ilha Branca" ou do "Esplendor", que na tradição hindu, como *shveta-dîpa*, tem também caráter de sede de Vishnu como deus solar portador da cruz hiperbórea, ou *swastika*. Por isso, afirmamos que muitas designações geográficas das tradições em palavra têm um alcance apenas simbólico.
28. Cf. R. GUÉNON, "La Terre du Soleil", em *Études traditionnelles*, janeiro de 1936, p. 36. (tr. it.: *La terra del sole*, in *Simboli della Scienze sacra*, Adelphi, Milão, 1975). Uma das representações da terra de que esta-

mos falando é a da chamada *ten-mag-trogaigi*, que inclui os seguintes símbolos característicos da sede central, que veremos em seguida reaparecer nas sagas dos cavaleiros: mulheres reais, a árvore de prata com o Sol em cima, a árvore da vitória, uma fonte, um recipiente com uma bebida que nunca se esgota (cf. E. BEAUVOIS, *L'Élysée transatlantique et l'Eden occidental*, in *Revue de l'histoire des Religions*, vol. VII, 1883, p. 291).

29. Todas essas interpretações de Evola estão substancialmente confirmadas em *Le Druidisme* (1985), de Jean Markale; cf. *Il Druidismo*, Edizioni Mediterranee, Roma, 1991, pp. 59-77 (N. do E.).
30. Cf. H. MARTIN, *Études*, cit., p. 85.
31. Cf. *Rivolta contro il mondo moderno*, cit., Primeira Parte, cap. 2.
32. Cf. E. J. DÉLÉCLUZE, *Roland ou la Chevalerie*. Paris, 1845, vol. I, pp. 132-33. No texto *Le Chevalier de La Charrette*, a própria esposa do rei Artur será levada por um cavaleiro armado que desafia Artur, se o vencer. A tradução do *Cavaliere della Carretta* encontra-se em *Romanzi Cortesi* de Chrétien de Troyes, Oscar Mondadori, Milão, 1983; e em *Romanzi della Tavola Rotonda*, organizado por Jacques Boulanger, Oscar Mondadori, Milão, 1981 (N. do E.).
33. Queremos colocar em destaque inclusive o caráter singular que a lei dos cavaleiros, se tomada ao pé da letra, apresenta, segundo a qual a "Dama" ou "mulher real" do vencido passava automaticamente para o vencedor e este torná-la sua, mais como um dever do que como um direito. Assim, no próprio WOLFRAM von ESCHENBACH (II, 100): *"swelch rîter helm hi ûf gebant, – der her nâch riterschaft ist komen –, hât er den prîs genommen, – der sol diu küneginne hân"*.
34. Cf. E. FARAL, *La légende arthurienne*. Paris, 1929, vol. II, p. 87. (A *Historia Regnum Britanniae*, de Gofredo de Monmouth, tem uma tradução italiana: *Storia dei Re di Britannia*, Guarda, Parma, 1989 – N. do E.)
35. Cf. H. MARTIN, *Études*. cit., p. 86.
36. Cf. F. SPIEGEL, *Die Alexandersage bei den Orientalen*. Leipzig, 1851, pp. 53-4.
37. Cf. E. W. B. NICHOLSON, *King Arthur and Gildas* (The Academy, 1895).
38. Cf. S. SINGER, *Die Arthursage*. Berna-Leipzig, 1926, p. 17.
39. Cf. R. GUÉNON, *Le roi du monde*, cit., c. X.
40. De resto, o nome urso – *björn* – nas tradições nórdicas foi aplicado a Thor, que é um dos "heróis celestes" ou Asi, em luta contra os "seres

elementares"; e o urso, juntamente com o lobo, na *Ynglingasaga*, é uma forma assumida por Odin, chefe supremo da Walhalla e da "sede do centro", ou Mitgard.

41. Sir THOMAS MALORY, *Morte Darthur*, org. Strachey. Londres-Nova York, 1876, XIV, 2. (Há em italiano duas versões dessa obra: uma tradução integral filológica, *La storia di re Artù*, Utet, Turim, 1958, e uma tradução mais "moderna", resumida e adaptada, *Storia di re Artù e dei suoi Cavalieri*, Oscar Mondadori, Milão, 1985 – N. do E.)
42. *Apud* E. FARAL, *La légende arthurienne*, cit., vol. II, pp. 238-40.
43. *Ibid.*, p. 258.
44. *Morte Darthur*, I, 3; R. DE BORON, *Merlin*, pp. 169-70. É bom lembrar que Siegfried, na saga nórdico-germânica, supera uma prova equivalente: ele arranca da "Árvore" uma espada ali fixada que ninguém conseguia retirar.
45. *Morte Darthur*, I, 23.
46. Cf. S. SINGER, *Arthursage*, cit., p. 11.
47. Cf. C. SQUIRE, *Mythol. of anc. Brit.*, cit., pp. 73-4.
48. *Morte Darthur*, XIV, 2.
49. Cf. F. KAMPERS, *Das Lichtland der Seelen und der heiltge Gral*. Köln, 1916, pp. 30-1.
50. Cf. E. J. DÉLÉCLUZE, *Roland*, cit., vol. I, pp. 43-9.
51. Nesse caso, alguém poderá ser levado a pensar no Cristo e nos seus doze apóstolos, e realmente não faltam referências do gênero nas partes cristianizadas da lenda. Deve-se, porém, observar que o simbolismo em questão é muito anterior ao cristianismo e supertradicional; a representação cristã é uma adaptação específica dentro de um contexto religioso.
52. Cf. F. LOT, "Celtica", (*in Romania*, XXIV, pp. 327-29); E. FARAL, *La légende arthurienne*, cit., vol. II, p. 411.
53. E. FARAL, *La légende*, cit., pp. 411ss., 439. Por outro lado, não se deve excluir que a própria Glastonbury em tempos pré-históricos tenha sido um centro da tradição primitiva, como parece provar a presença de vestígios de uma espécie de imenso templo estelar, definido pelo traçado, sobre o solo, de imagens gigantescas representando as constelações e dispostas em círculo: nesse fato, pretendeu-se ver até mesmo o modelo da "Távola Redonda" (cf. *A Guide to Glastonbury's Temple of the Stars, its giant effigies described from air views, maps, and from "The High History of*

the Holy Graal". Watkins, Londres, s.d.; e sobre ela R. GUÉNON, *La terre Du soleil, cit.*). Um centro como esse naturalmente não deve ser confundido com aquele primitivo, do qual poderá ter sido até mesmo uma promoção, suplantada, enfim, mesmo topograficamente, pelo centro cristão. Pelo que Ecateo de Abdera escreveu, por volta do século IV a.C., a Grã-Bretanha era habitada pelos hiperbóreos, nos quais se pretende ver atualmente os assim chamados "Protoceltas", que teriam construído Stonehenge (cf. H. HUBERT, *Les celtes*, vol. I, pp. 247, 274).

54. A esse respeito cf. *La mort de Roi Artu*, org. J. Frappier. Paris, 1954; G. SCHOEPPERLE-LOOMIS, *Arthur in Avalon and the Banshes*. New Haven, 1923, pp. 5-25; E. FARAL, *La légende arthurienne*, cit., vol II, pp. 296, 302, 441; S. SINGER, *Arthursage*, cit., pp. 8, 12. A referência na *Historia Regum Britanniae* é: *Inclytus ille rex Arturus letaliter vulneraturs est, qui illinc ad sananda vulnera sua in insulam Avallonis evectus*. Na *Morthe Darthur* (XXI, 7) lê-se: "Alguns dizem em muitas partes da Inglaterra que o rei Artur não morreu, mas foi levado para outra parte por vontade de Nosso Senhor. E fala-se que voltará... Eu não vou afirmar tal coisa, direi que em qualquer parte deste mundo a sua vida foi transformada (*he changed his life*). Mas muitos dizem que em seu sepulcro está escrito este verso: *Hic iacet Arthurus Rex quondam Rexque futurus*". No mesmo texto (XXI, 5) Artur ferido quer que sua espada seja devolvida àquele mesmo braço misterioso que a segurava acima das águas, o que tem o sentido visível de uma espécie de devolução de seu mandato.

55. A. DE BORON, *Perceval*, p. 178. Outra interferência com os motivos expostos, sobre os quais ainda falaremos, é apresentada pela forma da saga, segundo a qual Artur voltará de Avalon no momento de uma batalha decisiva contra os inimigos dos bretões; essa batalha tem efetivamente o mesmo significado da "última batalha" (cf. NATROVISSUS, *Le mythe arthurien et la légende de Merlin*, em *Ogam*, n°s 6, 10, 13 de 1950).

56. Em ALANO DA LILLA (*in* BEAUVOIS, *L'Élysée transatlantique*, cit., p. 314) a retirada de Artur foi comparada significativamente com a de Elias e Enoque, profetas "nunca mortos" que, diz-se, um dia reaparecerão.

57. Cf. *Rivolta contro il mondo moderno*, cit., Segunda Parte, caps. 11-12. (N. do E.).

58. Cf. S. PRZYLUSKI. *La légende de l'empereur Açoka*. Paris, 1923. pp. 173-78.

59. *Mahâbbârata*, I. 2; III, 116-17; XII, 49; XIV, 29.

60. O motivo do nascimento simbólico do restaurador pelo centro hiperbóreo encontra-se também na tradição irânica, aplicando-se por vezes ao próprio Zaratustra, que segundo alguns teria nascido na sede hiperbórea – no *airyanem-vaêjô* – ou ali teria fundado a sua religião (cf. *Bundahesh*, XXXIII; *Vendîdad*, XIX; F. SPIEGEL. *Die arische Periode und ihre Zustände*. Leipzig, 1887. pp. 125-26).

    Sobre o local de nascimento de Parashu-Râma, se Sambhala é uma cidade histórica perto de Delhi, é certo também que ela é designada como a "Cidade do Norte", não somente na Índia, mas também no Tibete. Por outro lado, fala-se, nesses casos, que todas as localizações são apenas simbólicas.

61. É interessante observar que, nas alegorias medievais relativas a cavaleiros, exatamente o "papagaio" é o pássaro que corresponde à cavalaria e que combate pelo direito desta à "mulher" contra o clero (cf. A. RICOLFI, *Studi sui "Fedeli d'Amore"*. Milão, 1933, p. 28; reimpressão: Bastogi, Foggia, 1983.)

62. NATROVISSUS, *Le mythe arthurien*, cit., *passim*.

63. Koka e Vikoka são uma visível correspondência de Gog e Magog. Deve-se observar que o animal que Kâli monta é o burro, animal tradicionalmente associado às forças "demoníacas" e antissolares, e aos assim chamados "filhos da revolta impotente" (cf. *Rivolta contro il mondo moderno, cit.*, Segunda Parte, cap. 10). Além do mais, a cidade Vishasana onde Kâlî domina, na qual procura refúgio contra Kalki e é incendiada, é representada como ginecocrática, isto é, regida por mulheres, e nisso exprime a associação entre o demonismo das massas e a usurpação realizada por uma forma "feminina" de espiritualidade.

64. Sobre tudo isso, cf. A. PRÉAU, *Kalki, dixième avatara de Vichnou d"après le Kalki-purâna* (in *Voile d'Isis*, nº 139, 1931, pp. 428ss.) e A. ABEGG, *Der Messiasglaube in Indien und Iran*. Zurique, 1928, pp. 47ss. No *Vishnu-purâna* (IV, 3) Kalki aparece propriamente na mesma função de destruidor dos "guerreiros" degradados e separados do sagrado (*i mleccha*), já assumida por Parashu-Râma.

65. Cf. F. KAMPERS, *Das Deutsche Kaiseridee in Prophetie und Sage*. Munique, 1896, p. 9.

66. HORÁCIO, *Carmina*, I. II, 30 ss.

67. VIRGÍLIO, *Eclogae*, IV, 5-10, 15 ss.

68. Cf. F. KAMPERS, *op. cit.*, p. 10.
69. Cf. F. KAMPERS, *op. cit.*, pp. 24-7. *O Apocalipse de Pedro* fala de um "filho de leão" (o leão simbolizando o império) que rechaçará e destruirá todos os reis, tendo recebido para tanto o poder de Deus, e manifestando-se como "alguém que desperta do sono". Nesse período aparece também obscuramente a lembrança hiperbórea, quando um Latâncio (*Inst.*, VI, 16, 3) afirma que o príncipe poderoso que restabelecerá a justiça depois da queda de Roma virá "das extremas regiões do Norte". (Há traduções do *Apocalipse de Pedro*, texto etíope, em *Apocalissi apocrife*, Guanda, Parma, 1978, e *Gli apocrifi*, Piemme, Casale Monferrato, 1992 (N. do E.).
70. Cf. A. GRAF, *Roma nella memoria e nelle immaginazioni del Medioevo*. Chiantori, Turim, 1883, vol. II, pp. 500-03, 556.
71. Cf. F. KAMPERS, *op. cit.*, pp. 109, 155: S. SINGER, *Arthursage*, cit., pp. 8-9.
72. F. KAMPERS, *op. cit.*, p. 84.
73. Texto em G. BIAGI, *Le novelle antiche*, Florença, s. d., vol. II, pp. 4-6.
74. Cf. A. BASSERMANN, *Veltro, Gross-Chan und Kaisersage*, in *"Neue Heidelb. Jahrbücher"*, XI, 1902, p. 52; F. KAMPERS, *op. cit., cit.*, p. 103.
75. Cf. R. GUÉNON, *Le roi du monde*, cit., cap. II.
76. É a mesma virtude que, segundo alguns, que se limitam somente ao aspecto ético-naturalístico, teria definido o estilo fundamental das raças arianas ou indo-europeias (cf. H. F. K. GÜNTHER, *Die nordische Rasse bei den Indogermanen Asiens*. Munique, 1934, pp. 47-8).
77. A dignidade de rei sacral muitas vezes provém de reminiscências bíblicas, com a apresentação do preste João como "filho" ou "sobrinho" do rei Davi e às vezes como o próprio rei Davi: *Davis regis Indorum, qui presbyter Johannes a vulgo appellatur – De rege Davis filio regis Johannis* (cf. F. ZARNCKE, "Der Priester Johannes", *in Abhandlugen der Philologisch-hist. Klasse der kgl. Sächs. Gesell. der Wissenschaften*. Leipzig, 1883. p. 19). Veremos que Davi foi colocado inclusive em estreita relação com a espada dos heróis do Graal e com as provas pelas quais estes têm de passar.
78. O *Titurel* aqui referido é, como na p. 77, o de Albrecht von Scharffenberg (N. do E.).
79. Textos em F. ZARNCKE, *Der Priester Johannes*, cit., pp. 156-58. 159ss., 175. Cf. também G. OPPERT, *Der Presbyter Johannes in Sage und Ges-*

chichte. Berlim, 1870, pp. 9-11, 26-7, 28-30, 32-3, 44-5. A lenda cristã dos três reis Magos é uma tentativa de reivindicar para o cristianismo um caráter "tradicional" no sentido superior que damos, juntamente com Guénon, a esse termo. Os três reis Magos, ao oferecerem, o primeiro ouro a Jesus e saudando-o como rei, o segundo incenso e saudando-o como sacerdote, o terceiro mirra, isto é, o bálsamo de incorruptibilidade, e saudando-o como profeta, teriam tributado o reconhecimento devido a um pseudorrepresentante dos três poderes no Estado primitivo indiviso. Esse reconhecimento, por outro lado, é encontrado facilmente nos personagens que aparecem no nascimento de Kalki, para honrá-lo (cf. A. PRÉAU, *Kalki-Avatara*, cit., p. 433).

80. No texto de Johannes With de Hese (F. ZARNCKE, *op. cit.*, p. 159) lê-se: *"Et ibi est speciale palacium presbiteri Johannes et doctorum, ubi tenentur concilia. Et illud potest volvi ad modum rotae, et este testudinatum ad modum coeli, et sunt ibidem multi lapides preciosi, lucentes in nocte, ac si esset clara dies"*. Cf. P. HAGEN, *Der Gral*. Estrasburgo, 1900, p. 121; F. ZARNCKE, *op. cit.*, (II parte, *Abhand*, etc., vol. VII, p. 913): *"Ibi sunt lapilli qui vocantur midriosi, quos frequenter ad partes nostras deportare solent Aquilae, per quos reinvenescunt et lumen recuperant. Si quis illum in digito portaverit, ei lumen non deficit, etsi si imminuitum restituitur et cum plus inspicitur, magis lumen aenitur. Legitimo carmine consacrato hominem reddit invisibilem"*, etc.

81. Cf. F. ZARNCKE, *op. cit.*, pp. 149ss. Reis, como Manuel de "Romênia", que, segundo alguns, teriam sido transportados pelo preste João para uma vida imortal, como a sua, em seu palácio.

82. Cf. A. BASSERMANN, *Veltro, Gross-Khan und Kaisersage*, cit., pp. 48-9. Essa lenda de Alexandre, que retoma alguns elementos da narrativa de Calístenes e de Júlio Valério, tem de certo modo a sua correspondência na outra saga do século XII, segundo a qual Alexandre, ao alcançar o lugar "onde as almas dos justos esperam o dia da ressurreição do corpo", isto é, o paraíso terrestre, obtém uma pedra, semelhante à de Frederico II e do preste João, da qual se diz: "Se aprender a conhecer a sua natureza e potência, você se separará de tudo o que é ambição (mundana)". Cf. F. KAMPERS, *Das Lichtland der Seelen*, cit., p. 103.

Pode-se citar também algumas tradições persas e árabes segundo as quais Alexandre, guiado por El Khidder (personagem misterioso que tem um papel importante na iniciação islâmica) se dedica à procura da Fonte da Vida e da Luz, situada no *extremo norte*, sob a *Estrela Polar*. Porém, o êxito da iniciativa é incerto. (Cf. *Il romanzo di Alessandro*, editado por Monica Centanni, Einaudi, Turim, 1991 – N. do E.)

83. Cf. A. BASSERMANN, *op. cit.*, pp. 33-5.
84. A. BASSERMANN, *op. cit.*, cit., p. 44. Texto em F. ZARNCKE, *op. cit.*, cit., pp. 161ss. (Marco Polo), pp. 127-28.
85. Cf. P. HAGEN, *Der Gral*, cit., p. 124.
86. A. BASSERMANN, *op. cit.*, cit., p. 56.
87. As duas árvores, de resto, poderiam ser colocadas em relação com a dinastia lunar e a dinastia solar, cujos representantes, segundo a história já relatada do Kalki-Avatara, nunca teriam morrido, mas estariam esperando justamente a vinda de Kalki para se manifestarem: evento que, sob outro modo, é aquele mesmo encerrado, de maneira abrangente, pela saga medieval, no símbolo do reflorescimento da Árvore Seca.
88. Indireta e mais obscuramente, essa mesma relação pode ser reencontrada na saga italiana e francesa do Guérin, pelo fato de que, nesta, o reino do preste João é considerado como um centro do culto apolíneo e solar (o herói encontra ali os sacerdotes de Apolo). Mas Apolo, como se sabe, é o deus hiperbóreo da luz.
89. Há uma tradução italiana das fantásticas *Viagens* de John Mandeville, Saggiatore, Milão, 1982 (N. do E.).
90. Sobre as linhas gerais dessas referências à saga de Holger da Dinamarca, cf. L. GAUTIER, *Les épopées françaises*, Paris, 1878, vol. II, pp. 300, 450, 553; vol. II, 52ss., 240ss; C. VORETZSCH, *Ueber die Sage von Ogier dem Dänen*, Halle, 1891; G. PARIS, *Histoire poétique de Charlemagne*, Paris, 1865, pp, 137ss., 249ss., 305ss., 330ss.

O número sete tem uma parte importante em todas as tradições, com referência a desenvolvimentos cíclicos.

91. Texto em W. GOLTHER, *Perceval und der Gral*. Stuttgart, 1925, 241-42.
92. *Apud* A. BASSERMANN, *op. cit.*, p. 66.
93. Uma bela edição da *Lettera del Prete Gianni* foi organizada por Gioia Zaganelli (Pratiche, Parma, 1990), que nela incluiu as diversas versões: da latina, em que se baseia Evola, à anglo-normanda e francesa antiga, com abundante aparato informativo (N. do E.).

94. Essa é justamente uma das principais teses de Bassermann, defendida na obra acima citada. Cf. também introdução e notas a *La lettera del Prete Gianni*, cit. (N. do E.).
95. ALIGHIERI, DANTE, *Divina Commedia, Inferno*, I, 14, 26-7. [*A Divina Comédia*, publicado pela Editora Pensamento, São Paulo, 1965.]
96. *Inferno*, 1,29; II, 107-08.
97. *Ibid.*, 1, 54, 77.
98. *Purgatório*, XXXII, 148-53.
99. *Inferno*, I, 101-05.
100. *Purgatório*, XXXIII, 43-5. Na referência ao Galgo, a superioridade do leão acaba passando para um segundo plano em relação à loba.
101. *Purgatório*, XXXII, 38, 50; XXXIII, 58-60.
102. *Ibid.*, XXXI, 133-40.
103. *Ibid.*, XXXII, 100-03.
104. *Ibid.*, XXXIII, 142-45. Deve-se lembrar, como paralelo, que a volta do rei Artur foi também associada a um reflorescimento dos carvalhos que haviam secado no período do *interregnum*.

O Ciclo do Graal

13. As Fontes do Graal

Observou-se corretamente que, do ponto de vista histórico, os textos mais característicos relativos ao Graal nos fazem pensar numa corrente subterrânea que em determinado momento subiu à superfície, mas logo voltou a retrair-se e a se tornar invisível, quase como se tivesse percebido algum obstáculo ou determinado perigo.[1] De fato, tais textos reúnem-se num curto período de tempo: nenhum deles parece anterior ao último quarto do século XII e nenhum posterior ao primeiro quarto do século XIII. Esse período corresponde também ao apogeu da tradição medieval, ao período de ouro do gibelinismo, da elite dos cavaleiros, das cruzadas e dos Templários e, simultaneamente ao esforço de síntese metafísica desenvolvido pelo tomismo, com base numa herança pré-cristã e não cristã, retomada inclusive pela civilização árabe (junto de um florescimento semelhante do espírito cavaleiresco e místico), como era a do aristotelismo. Um singular esquecimento sucede a uma inesperada popularidade dos romances e dos poemas do Graal. Nos primeiros anos do século XIII, quase obedecendo a uma palavra de ordem, verifica-se na Europa uma interrupção dos escritos sobre o Graal. Após um sensível intervalo, verifica-se uma retomada, nos séculos XIV e XV, já com formas mudadas, muitas vezes estereotipadas, que entram em rápida decadência. O período da síncope da primeira tradição do Graal coincide com a do máximo esforço da Igreja para reprimir correntes por ela consideradas "heréticas". A retomada se verifica algum tempo depois da destruição da Ordem dos Templários, à qual, sobretudo na Itália, na França e, em parte, na Inglaterra, parece ter sucedido a organização numa forma mais secreta dos representantes de influências afins, que veremos não estarem completamente livres de relação com a própria tradição do Graal e que acabaram continuando alguns de seus aspectos até épocas relativamente recentes.

Indicamos a seguir as principais fontes da saga do Graal, às quais acrescentaremos a nossa exposição, elaboradas numa ordem que, segundo alguns, é inclusive a ordem cronológica aproximada de elaboração dos textos:

1. Ciclo de Robert de Boron, que inclui:
   a) o *Joseph de Arimathia*;
   b) o *Merlin*;
   c) o *Perlesvax*.
2. O *Conte du Graal* de Chrétien de Troyes, juntamente com:
   a) uma primeira continuação por parte de Gautier de Doulens;
   b) uma segunda continuação por parte de Manessier;
   c) uma interpolação por parte de Gerbert de Mostreuil.

3. O assim chamado *Grand Saint Graal*.
4. O *Perceval li Gallois* em prosa.
5. A *Queste del Saint Graal*, penúltima parte do *Lancelot*, em prosa.
6. O *Parzifal*, de Wolfram von Eschenbach[2], ao qual pode ser associado o *Titurel*, de Albrecht von Scharffenberg, e o *Wartburgkrieg*.
7. A *Morte Darthur*, de Malory.
8. O *Diu Crône*, de Heinrich von dem Turlin.[3]

Isso, no que diz respeito ao que se costuma chamar de "literatura" do Graal em suas fontes positivas. Passamos agora a um rápido exame das fontes internas da tradição, segundo algumas indicações fornecidas por esses mesmos textos.

Em primeiro lugar, observemos, a esse respeito, o tema do Avalon. No *Perceval li Gallois* menciona-se exatamente que o livro latino em que é relatada a história do Graal foi encontrado na ilha Avalon, "numa casa situada no alto de regiões aventurosas", onde "estão enterrados Arthur e Gunevere".[4] Em Robert de Boron, um dos textos mais antigos do ciclo, o Avalon aparece como uma região localizada no extremo Ocidente, para onde, por orientação divina, se dirigem alguns cavaleiros como Petrus e Alão do grupo de José de Arimateia, o portador do Graal. Afirma-se propriamente que Petrus terá de se dirigir "para onde seu coração o chama", isto é, "para os vales de Avalon", e ali deverá ficar até que apareça quem souber ler uma carta divina e quem anunciar a potência do Graal.[5] Nós já sabemos que o Avalon ocidental forma uma unidade com a "Ilha Branca". E é exatamente para a "Ilha Branca" – concebida por transposição como uma parte da Inglaterra – que, segundo Gautier, se dirige o próprio José de Arimateia com o Graal. Ali, agredido por inimigos, ele é "alimentado", juntamente com seus amigos, pelo próprio Graal, que dá a cada um o que deseja.⁶ Por outro lado, segundo outros, na *insula Avallonis*, confundida, pelos motivos já explicados, com Glastonbury, estaria enterrado o próprio José de Arimateia.⁷ Essa ilha nada mais é que um simulacro daquela para onde vão muitos heróis do Graal e onde se desenvolvem as suas aventuras e suas provas mais significativas; por sua vez, ela retoma também o antigo símbolo "polar" nórdico-celta do centro primitivo, quando se nos apresenta na forma de "ilha rotatória".

Na realidade, é justamente desse centro que, de uma maneira ou de outra, se trata aqui. Essa é a "Terra Prometida" do Graal, concebida como o local onde se encontram as fontes do Graal, ou então como a terra para onde ele é transportado, ou ainda como o local de sua procura. E que as diversas viagens, que a ele se referem, tenham um caráter simbólico e o significado de uma tomada de contato com forças ou centros da tradição primitiva, isso resulta já do fato, por exemplo, de que no *Grand St. Graal* a terra inglesa, concebida como a terra prometida do Graal, é alcançada por meios sobrenaturais por José de Arimateia e por seus cavaleiros. A eles se põe a prova de atravessar sobrenaturalmente as águas, prova que os eleitos e os puros superarão, enquanto aqueles que são privados de fé afundarão.⁸ Já esclarecemos noutro lugar o significado desse simbolismo.

A tradição referida por Wolfram von Eschenbach nos leva de volta ao Avalon, pois, segundo ela, o fundador da dinastia do futuro rei do Graal é Mazadan, levado por uma mulher sobrenatural, Ter-de-la-Schoye, para Feimurgân.⁹ Por uma visível troca de nomes, reconhecemos aqui a Morgana do ciclo de Artur, com sede na "Terra da Alegria", um dos nomes dados à "ilha Ocidental" da tradição celta, que à vezes acaba aplicando-se ao próprio reino do Graal.

O tema de uma tradição primitiva relacionada com o Avalon, a ser ressuscitada por via "heroica", tem, por outro lado, um papel importante na formulação da saga por parte de Robert de Boron: Parsifal fica sabendo que "o Rico Pescador" (título que frequentemente se aplica ao próprio José de Arimateia) é seu pai: por ordem divina, ele se dirigiu "às longínquas terras do Ocidente, onde o Sol se põe (*avaloit*)", e lá é mantido numa vida que nunca cessa, até que o filho de Alão tenha cumprido feitos que o façam parecer o cavaleiro do mundo.[10]

Quanto às referências a José de Arimateia, elas constituem a componente cristã, mesmo que não católica e apostólica, da saga. José é representado como um "nobre cavaleiro" pagão que chegou à Palestina; em retribuição aos serviços de guerreiro por ele prestados a Pôncio Pilatos, obtém deste o cadáver de Jesus, e recolhe o sangue do costado num cálice que, segundo alguns textos, é o próprio Graal. Aprisionado "numa casa parecida com uma coluna vazia em meio a um pântano", José depara com o aparecimento do Senhor, que lhe entrega o cálice: e este dá-lhe luz e vida até a sua libertação, que se verifica, segundo alguns textos, somente quarenta anos mais tarde.[11] Tudo isso enquanto José ainda era pagão. Em seguida, ele recebe o batismo e é consagrado pelo Senhor primeiro bispo do cristianismo com a aplicação de um óleo que, por outro lado, parece ser o de consagração real, além de sacerdotal. De fato, esse óleo, com o passar do tempo, consagrará toda a dinastia dos reis da Bretanha, até Uther Pendragon, pai do rei Artur.[12] José e os seus vivem várias aventuras simbólicas, sobre as quais voltaremos a falar, e nas quais o tema da "ilha" sempre aparece, antes de passar para a Inglaterra (terra que vimos assumir o significado da "Ilha Branca") pelo caminho sobrenatural já citado. No *Perceval li Gallois* encontra-se uma menção importante, segundo a qual já antes da morte de Jesus, José teria ido à "ilha", para onde, mais tarde, Parsifal se dirigirá,[13] enquanto Robert de Boron fala inclusive de misteriosos antepassados de José, aos quais é preciso prestar igualmente serviço para obter a participação na Ordem; portanto, a Ordem já teria existido antes de Cristo e do cristianismo.[14]

Se quisermos nos limitar a dar um conteúdo histórico *sui generis* a esses aspectos da saga, ele poderia talvez ser formulado, em síntese, da seguinte maneira: algo do cristianismo passa para a área nórdico-celta e vai despertar a tradição do Avalon. Segundo essas tradições, a Britânia, associada a reminiscências da "Ilha Branca" e, depois, decididamente, ao reino do rei Artur, é de fato a terra prometida do Graal, o local onde o Graal se manifesta preferencialmente. E mais, um centro inglês – Glastonbury é mesmo Salisbury – novamente confundido com locais simbólicos equivalentes, mantém as "fontes" da história do Graal. A referência de que o Graal foi concedido para alimentar os cavaleiros que passaram para o Avalon e que ali caíram num estado de indigência, poderia estar aludindo a um período de decadência das formas visíveis da antiga tradição nórdica, que justamente como tradição do Graal devia despertar para uma vida nova ao contato com a religiosidade cristã que se havia deslocado até o Norte. Isso poderia relacionar-se com o tema dos encantos do qual o Graal devia libertar a Inglaterra e, segundo alguns, todo o mundo,[15] e também com o tema da corte de Artur, que havia entrado em decadência devido ao "golpe doloroso" e à necessidade, para os cavaleiros da Távola Redonda, de se entregar a uma aventura, desconhecida nos textos mais antigos da tradição nórdico-celta, que é justamente a procura do Graal.

Em sua própria forma cristianizada, essa procura, porém, é igualmente desconhecida dos primeiros textos do cristianismo ortodoxo, e a tradição do Graal tem visivelmente muito pouco em comum com a apostólico-romana. Sobre o segundo ponto, já vimos que o fundador da dinastia da realeza do Graal, José de Arimateia, recebe diretamente a investidura do Cristo, e a sua dinastia, essencialmente real, não tem relação com a Igreja de

Roma, mas leva diretamente ao reino nórdico do rei Artur e, num desdobramento, segundo Wolfram von Eschenbach, desemboca no reino simbólico do preste João, "rei dos reis". Quanto ao primeiro ponto, se a literatura eclesiástica já conhecia a figura de José de Arimateia e o seu aprisionamento,[16] ela nada sabe acerca do Graal, nem tampouco há antigos textos bretões (à exceção de um, e num único passo, que parece interpolado) nos quais José apareça como um apóstolo cristão da Inglaterra.[17] O cronista Elinando que, antes de qualquer outro, relata a história do Graal incluindo José de Arimateia, escreve: *"Gradalis autem vel gradale dicitur Gallice scutella lata et aliquantulum profunda in qua preciosae dapes, cum suo jure divitibus solent apponi, et dicitur nomine Graal... Hanc historiam latine scriptam* [que deve ser entendido: nos escritos da Igreja] *invenire non potui, sed tantum Gallice scripta habentur a quibusdam proceribus, nec facile, ut aiunt, tota inveniri potest"*.[18] Em 1260, Jakob van Maerlant chamará de mentira a história do Graal justamente com base no fato de que ainda até a época a Igreja nada sabia ou, melhor ainda, nada queria saber a seu respeito.[19]

Se em alguns textos o cálice de José de Arimateia se identifica com o da Última Ceia, em nenhuma tradição cristã é possível encontrar traços dessa associação.[20] Por outro lado, mesmo quando nos textos posteriores e fortemente cristianizados o Graal assumir, com referência a isso, uma função semelhante a do cálice eucarístico no Mistério da Missa, a repugnância de um Robert de Boron em falar da natureza do Graal e a menção de palavras secretas que a ele se referem, palavras que ninguém deve repetir e que seriam transmitidas somente a José de Arimateia, levam a pensar que se trata de um mistério diferente do mistério relacionado com o rito católico que, de qualquer maneira, parece celebrado por outros, e não pelo clero ortodoxo, junto a um simbolismo e a um esoterismo em nada estranho ao cristianismo.[21] E quando alguns textos identificam o Graal como taça com o cálice de Jesus e a lança com a lança da crucificação, quem acompanha a lógica interna e percebe o tom fundamental do conjunto, não pode deixar de questionar se se trata de algo mais do que imagens da consciência religiosa predominante tomadas de empréstimo como meios para a expressão de um conteúdo diferente. Que esse conteúdo tenha sua origem em tradições estranhas ao cristianismo e reflita um clima difícil de ser reduzido à religiosidade cristã, aparece bastante claramente a quem as considere lendas do Graal em seu conjunto.

Wolfram von Eschenbach atribui as fontes de sua narrativa a um tal de "Kyot, o Provençal" que, por sua vez, teria encontrado a lenda de Parsifal e do Graal em textos pagãos, por ele decifrados graças ao conhecimento de caracteres mágicos. Flegetanis, da estirpe de Salomão, havia escrito em tempos remotos a história do Graal contida nesses textos, com base em sua ciência astrológica, tendo lido o nome do Graal nas estrelas. "Examinando as estrelas, descobriu segredos profundos, dos quais falava enfurecendo-se."[22]

Caracteres sobrenaturais, secretos, iniciáticos, são apresentados, portanto, pela história do Graal. Robert de Boron revela as verdadeiras fontes de seu relato: um "grande livro" que ele nem pôde ler, "onde estão escritos os grandes mistérios que são chamados do Graal", e no *Perceval li Gallois* acrescenta-se: "Essa história deve ser altamente estimada e não relatada a pessoas que não a possam compreender: pois uma coisa boa espalhada entre homens maus nunca será aprendida por eles". E Robert de Boron: "A grande história do Graal ainda não foi tratada por homem mortal" / "*unque retreite este n'avoit – la grande estoire dou Graal – par nul homme qui fust mortal*". As metamorfoses que se desdobram na visão do Graal são para ele impossíveis de exprimir, "pois os segredos do sacramento não devem revelar-se a não ser àquele a quem Deus deu a força para tanto".²³ Vaucher diz que é perigoso falar do Graal, caso não se faça isso no tempo e no local corretos, e que "não se pode falar do mistério do Graal sem tremer e mudar de cor".²⁴ A assim chamada *Élucidation* que precede o texto de Chrétien de Troyes remete a um certo mestre Blihis, possuidor de uma tradição que deve permanecer secreta: *"Car, se Maistre Blihis ne ment, nus ne doit dire le secrée"*.²⁵ O texto mais recente e cristianizado do primeiro período, o *Grand St. Graal*, ao originário caráter secreto e enigmático substitui um caráter mais místico: o livro do Graal foi escrito pelo próprio Cristo e transmitido ao autor durante uma visão. Podemos nos aproximar dele somente depois de uma preparação ascético-purificadora. Ao lê-lo, produzem-se aparições, o espírito é raptado pelos anjos e levado a contemplar diretamente a Trindade. Abrir o estojo que contém o Graal significa entrar diretamente em contato com o Cristo.²⁶ Todavia, mesmo junto com esses caracteres, devido às feridas, à cegueira ou ao ardor a respeito dos quais esse mesmo texto falará em relação àqueles que querem aproximar-se em demasia do Graal, permanece o antigo e mais originário significado de um *mysterium tremendum* que tem pouco a ver com o *pathos* cristão.

14. *As Virtudes do Graal*

Nos diferentes textos, o Graal é apresentado essencialmente sob três formas:
1) Como um objeto imaterial, munido de movimento próprio, de natureza indefinida e enigmática ("não era de madeira, nem de qualquer tipo de metal, nem de pedra, chifre ou osso").
2) Como uma pedra – "pedra celeste" e "pedra da luz".

3) Como uma taça ou recipiente ou bandeja, muitas vezes de ouro e, eventualmente, ornamentado com pedras preciosas. Tanto nessa forma como na precedente, quase constantemente quem leva o Graal são mulheres (outro elemento completamente estranho a todo ritual cristão; ao contrário, nele não aparecem sacerdotes).

Uma forma mista é a de uma taça obtida de uma pedra (às vezes esmeralda). O Graal muitas vezes é qualificado como "santo", outras como "rico" – "é a coisa mais rica que se possa ter em vida", diz-se na *Morte Darthur*.[27] Esse texto, como muitos outros do mesmo período, utiliza a expressão Sangreal, susceptível de três interpretações: San Graal, Sangue Real, Sangue Régio.

As virtudes principais do Graal podem ser resumidas como segue:

1) Virtude de luz, isto é, virtude iluminante. Do Graal se expande uma luz sobrenatural. Chrétien de Troyes: *"Une si grans clartés i vint – que si pierdirent les candoiles – los clartés, com font les estoiles – quand li solaus lieve ou la lune"*.[28] Robert de Boron descreve o aparecimento do Graal na prisão de José de Arimateia como o de uma grande luz, acrescentando que José "ao ver o recipiente, foi inteiramente invadido pelo Espírito Santo".[29] Em Vaucher, o "rei pescador", que à noite carrega consigo o Graal, com ele ilumina o caminho. Falando de seu aparecimento a José, o *Grand St. Graal* afirma que dele se expandia "uma luminosidade tão grande, como se mil velas estivessem acesas", e relata uma espécie de arrebatamento além da condição do tempo: de fato, os 42 anos passados na prisão com o Graal pareceram-lhe três dias.[30] Em Gautier, Parsifal, apesar da proibição, segue uma donzela

por uma selva escura. Repentinamente, uma forte luz se manifesta, a jovem desaparece, uma tremenda tempestade tem início e no dia seguinte Parsifal fica sabendo que a luz provinha do Graal que o "rei pescador" havia levado para a floresta.[31] Em Wolfram ele é a "pedra da luz": "Satisfação perfeita de todos os desejos e paraíso, isso é o Graal, a pedra da luz, frente à qual qualquer esplendor terreno é nada".[32] Em *Queste du Graal*, Galahad, ao ver o Graal, é tomado de um acentuado estremecimento e diz: "Agora vejo claramente tudo o que a língua nunca poderia exprimir e, o coração, pensar. Vejo aqui o princípio dos grandes arrebatamentos e as causas das proezas; vejo aqui a maravilha das maravilhas". Em *Morte Darthur*, a manifestação do Graal é acompanhada pelo estrondo de trovão e por "um raio solar sete vezes mais resplandecente do que a luz do dia" e naquele momento todos foram iluminados pela graça do "Espírito Santo". Nessa oportunidade, o Graal apresenta-se de uma forma enigmática; "ninguém podia vê-lo nem trazê-lo", na medida em que cada cavaleiro recebia do Graal "o nutrimento que mais desejava no mundo".[33]

2) Isso corresponde à segunda virtude do Graal. Além de ser luz e força sobrenatural iluminante, ele dá nutrimento, dá "vida". Do Graal, concebido como uma "pedra", *lapsit exillîs*, são alimentados, em Wolfram, todos os cavaleiros templários: *sie lebent von einem steine*.[34] Levado à mesa, ou quando de seu aparecimento mágico sobre ela, todo cavaleiro recebe justamente aquilo que mais deseja. Falar, aqui, em alimentos físicos que correspondem aos diferentes gostos é a materialização do significado superior do diferente efeito de um único dom de "vida", dependendo da vontade, da vocação e da própria natu-

reza ou qualificação daqueles que vão recebê-lo. No máximo, esse alimento se torna aquele que destrói todo desejo material, pelo qual, no *Perceval li Gallois*, em virtude do aroma que emana do Graal, os convidados se esquecem de comer e Galvão, num arrebatamento estático, consegue a visão dos anjos.[35] No *Grand St. Graal*, o Graal reproduz o milagre da multiplicação dos pães.[36] Na *Queste du Graal*, onde o seu aparecimento é precedido por uma "luz resplandecente como o Sol", ele se move magicamente e, depois de ter dado a cada um o seu "alimento", desaparece, conforme a já referida narrativa da *Morte Darthur*.[37] Especificamente, fala-se que os fortes, os heróis amam o alimento fornecido pelo Graal – assim Robert de Boron dá a seguinte etimologia: "Chama-se Graal, porque agrada aos valentes: *agree as prodes homes*".[38] Já vimos, inclusive, que o próprio José de Arimateia, juntamente com os seus cavaleiros, recebeu, além de luz, vida (nutrimento) do Graal durante todo o período de cativeiro que o rei Crudel lhe impôs, e que durou quarenta anos.[39]

3) O dom de "vida" do Graal manifesta-se, porém, igualmente na virtude de curar feridas mortais, de renovar e prolongar a vida de modo sobrenatural. Em Manessier, Percival e Heitor, combatendo um contra o outro, ferem-se ambos de morte e esperam o fim, quando à meia-noite o Graal, carregado por um anjo de porte "imperial", aparece e os cura instantaneamente e por completo.[40] O mesmo episódio é relatado na *Morte Darthur*, em que igual fenômeno se verifica também em relação a Lancelot.[41] Na *Queste du Graal* narra-se a visão que tem por objeto um cavaleiro sofrendo num caixão, que se arrasta até o Graal e, depois de tocá-lo, se sente novamente com

forças e ao sofrimento segue-se um sono profundo.⁴² Nesse caso, porém, tem-se também a interferência de um motivo ulterior, o dos reis que, à espera do restaurador ou vingador predestinado, são mantidos pelo Graal numa vida artificialmente prolongada.

Wolfram, referindo que em virtude do Graal "a Fênix se consome até se tornar cinza, mas também se transforma e reaparece logo a seguir em todo o seu esplendor e mais linda do que nunca,⁴³ coloca de maneira muito clara uma relação entre o dom de "vida" do Graal e a regeneração, da qual a Fênix foi tradicionalmente um símbolo. De fato, Wolfram afirma que "esta pedra (o Graal) transmite ao homem tanto vigor que os seus ossos e a sua carne logo reencontram a juventude – *"selhe kraft dem menschen gît der stein – daz im fleisch und bein – jungent enpfaeht al sunder twâl"*.⁴⁴ Portanto, o Graal, além de iluminar, renova; recusa porém o seu nutrimento simbólico, ou "dom da vida", àqueles que se mancharam com culpas⁴⁵ – segundo alguns textos, aos mesquinhos e aos mentirosos.

4) O Graal induz uma força de vitória e de domínio. Quem dela usufrui, *n'en court de bataille venchu*. Segundo Robert de Boron, todos aqueles que conseguem vê-lo, além de alcançar a alegria eterna, nunca serão privados de seu direito e nunca serão vencidos em batalha.⁴⁶ No *Lorengel*, o Graal apresenta-se como a "pedra da vitória" com que Parsifal repele o rei Átila e os seus hunos, no momento em que eles estavam para dominar a cristandade.⁴⁷ Em Wolfram, fala-se a respeito daquele que supera a prova do Graal: "Já não há ser no mundo que te supere em nobreza e honra. És o Senhor de todas as criaturas. A suprema potência te será transmitida".⁴⁸ O aspecto do

Graal segundo o qual ele confere uma força de vitória será, por outro lado, colocada ainda mais em destaque em conexão com a "espada do Graal". Mas já nesse passo de Wolfram se preanuncia a essência mais alta do Graal, a relação que este tem com uma realeza transcendente, com o princípio do "Senhor do mundo". Veremos, além do mais, que o próprio Graal, como se fosse um oráculo, nomeia os cavaleiros chamados a revestir a dignidade de rei em diferentes terras. Há quem, não sem razão, comparou o Graal ao objeto que simboliza e encarna a força celeste das realezas segundo a antitradição irânica, o *hvarêno*, e que assume os vários aspectos de pedra mágica, de pedra da sabedoria e da vitória, de taça: aspectos que efetivamente o Graal também tem.[49]

5) Se o Graal por um lado tem uma virtude vivificante, por outro lado tem uma virtude temível, destruidora. O Graal cega. O Graal fulmina. Ele pode agir como uma espécie de voragem. Nescien reconhece no Graal o objeto do desejo por ele alimentado quando era um jovem cavaleiro; mas, logo depois de ter aberto o estojo, estremece e perde a visão, e junto com ela o controle sobre o seu próprio corpo.[50] A *Queste du Graal* acrescenta que Mordrain, com uma ação semelhante, havia tentado contemplar aquilo que nenhuma palavra pode exprimir: sua tentativa desencadeia um vento sobrenatural que o deixa cego, e nesse estado ele é condenado a ficar durante a vida até a chegada do herói que realizará o mistério do Graal e o curará. O tema não é novo. O próprio Dante, ao contemplar o empíreo, perde a visão, mesmo que posteriormente a readquira ainda mais aguçada.[51] Os feitos do herói persa Rostan têm por objetivo restituir a visão e a liberdade a um rei, cujas vocações pro-

meteicas resultam claras a partir de sua tentativa de se elevar ao céu com a ajuda de águias.[52] Outros exemplos poderiam ser apresentados com certa facilidade. De acordo com a narrativa de Gerbert, Mordrain, que construiu um altar para o Graal, encontra o acesso fechado por um anjo com espada de fogo (o que nos lembra o episódio semelhante do fechamento do "local primitivo" na Bíblia, o muro de fogo que envolve, segundo alguns textos, a "ilha", etc.). O anjo, como castigo por sua tentativa, lhe anuncia que ele não poderá morrer e que suas feridas ficarão abertas até a chegada do cavaleiro que "colocará a questão".[53] Em *Diu Crône*, declara-se ser "coisa mortalmente perigosa"[54] colocar-se no caminho do Graal. Mas é justamente àquela visão do Graal de perto que impressionou Mordrain e Nescien, que aspira, na *Morte Darthur*, Galvão, que parte à procura de aventuras, propondo-se não mais voltar antes de ter alcançado esse objetivo.[55]

A natureza perigosa do Graal, em segundo lugar, se nos manifesta em relação com o tema do "local perigoso" e com a prova que este constitui para quem deseja assumir a parte do "herói esperado" e a função de chefe supremo da cavalaria da Távola Redonda. Trata-se do "lugar vazio", ou "décimo terceiro lugar", ou "lugar polar", a respeito do qual já tivemos oportunidade de falar; lugar sob o qual se abre o abismo, ou que é fulminado, quando nele se senta um indigno e um não eleito. Assim Moses, quando passa a ocupá-lo, é agarrado por sete mãos de fogo[56] e destruído "como a chama destrói um pedaço de madeira" – em seguida, o texto apresenta a coisa nestes termos: metade do fogo que queima Moses se apagou, mas a outra metade nunca vai apagar até a chegada de Galahad, para poder completar a aventura do Graal.⁵⁷ Uma variação é a "prova do vaso": usufruem do êxtase do Graal aqueles que, à mesa de José de Arimateia (que é confundida com a da Távola Redonda, ou seja, é dada como a antecessora desta última), não estão manchados por culpas; nessa oportunidade, Moses, depois de se sentar no lugar perigoso, é engolido por um abismo que se lhe abriu debaixo dos pés – segundo a explicação cristianizada, devido à sua falta de fé, pois era um falso discípulo.⁵⁸

Por outro lado, encontra-se inclusive o motivo segundo o qual poderá realizar a procura do Graal somente quem estiver sentado sobre o trono de ouro construído por uma mulher sobrenatural. Seis cavaleiros que tentaram sentar-se nele foram engolidos por uma repentina voragem; Parsifal também se senta ali; ecoa um terrível estrondo, a terra se dilacera, mas ele permanece tranquilo em seu lugar.⁵⁹ Impassível, em sua calma dignidade, na pureza de sua força, nada pode contra ele. Em Robert de Boron, depois disso, ao valoroso que passou por essa prova, e também a todos aqueles cavaleiros da Távola Redonda, impõe-se uma série posterior de aventuras que constituem o caminho para a conquista definitiva do Graal.⁶⁰ A *Queste du Graal* e a *Morte Darthur* apresentam o tema de uma maneira ainda mais direta: o lugar perigoso é felizmente ocupado somente por aquele que passou pela "prova da espada", que soube extrair uma espada de uma pedra, demonstrando dessa maneira ser o melhor entre todos os cavaleiros. Conseguindo passar por essa prova, da qual já explicamos o significado, o Graal manifesta-se na corte do rei Artur, resplandece uma luz mais forte que a do Sol, o Graal aparece emanando o seu aroma e dando a cada cavaleiro o alimento que lhe é adequado.[61]

Esse aspecto perigoso do Graal deve ser considerado com o caso-limite daquilo que o Graal pode justamente operar, dependendo da natureza diferente daqueles que entram em contato com ele. A força do Graal destrói todos os que tentam usurpá-la, repetindo o gesto titânico, luciférico ou prometeico. Uma expressão muito significativa a esse respeito pode ser encontrada em Wolfram, quando diz figurativamente que, para os culpados, o Graal se torna tão pesado a ponto de nem todos juntos conseguirem segurá-lo.[62] É o próprio excesso que a potência transcendente constitui para um ser condicionado e preso à sua limitação, o que faz agir como força destruidora uma força de "vida" (cf. o fogo que consome Moses). Uma variação desse significado pode ser encontrada na *Morte Darthur* da seguinte maneira: ao perceber "uma grande claridade, como se todas as tochas do mundo estivessem recolhidas numa única sala", devida ao Graal, Lancelot avança. Uma voz o admoesta para que não entre; ao contrário, aconselha-o a fugir, se não quiser se arrepender. Ele não aceita a sugestão e entra: um fogo o atinge no rosto, ele cai ao chão e não pode levantar-se, tendo perdido todo poder sobre os seus membros. Um velho adverte aos companheiros que o julgam morto: "Em nome de Deus, ele não está morto, e sim está mais cheio de vida do que o mais poderoso entre todos vocês". Lancelot permanece nesse estado de morte aparente durante 24 dias, e as primeiras palavras que diz são: "Por que me acordaram? Eu estava muito melhor do que estou agora". Essa experiência é relacionada com o fato de ter visto o Sancgreal como ninguém pode vê-lo melhor⁶³ – evidentemente trata-se de um estado iniciático, de um estado em que a participação da potência do Graal é tornada possível mediante uma suspensão da consciência de vigília e da limitação individual relativa a ela: o que evita o efeito negativo e destruidor que a experiência do "contato" tem em quem não sabe passar para formas superiores de consciência, para outros estados do ser.

6) A duplicidade da virtude do Graal está, em certa medida, relacionada com o significado que, universalmente, nas tradições concordantes dos vários povos, e mesmo fora de toda relação com o simbolismo cristão, tem a dupla taça-lança, a taça que corresponde, sobretudo, ao aspecto feminino, vivificados e iluminados, e a lança ao aspecto viril, ígneo ou real (cetro) de um mesmo princípio: ou, se se quer, a primeira à árvore "lunar", a outra à árvore "solar", a cujo respeito já falamos. A primeira, ao aspecto "Sabedoria santa"; e a outra, ao aspecto "fogo" e "denominação" do mesmo princípio. Mas no mesmo contexto poder-se-ia inserir também a ambivalência da própria lança, retomada pela tradição irlandesa, que por um lado inflige o *coup douloureux*, provocando uma destruição; por outro, a virtude de curar.

Essa rápida resenha das virtudes atribuídas ao Graal ilustra o lado, digamos assim, subjetivo de sua procura. Esse tipo de procura é, essencialmente, uma vicissitude interior. Não se trata, como experiência, de algo como um simples êxtase místico. É antes um poder primitivo que vem a ser positivamente evocado. Quem sabe assumi-lo é qualificado para os altos encargos descritos pela lenda e que constituem o seu núcleo central.

Passemos, então, às narrativas nas quais o Graal aparece como pedra, e observemos o significado específico que, em relação ao já citado, nos apresenta a tradição que faz do Graal uma pedra que caiu do céu e uma pedra "de Lúcifer".

Wolfram von Eschenbach relaciona com o Graal o termo enigmático *lapsit exillîs*.[64] Esse termo foi interpretado pelos estudiosos de várias maneiras: *lapis erilis*, isto é, "Pedra do Senhor" (San Marte), *lapis elixir*, com referência ao elixir alquímico da regeneração (Palgen), *lapis betillis* ou *betillus* (Hagen), o que pode relacionar-se com o βαιτύλος, com a pedra caída do céu presente na mitologia grega; *lapis ex coelis* ou *de coelis*, "pedra celeste" (Martin) e, enfim, "pedra do exílio". Na realidade, qualquer que seja o acerto de uma ou de outra dessas interpretações conjecturais, do ponto de vista estritamente etimológico, todos esses são significados a que o Graal fica igualmente susceptível, segundo os seus diferentes aspectos.

O Graal é, antes de tudo, *lapis ex coelis* enquanto, segundo o próprio Wolfram, ele havia sido originariamente levado para a Terra por um grande número de anjos – e essa é também tradição referida pelo *Titurel* de Albrecht von Scharffenberg, onde o Graal se apresenta igualmente como uma pedra, jaspe, ou sílica, relacionada com o símbolo da Fênix: *"Ein schar den graf uf erde – by alten ziten brahte – ein stein in hohem werde –, man ein schüzzeh dar uz wurken dahte; – iaspis und silix ist er gennent – von dem der fenix lebende wirt – swenn er sich selb ze aschen brennet"*.[65] Para Wolfram, trata-se dos anjos que foram condenados a descer à Terra a fim de manter-se neutros no momento da tentativa de Lúcifer. Guardado por eles, o Graal não perdeu suas virtudes. Em seguida, passou para a guarda de uma estirpe de cavaleiros, designados do alto.[66] Essa tradição modifica-se no *Wartburgkrieg* da seguinte maneira: Uma pedra se soltou da coroa de Lúcifer quando este foi atingido pelo arcanjo Miguel. Trata-se da pedra dos eleitos, que caiu do céu, e foi encontrada por Parsifal depois de ter sido recolhida por Titurel, que é justamente o primeiro representante da dinastia do Graal. O Graal seria então essa pedra luciferina.[67] Segundo outros, a pedra que caiu na Terra teria sido uma esmeralda que ornamentava a própria testa de Lúcifer. Foi trabalhada em forma de taça por um anjo fiel e, assim, surgiu o Graal, doado a Adão no "paraíso terrestre", até o momento de sua expulsão daquele lugar. Set, filho de Adão, conseguiu reencontrar durante algum tempo o paraíso terrestre, e dali trouxe consigo o Graal.[68] Parece, enfim, na opinião de outros, que o Graal foi colocado em relação com uma fortaleza cátara dos Pireneus, Montségur, que as armadas de Lúcifer teriam tomado de assalto para obter o Graal de volta e encaixá-lo novamente na coroa de seu príncipe, de onde havia caído no momento da repressão de sua tentativa. Mas o Graal teria sido salvo, naquela oportunidade, por cavaleiros que o esconderam no interior de uma montanha.[69]

15. *A Pedra de Lúcifer*

Nessas lendas, livres dos revestimentos de ordem religiosa no sentido estrito, aparece novamente a conexão do Graal como pedra celeste com uma herança e um poder misterioso relacionado com o "estado primitivo" e, de certo modo, tendo-se conservado no período do "exílio". A referência a Lúcifer, em si mesma, além do quadro de caráter cristão e teístico, pode ser apresentada como uma variação do tema de uma tentativa, abortada ou desviada, de reconquista "heroica" desse estado. Quanto ao tema da legião de anjos descidos do céu com o Graal, ele lembra o da própria raça dos Tuatha dé Danann, esta também considerada como de "seres divinos", tendo descido do céu até a Irlanda trazendo também uma pedra sobrenatural – a pedra dos reis legítimos – e também objetos que, como pudemos observar, correspondem exatamente aos do ciclo do Graal: uma espada, uma lança, um recipiente que proporciona inesgotavelmente a cada um o seu alimento. Ao mesmo tempo, a pátria dos Tuatha – como sabemos – é pátria de Avalon que, segundo uma tradição já assinalada, é também a sede dos livros do Graal e que, de qualquer maneira, muitas vezes foi confundida, devido a obscuras associações, com o local em que o Graal se manifestou mais intensamente. Mas há outras coisas mais. Em algumas lendas celtas, os anjos caídos são identificados exatamente com os Tuatha dé Danann;[70] em outras lendas, fala-se exatamente de espíritos que, como castigo por sua neutralidade, tiveram de descer à Terra. Eles são descritos como os habitantes de uma região ocidental transatlântica, a mesma que São Brandano alcançou, região que, novamente, é uma reprodução do Avalon, assim como essa viagem é uma imagem cristianizada daquela levada a termo por vários heróis celtas para alcançar a "Ilha", pátria originária e centro inviolável dos Tuatha.[71] Temos, portanto, uma curiosa interferência de motivos, que encontra expressão, por exemplo, no *Leabhar na hvidhe*, onde se lê que os Tuatha são "deuses e falsos deuses, aos quais sabidamente remonta a origem dos sábios irlandeses. É provável que eles tenham chegado à Irlanda vindos dos céus; daí a superioridade de sua ciência e de seus conhecimentos".[72]

Seria necessário proceder aqui a uma separação bastante delicada de motivos, para estabelecer aquilo que se refere a elementos autenticamente relacionados com Lúcifer, aos quais se pode aplicar corretamente a ideia de uma "queda" e da presença na Terra como um castigo, e aquilo que, ao contrário – mediante uma representação tendenciosamente deformada – pode estar relacionado com os guardiões na Terra do poder do alto e da tradição de que o Graal é símbolo – quase como persistente, inalterada, secreta presença daquilo que foi exatamente no estado primitivo e "divino". A "neutralidade" dos anjos do Graal, que Wolfram menciona, leva de fato a pensar num estágio idealmente anterior a essa diferenciação da espiritualidade, em função da qual se pode definir, em geral, o espírito luciférico. E se Wolfram, num segundo momento, dá uma versão diferente, afirmando pela boca de Trevrizent que os anjos neutros não voltaram para o céu (como os Tuatha fizeram ao voltar para o Avalon), mas provocaram sua eterna desgraça, e que "quem quer ser recompensado por Deus, deve mostrar-se adversário desses anjos que caíram",[73] é preciso levar em consideração justamente a maneira como o cristianismo deformou tradições anteriores, substituindo seu significado original por sentidos muito diferentes. Em geral, devido ao caráter genérico próprio de sua visão prevalentemente "lunar" do sagrado, o cristianismo tem estigmatizado com certa frequência como "luciférico" e "diabólico" não só aquilo que efetivamente o é, mas também toda tentativa de reintegração de tipo "heroico" e toda espiritualidade estranha às relações de devoção e de dependência criativa do divino teisticamente concebido. Desse modo, mesmo em outra oportunidade pudemos constatar uma mescla de motivos semelhantes àquele agora observado para os Tuatha dé Danann, por exemplo, em alguma literatura sírio-hebraica, em que os anjos caídos acabam se unindo a uma estirpe de "Vigilantes" – ἐγρήγοροι – concebida como instrutora primordial da humanidade.[74] Tertuliano[75] não hesita em atribuir em bloco aos anjos caídos o conjunto das doutrinas mágico-herméticas, aquelas que, como vimos, ajudaram Flegetanis a penetrar nos textos originais do Graal, e que a *Morte Darthur* atribui a Salomão, concebido como um antepassado dos heróis do Graal, exatamente nos mesmos termos de Tertuliano: "Este Salomão era um Sábio e conhecia todas as virtudes das pedras e das árvores, como também o curso das estrelas e muitas coisas mais".[76] Quando Inocêncio III acusou os Templários de terem se dedicado também à doutrina "dos demônios" – *utentes doctrinis daemoniorum* [77] – muito provavelmente ele teve em vista os mistérios anticristolátricos dos Templários e procedeu instintivamente à mesma assimilação, devido à qual a "raça divina" primitiva foi apresentada como a raça culpada ou luciférica dos anjos caídos.

Por nossa conta, já demos pontos de referência suficientemente exatos para uma boa orientação frente a distorções do gênero e para fixar o limite que separa o espírito luciférico daquele que não o é, e do ponto de vista cristão do ponto de vista de uma espiritualidade mais alta. Desse modo, cada um terá facilidade em distinguir a diferente capacidade dos elementos que se encontram em nossa saga, junto a muitas interpolações e deformações. Tendo mostrado que o elemento "titânico" continua sendo a matéria-prima de onde é possível extrair o "herói", é compreensível que, apesar de tudo, Wolfram dê a Parsifal alguns traços "luciferinos", permitindo-lhe, porém, levar a bom termo a sua aventura, a ponto de, ao final, ele assumir a forma luminosa de um rei do Graal e de um restaurador. De fato, Parsifal acusa Deus de tê-lo traído, de não ter tido fé nele, por não tê-lo assistido até a conquista do Graal. Ele se rebela, e em sua cólera afirma: "Eu servia a um ser que chamamos de Deus antes que ele tomasse a liberdade de me expor ao escárnio ultrajante, e que me cobrisse de vergonha... Fui um servidor fiel, pois acreditava que me teria concedido seus favores: mas de agora em diante recusar-me-ei a servi-lo. Se me perseguir com seu ódio, resignar-me-ei. Amigo [diz ele a Galvão], quando chegar a tua vez de combater, que tu tenhas como proteção o pensamento de uma mulher [subentendido: não de Deus]".[78]

Animado por tamanha ofensa e por tão grande altivez, Parsifal, após não ter tido sucesso em sua primeira visita ao castelo do Graal, leva a termo as suas aventuras. E, mesmo separado de Deus, evitando igrejas, dedicando-se a feitos "selvagens" de espírito cavaleiresco – *wilden Aventüre, wilden, ferren Ritterschaft* – acaba vencendo da mesma maneira, alcançando igualmente a glória de rei do Graal. Trevrizent lhe diz: "Raramente se viu milagre maior: mostrando a vossa ira, obtivestes de Deus o que desejáveis".[79] Além disso, deve-se observar que, em Wolfram, Parsifal aparece como aquele que alcança o castelo do Graal excepcionalmente, sem ter sido designado ou chamado como os outros.[80] Sua eleição se dá sucessivamente – por assim dizer, são as próprias aventuras de Parsifal que a determinam e quase a impõem. Trevrizent diz: Jamais acontecera que o Graal pudesse ser conquistado por meio de combates: "*Es was e Ungewolhnheit, dasz den Gral ze keine zêten jeman möchte erstriten*". Nesse aspecto, deve-se reconhecer o tipo "heroico": aquele que, não por natureza, como o tipo "olímpico" (ao qual se poderia fazer corresponder o rei legítimo do Graal, que em seguida caiu em decadência devido ao envelhecimento, a ferimentos ou à inanição), mas pelo despertar de uma vocação profunda e graças à sua ação chega a participar daquilo de que o Graal é símbolo, e segue em frente, a ponto de tornar-se cavaleiro do Graal e, enfim, de tornar sua a suprema dignidade da Ordem do Graal.

16. *A Prova do Orgulho*

Esses significados em Wolfram explicitam-se e confirmam-se em relação às figuras de Galvão e de Amfortas. Em Wolfram, Trevrizent é o irmão do rei do Graal em decadência, que se retirou para uma vida ascética junto da "Fonte Selvagem" – *Fontâne la Salvâtsche* – tentando aliviar, justamente por meio de sua ascese, os sofrimentos do irmão e tentando pôr um fim à decadência do reino do Graal. Seu próprio nome poderia ser traduzido como "trégua recente"[81] – o que leva a pensar numa solução provisória baseada no princípio ascético à espera da verdadeira restauração. Trevrizent não deixa de lembrar a Persifal, justamente depois que este decidiu levar adiante a sua aventura sem a ajuda de Deus, o destino de Lúcifer e de seus seguidores.[82] Mas, ao mesmo tempo, indica-lhe o verdadeiro limite, a verdadeira causa da queda: se para ter o direito de guardar o Graal é preciso demonstrar uma força e um valor excepcionais, é também necessário "ser isento de orgulho".[83] Trevrizent diz a Parsifal: "Talvez vossa juventude vos arrastasse a esquecer a virtude da renúncia" – e aqui ele passa significativamente a lembrar o caso de Amfortas, "a miséria que o atormenta e que foi a recompensa pelo seu orgulho". É porque "em sua procura do amor não soube respeitar a castidade – *unt daz er gerne minne – üzerhalp der kiusche sinne* – que (Amfortas) foi atingido pelos males, dos quais sofreram todos aqueles que estão a sua volta".[84]

Wolfram representou em Amfortas o tipo do rei ferido e inanimado à espera do herói que irá curá-lo e ao qual ele transmitirá o mandato de rei do Graal. A queda de Amfortas é explicada da seguinte maneira: escolhendo como grito de guerra o mote "Amor, que não se combina muito com a humildade", ele se colocou a serviço de Orgeluse de Logrois, cumprindo valorosas aventuras "dominadas pelo desejo de amor". Mas numa dessas aventuras ele acaba sendo ferido nas partes viris pela lança envenenada (*mit einem gelüppeten sper – wart er ze tjostieren wunt*) de um cavaleiro pagão, que tinha a certeza de conquistar o Graal. O adversário é morto, mas a ferida de Amfortas permanece e sua força se esvai; ele não é mais capaz de exercer adequadamente a função de rei do Graal, motivo pelo qual todo o reino é precipitado num estado de profunda prostração e desolação.[85]

Por trás do simbolismo erótico desse episódio, é fácil perceber a alusão a um desvio luciferino, isto é, a uma afirmação ou ação dirigida, não por uma orientação transfigurante, e sim por desejo e por orgulho. A castidade comum não é a lei do Graal – em Wolfram, os reis do Graal podem, inclusive, ter uma mulher, designada pelo próprio Graal, e noutros textos os cavaleiros do Graal aceitam os favores da mulher dos castelos e há até quem use de violência contra ela;[86] mas não podem dedicar-se a unir-se àquela "mulher" que é símbolo do orgulho – a Orgeluse (a "Orgulhosa"). Isso já significa lesar, envenenar a virilidade heroica, condenando-a a um ardor tormentoso e inextinguível, que de certo modo tem o mesmo significado do castigo de Prometeu.[87] Esse é, portanto, o significado da ferida de Amfortas, sinônimo de sua própria queda. E percebe-se, então, por que Trevrizent fale de Amfortas logo após ter alertado Parsifal lembrando-lhe a queda de Lúcifer.

É interessante o fato de Wolfram nos falar também de outro cavaleiro, que empreende, afinal, a mesma aventura de Amfortas, alcançando, porém, um êxito totalmente diferente. Trata-se de Galvão. Galvão ouviu o conselho de Parsifal, isto é, de se voltar para a mulher, em vez de dirigir-se a Deus. Em Oblilote ele encontra aquela que "irá defendê-lo em toda e qualquer aventura adversa", que lhe será "escolta e séquito", "teto que o protege nas tempestades da desgraça", aquela que diz: "O meu amor vos dará paz, vos protegerá seguramente contra todos os perigos, se bem que, com vosso valor, vós não deixareis de vos defender até a última gota de sangue. Estou em vós, meu destino está estritamente ligado ao vosso e desejo estar ao vosso lado durante o combate. Se acreditardes firmemente em mim, sorte e valor nunca vos abandonarão".[88] Tendo se definido nesses termos a união com a sua "mulher" e a sua eficiência oculta, Gawain enfrenta a aventura do "Castelo das Donzelas", ou *Schastel Marveil*. Essa aventura havia sido indicada pela mensageira do Graal, Cundrie, como sendo aquela à qual os cavaleiros da Távola Redonda deveriam se dedicar, tendo em vista que Parsifal, mesmo tendo alcançado o castelo do Graal, ainda não conseguira realizar nele a sua missão restauradora. Em Wolfram ela é declarada a mais ousada entre todas as aventuras e, na *Morte Darthur*, "uma grande loucura".[89] Em Wolfram, essa aventura se desenrola exatamente no sonho daquela que já foi a causa da ruína de Amfortas, isto é, de Orgeluse. E a aventura de Galvão é coroada de sucesso; ela não o leva à ruína. Os detalhes serão analisados mais adiante. Devemos apenas observar que nessa aventura Galvão deve mostrar-se pronto para executar feitos de toda espécie, suportando todo tipo de humilhações, de escárnios e de ingratidões. Trata-se, enfim, de uma espécie de prova do orgulho, da faculdade ascética de saber lutar e vencer, passando por cima de toda *hybris*, portanto ligado a um sutil domínio interior, que poderia estar muito bem encerrado na alegoria da passagem de Galvão pela *estroite Voie* pela qual a aventura tem início, caminho perigoso, que no *Diu Crône* é de aço e tem a largura de uma mão por sobre um rio obscuro e profundo, único acesso ao "castelo rotatório", e que um outro cavaleiro, Keii, não ousa enfrentar.[90] (Generalizando, é esse o simbolismo de uma vida árdua, distante em igual medida do "prometeísmo" e de uma sacralidade não viril.)

Galvão consegue e reduz Orgeluse à condição de sua esposa, em vez de acabar como Amfortas. E é também símbolo significativo que Galvão alcance o reino de Orgeluse no momento em que deparar com aquele que "feriu" um cavaleiro por ele encontrado entre os braços de uma mulher: dessa maneira, percorre-se novamente o mesmo caminho, é procurada a mesma causa, mas a aventura não é coroada de êxito.

Com relação a isso, observamos, portanto, o duplo aspecto que o tema da "mulher" assume na saga, de acordo com o que já expusemos. De um lado, coloca-se aqui a distinção entre um "espírito cavaleiresco" terreno, cujo motivo é a mulher, e um "espírito cavaleiresco celeste", cujo objetivo é o Graal. Isso resulta, por exemplo, da *Queste du Graal*, em que os cavaleiros que partem à procura do Graal desejariam levar consigo as mulheres, mas isso lhes é impedido por um anacoreta que, nessa oportunidade, declara justamente que "o espírito cavaleiresco terreno deve se transformar em espírito cavaleiresco espiritual".[91] Ainda mais interessante é o fato de que os textos do Graal apresentam com certa frequência e abertamente a própria tentação de Lúcifer sob a forma de tentação da mulher:[92] fato singular, se prescindirmos da interpretação dada por nós, porque a ação de Lúcifer tradicionalmente nunca teve nada a ver com uma tentação sexual.

Ao mesmo tempo, porém, a saga do Graal retoma de várias formas o tema já conhecido de reinos conseguidos de uma mulher conquistada, passando vitoriosamente por todas as provas heroicas. Exatamente por esse caminho, por exemplo, não só o pai de Parsifal, Gamuret, se torna duas vezes rei, mas o próprio Parsifal consegue tal dignidade por meio de Condwiramur, cuja invocação acaba sendo comparada por Wolfram à própria invocação do Graal.[93] Gerbert, no entanto, relaciona o insucesso inicial de Parsifal com o fato de ele ter abandonado a "mulher" (no caso, Blancheflor).[94] O próprio Graal aparece-nos em estreita relação com as "mulheres". Virgens da realeza e mulheres coroadas sempre são as portadoras do Graal e, às vezes, acabam incorporando alguns atributos do próprio Graal.[95] O meio-irmão de Parsifal, o "pagão" Feirefis – que "desejava ardentemente a recompensa que as mulheres sabem dar", dedicando-se por esse motivo a todo tipo de feito heroico e perigoso – concentrando a mente na "mulher", adquire grande força a ponto de quase vencer o próprio Parsifal; e se tornar o esposo da portadora do Graal, Repanse de Schoye, e dessa maneira, tendo sido inclusive "batizado", obtém a visão do Graal e participa da função real transcendente, tornando-se o patriarca da dinastia dos "preste João".[96] O "beijo" de Antikonie tem um poder todo singular: oferecido a um cavaleiro, "inflamava-o com seu ardor de tal modo que ele ficava pronto a arrasar uma floresta para conseguir um sem-número de lanças". Mas Antikonie é também aquela que obtém a promessa de que ele iria "lealmente e sem sombra de dúvida conquistar para ela o Graal".[97]

Mas, sobretudo em Heinrich von dem Turlin, é bem visível o relacionamento e a quase identificação do tema da mulher como "mulher sobrenatural", *Vrowe Saelde*, com o tema do Graal. O palácio de Frau Saelde – feito de ouro e de pedras preciosas, tão resplandecente que num primeiro momento Galvão teve a sensação de que toda a região estava em chamas e contendo um símbolo equivalente ao da "Ilha rotatória"[98] – é uma reprodução do castelo do Graal, e a procura dessa residência de Frau Saelde tem muitos traços em comum com aquela mesma do Graal, é condicionada por provas semelhantes (por exemplo, vencer um leão que cospe fogo e um mágico), ou seja, aparece como uma fase que propicia a verdadeira conquista do Graal. O texto oferece alguns símbolos muito significativos. Em primeiro lugar, a prova da Luva. É uma luva que, calçada pelos "puros", torna invisível a metade direita do corpo deles, enquanto nos demais acusa a parte do corpo que pecou. Quem passar pela prova recebe justamente de Frau Saelde a segunda luva, e dela obtém assistência e proteção para a procura do Graal.[99] Apesar de não se falar explicitamente, deixa-se transparecer que a segunda luva produz também a invisibilidade da segunda metade do corpo dos eleitos que, assim, alcançam a invisibilidade total. É um simbolismo que pode ser interpretado como segue: a virtude da invisibilidade corresponde ao poder de se transferir ao invisível, isto é, de assumir um estado livre da forma física, a "mulher" (em relação à segunda luva de Saelde) age no sentido de integrar aquilo que, nesse sentido, pode derivar da "pureza" dos cavaleiros que passaram pela prova (nesse caso, somente Artur e Galvão superam, sem problemas, a prova). Em segundo lugar, em outro episódio da mesma narrativa, tendo Galvão alcançado a residência da própria Saelde, dela obtém os votos de "saúde e de vitória para todos os tempos" para ele, e de "duração eterna" para o reino de Artur, ao qual ele pertence.[100] Mas, logo depois dessa espécie de crisma, Galvão deve enfrentar uma prova correspondente, em seus efeitos, à do Galvão de Wolfram, vale dizer, a prova da inquebrantabilidade do domínio interior: ele deve seguir em frente, impassível, sem ouvir provocações, nem desafios para combate, nem gritos de socorro, nem encargos cavaleirescos de justa vingança. E o texto afirma que, se Galvão desaparecesse nessa prova desejada por Frau Saelde, "a corte iria se dissolver" / "*der hof zergangen waere*",[101] efeito semelhante ao provocado pela queda de Amfortas. E mais, em outra forma, reapresenta-se o mesmo símbolo, quando Galvão, tendo de escolher entre a posse de uma mulher da realeza e, portanto, também do reino pertencente a ela, e a juventude eterna, não hesita em preferir a segunda, isto é, uma vida sobrenatural.[102] E justamente essa aventura precede uma prova, que é a cópia exata daquela que o Galvão de Wolfram cumpre no castelo das Donzelas e que se encerra com a posse de Orgeluse.[103]

Resumindo, o sentido de tudo isso é esotericamente que a "mulher" – a força vivificadora, a potência, o conhecimento transcendente – é um perigo somente quando vista como objeto de desejo. Unicamente desse modo ela substancializa a tentação luciférica e é a causa da ferida na "virilidade", que degrada e paralisa Amfortas: é a mulher que, no mito de Kalki, por nós narrado no começo deste volume, afinal, não é desposada por ninguém, a não ser pelo herói restaurador, pois os outros, no momento em que a desejam, são transformados de homens em "mulheres"; ou seja, perdem, como Amfortas, sua virilidade espiritual. Como desejo, isto é, impulso selvagem, o *eros* heroico é um perigo. A castidade significa aqui um freio, um limite, a pureza antititânica, a superação do orgulho, a inquebrantabilidade imaterial – não um banal preceito moralístico e sexófobo. É significativo o seguinte trecho de Trevrizent a Parsifal: "Há uma única coisa que o Graal e as suas virtudes secretas nunca poderão tolerar em vós: a insaciabilidade nos desejos".

A "paz triunfal" corresponde ao "estado olímpico" reconquistado pelo herói: "De tanto combater, conquistastes a paz da alma".[104] Ascese da potência, superação do elemento viril selvagem e do elemento desejo[105] e pureza na vitória: somente com isso se delineia num ser humano o núcleo viril impossível de ser arrastado, sidéreo, purificado, que torna os aptos para assumir o Graal, a ter plena visão do Graal, sem ser por ele obcecados, envolvidos ou queimados.

Tudo isso quanto ao significado mais essencial desses trechos da lenda do Graal. Portanto, depois de tê-lo determinado, talvez seja oportuno mencionar uma perspectiva interpretativa posterior do episódio de Amfortas, na qual se pode encaixar o motivo da mulher, tomado, agora, num sentido mais concreto. A possibilidade de admitir também, subordinadamente, uma interpretação desse tipo se prende à medida na qual é legítimo supor que os ambientes, a partir dos quais se difundiu a "literatura de amor" medieval, tivessem alguns conhecimentos em termos de magia sexual e desejassem mencioná-los em seu simbolismo. Não é fácil responder a uma questão como essa de maneira determinada. De qualquer modo, a seguir, estão os pontos de referência.

De acordo com as tradições secretas, o homem tem o princípio de uma força eminentemente viril que, libertada da materialidade, manifestar-se-ia como poder mágico e de comando. Essa força é paralisada pela sexualidade, a menos que esta não receba uma orientação toda especial. Assim a mulher, no caso de despertar no iniciado o desejo e de atraí-lo ao ato de gerar, age de maneira fatal para essa força; e já que o poder da virilidade mágica e supermaterial é também aquele que ajuda a ultrapassar "a corrente da morte", assim foi possível falar acertadamente de uma "morte por sucção proveniente da mulher". Apresenta-se, portanto, um novo aspecto do simbolismo, que acabamos de lembrar, do homem que – paradoxalmente – se torna mulher no momento em que deseja uma mulher, e, sobretudo, no momento de executar aquilo que vulgarmente se chama "ato de possuí-la". Longe de qualquer tipo de moralismo, para o iniciado, quando isso se verifica sob o signo do desejo e da renúncia, equivale a uma castração, a uma ferida ou lesão de sua virilidade mágica.[106] Com as devidas reservas, uma visão desse tipo poderia ter sua validade para uma interpretação aditiva, subordinada, do motivo de Amfortas ferido e inanimado, com relação específica para o fato de que uma ferida envenenada como essa refere-se normalmente às partes genitais. No que diz respeito à magia sexual, a mulher apresenta-se como uma força tanto essencial quanto perigosa – em medida não diferente em que o é no plano de que falamos acima e que – é importante sublinhar – deve ficar aqui como ponto primário de referência.

17. O Raio e a Lança

Voltemos agora nossa atenção para o próprio Graal. Observamos que, como pedra caída da testa de Lúcifer, o Graal lembra de modo preciso e significativo a pedra frontal – *urnâ* – que no simbolismo hindu e sobretudo no budismo ocupa, muitas vezes, o lugar do "terceiro olho" ou olho de Shiva.[107] Trata-se de um olho ao qual está relacionada a visão transcendente ou "cíclica" (no budismo, é *bodhi*, a iluminação espiritual), um poder fulgurante. Sobre esse segundo aspecto, tem-se uma relação direta com aquilo que acabamos de dizer, se lembrarmos que, com esse olho, Shiva teria acabado com Kâma, o deus do amor, que havia tentado despertar nele o desejo por sua mulher ou shakti. Por outro lado, nas tradições esotéricas da Yoga da mesma origem, o olho frontal corresponde ao assim chamado "centro do comando" – *âjñâ-cakra* – que é, ao mesmo tempo, a sede mais alta da "virilidade transcendente", aquela em que a *phallus* simbólico de Shiva se manifesta na forma *itara*, à qual está relacionado o poder de atravessar a "corrente do tempo", conduzindo para além da morte.[108]

De resto, segundo o seu próprio aspecto genérico de pedra caída do céu, a pedra de Lúcifer leva de volta ao poder fulgurante por meio do simbolismo das assim chamadas "pedras do raio", das pedras meteóricas, das quais se fala em muitas tradições, nas quais frequentemente elas acabam representando o próprio raio.[109] Nesse ponto R. Guénon demonstrou a possibilidade de nos referirmos ao mesmo simbolismo do antigo machado de pedra, que rompe e separa e que, por isso mesmo, tem simbolizado ele mesmo o raio, em tradições que acabam quase sempre relacionando-se com a tradição hiperbórea primitiva[110] e com os seus representantes heroicos e olímpicos, de qualquer maneira antititânicos. Assim, o machado está relacionado não só com Shiva, aquele que fulmina, conforme vimos, o Eros hindu, mas também com Parashu-Râma e corresponde ao martelo Mijölnir de Thor, a arma simbólica com a qual essas duas últimas figuras atingem e eliminam entidades telúricas, titânicas ou selvagemente guerreiras. O machado, a esse propósito, se torna sinônimo desse raio, com que o Deus olímpico helênico extermina os titãs, e é sinônimo, sobretudo, do *vajra* de Indra, o deus celeste e guerreiro das tropas indo-arianas primitivas.

Essa última referência fornece um interesse todo especial, pois o *vajra* compreende três significados: de cetro, de raio e de pedra adamantina. O primeiro entre eles se refere a significados que encontram, no fundo, expressão no simbolismo da lança. Existe uma saga celta que tem estreita relação com a do Graal: é a saga de Peronnik. Nela, os temas fundamentais são uma bacia de ouro e uma lança de diamante a ser conquistada no castelo de um gigante. A bacia tem as mesmas virtudes benéficas do Graal: "fornece instantaneamente todos os alimentos e as riquezas desejadas. Ao beber dela, curam-se todos os males e os mortos readquirem a vida". A lança adamantina, ao contrário, apresenta os caracteres "terríveis" da pedra de Lúcifer, do *vajra*, força-cetro-raio; é a lança inexorável, a *lance sans merci*; resplandecente como chama, *elle tue et brise tout ce qu'elle touche*, mas justamente como tal ela é penhor de vitória. Assim que o herói Peronnik toca esses objetos, a terra treme, ouve-se um terrível estrondo, o palácio desaparece e ele se encontra na floresta com a lança e a bacia, que, então, ele leva para o rei da Bretanha:[111] fenomenologia que, como se pode ver, é uma reprodução da do Graal e do "lugar perigoso".

Visão cíclica, virilidade transcendente, força de comando, machado-raio, raio-cetro – tudo isso no contexto dos mitos associa-se, portanto, à pedra misteriosa, de onde se extraiu o Graal, que ornamentou o diadema de Lúcifer e que suas tropas, numa espécie de "revanche dos anjos", tentaram reconquistar; que já esteve na posse de Adão no "estado primitivo", no "paraíso terrestre", mas que ele também perdeu; e que, enfim, sob um determinado aspecto, ainda está misteriosamente presente aqui na Terra como "pedra do exílio".

Por outro lado, com a tradição do paraíso terrestre como sede do Graal está relacionada a tradição que termina por identificar ambos. Wolfram fala do Graal como de "um objeto tão maravilhoso, que o Paraíso não tem nada mais bonito": "flor de toda felicidade, ele trazia para a Terra tamanha plenitude de dons, que suas virtudes se igualavam às que se atribuem ao Reino dos Céus".[112] Na *Queste du Graal*, Galahad, contemplando o Graal no *Palais espirituel*, é tomado por um maravilhoso arrepio e pede a Deus para que o ajude a sair desta vida e que o faça entrar no Paraíso, pois já tinha conhecido completamente o mistério do Graal.[113] No *Perceval li Gallois*, o próprio castelo do Graal tem o nome de Éden.[114] Em *Diu Crône*, a procura leva Galvão para um lugar "que poderia ser considerado como o paraíso terrestre".[115] Veldenaer, no século XV, relata que, segundo as antigas fontes, o "cavaleiro do cisne", Lohengrin, "teria vindo do Graal (*dat Greal*), que antes se chamava o paraíso sobre a Terra mas que não é o paraíso, e sim um lugar de pecado e aonde se chega depois de grandes aventuras e de onde se sai depois de grandes aventuras e com muita sorte".[116] Assim, o Graal, de um modo ou de outro, relaciona-se com a reconquista do estado primitivo, representado pelo "paraíso terrestre".[117]

Já mencionamos a tradição segundo a qual Set teria reconquistado o Graal no paraíso terrestre. Esse é um motivo muito interessante pelo fato de que Set, em hebraico, é um termo susceptível de dois significados opostos: "tumulto" e "ruína", de um lado; e "fundamento", de outro.[118] O primeiro significado nos leva de volta ao substrato "luciférico", ao princípio guerreiro selvagem destinado, pela reintegração "heroica", a mudar de natureza e a se transformar em "fundamento"; de onde o segundo significado de Set, "fundamento", "polo", essencialmente relacionado com a função real concebida, em geral, como promanação do "poder do Centro". Por outro lado, através deste caminho nos aproximamos também da interpretação do misterioso *lapsit exillis* de Wolfram como *lapis beryllus*, "pedra central", e *lapis erilis*, "pedra do Senhor".

Em alguns textos siríacos fala-se efetivamente de uma pedra preciosa, que é "fundamento" ou "centro" do mundo, oculta "nas profundezas primitivas, junto ao templo de Deus". Ela é colocada em relação com o corpo do homem primitivo, Adão, e, fato igualmente interessante, com um lugar de montanha inacessível, cujo acesso não deve ser revelado aos homens, onde Melquisedeque, "a título de serviço divino para a eternidade", vigia pessoalmente o próprio Adão.[119] Mas em Melquisedeque tem-se novamente uma representação da suprema função, ao mesmo tempo real e sacerdotal, do "Rei do Mundo",[120] aqui associada a uma espécie de guarda pessoal de Adão, daquele que originariamente possuiu o Graal, que o perdeu e que não vive mais; e isso, juntamente com o motivo de uma misteriosa pedra e de um local inacessível.

De resto, conforme já observamos, um significado "central" é inerente ao simbolismo das "pedras celestes" em geral, tão frequentemente presentes em toda parte onde uma determinada raça tenha encarnado ou pretendido encarnar uma função "polar" no ciclo de uma determinada civilização. E, da pedra real irlandesa, da qual falamos repetidamente, chega-se ao *lapis niger* colocado em Roma no início da "via sacra", à pedra negra da Kaaba, centro tradicional do islamismo, a pedra negra transmitida – segundo uma lenda – pelo "Rei do Mundo" ao dalai--Lama,[121] à pedra sagrada que nos hinos gregos é altar e casa de

Zeus e, ainda, "trono no centro do mundo",[122] para chegar enfim ao *omphalos*, à pedra sagrada de Delfos, centro tradicional da Hélade, concebido inclusive como a primeira criação pós-diluviana da raça de Decaulião.[123]

O que segue deve ser observado com atenção. Essa pedra sagrada central, *omphalos*, foi também chamada "betilo", e o betilo é uma pedra que, como o Graal, num de seus aspectos, é a pedra da vitória. Isso já pode ser depreendido em Plínio: "*Sotacus et alia duo genera fecit ceraunia, nigrae rubentisque, similes eas esse securibus, ex his quae nigrae sint ac rotundae sacros esse, urbes per illas expugnari et classes, baetulos (betillos) vocari, quae vero longae sint ceraunias*".[124] Mas o nome βαιτύλος é idêntico ao hebraico *beth-el*, que significa "a casa do Senhor" e que não pode deixar de trazer à lembrança a conhecida história de Jacó, "vencedor do anjo". A região onde uma pedra sagrada indica o local temível em que uma escada une o céu à Terra, recebeu de Jacó o nome de Bethel. "Como é terrível este lugar!", afirma Jacó.[125] "Este lugar é a Casa de Deus e esta é a porta do céu." Mas em Jacó é também muito visível a componente "lucifériea", própria das realizações de tipo "heroico". Para começar, seu nome significa "usurpador". Jacó é aquele que luta contra o anjo e o obriga a dar-lhe a bênção; ele consegue ver "Elohim face a face" e "salvar a vida", combatendo contra o próprio divino. O anjo deve dizer-lhe: "Não te chamarás mais Jacó, mas Israel, pois lutaste contra Elohim e contra os homens e venceste".[126] Nessa passagem, foram observados corretamente traços de uma singular concordância de Jacó com Parsifal que, apesar da vontade de Deus, alcança o seu objetivo e impõe a sua eleição: assim como Jacó obtém, ao alcançar a vitória, a sua bênção.[127] Por nossa conta, observaremos uma correspondência ainda mais enigmática: o rei do Graal, que aguarda a própria cura, está mancando ou tem um ferimento na coxa. Na história de

Jacó, ele próprio é ferido na perna pelo anjo, e manca. "(Elohim) vendo que não podia vencê-lo, tocou-lhe a junção da coxa, e a junção da coxa de Jacó se deslocou, enquanto lutava com ele."[128] Mais uma vez se nos apresentam conexões posteriores a título de explicitação e aprofundamento. Limitar-nos-emos a fixar este ponto: o Graal-betilo relaciona-se com o "estado primitivo" como "fundamento" e, como a pedra de Jacó, exprime algo que une o céu à Terra, essencialmente no sinal de uma vitória heroico-sobrenatural e de uma função "central".

Além disso, está claro que a tradição que faz de Set um conquistador do Graal tem relação com a outra, tecida no contexto da saga imperial medieval e já lembrada, segundo a qual Set teria tomado uma muda de planta do paraíso. Desta, no sentido de uma imagem da própria Árvore da Vida, teria se desenvolvido aquela árvore que já vimos constar da saga do preste João, de Alexandre, do Grão-Cã etc., de várias maneiras, inclusive a da Árvore Seca do Império. Exatamente uma árvore desse tipo entra em cena no *Grand St. Graal*, na *Queste du Graal* e na *Morte Darthur*, em relação ao assim chamado "navio de Salomão" e à "prova da espada".[129] Trata-se de um navio misterioso, onde estão um leito, uma coroa de ouro e uma espada munida de "estranhos penduricalhos": penduricalhos constituídos por três fusos de cores diferentes – um branco, outro verde e o terceiro vermelho – feitos por Salomão ou por sua mulher, com pequenos galhos de uma árvore igualmente crescida a partir de uma muda da árvore central do paraíso, em três fases de seu desenvolvimento.[130] A espada é a de Davi, do rei sacerdotal, que muitas vezes vimos confundir-se com a figura do preste João.[131] Detalhe extremamente significativo: a bainha da espada tem como nome: memória do sangue, *memoire de sange*. Um escrito adverte que um único cavaleiro poderá empunhar essa espada, e este será superior a todos aqueles que o precederam e que lhe sucederão. O navio com esses objetos não tem tripulação, foi abandonado no mar e navega sob orientação divina. Parece-nos claro que tudo isso é algo equivalente à "questão que deve ser colocada" como nós a interpretaremos, isto é, que simbolize a herança abandonada da tradição real primitiva, que aguarda o predestinado e o restaurador. Outro símbolo equivalente: a espada perdida de Artur, que de tempos em tempos volta a emergir reluzindo das águas, à espera daquele que enfim voltará a empunhá-la. No *Grand St. Graal*, o navio em questão vem buscar Nescien da *isle tornoiante* – uma ilha que gira permanentemente por estar fixada ao ímã terrestre e que se subtrai à influência de todos os elementos [132] –, na *Morte Darthur*, analogamente, das *"parts of West, that man call the Isle of Turnance"*.[133] Com isso, aos temas da antiga tradição hebraica unem-se os da tradição celta-hiperbórea, tendo a "ilha rotatória" o significado "polar" da própria corte do rei Artur, da Távola Redonda, da roda em movimento frente a Frau Saelde, do próprio Avalon ou "Ilha de Vidro" ou "Ilha Ocidental".

Por outro lado, o Graal volta a revelar seu significado de "pedra do Centro", portanto, também do império – *lapis erilis* – na estreita relação que demonstra ter com os diferentes temas e as várias sagas já expostas na Introdução. Para concluir essa ordem de comparações, lembraremos que Alexandre, como Set, ter-se-ia aproximado do Centro primitivo na Terra, do "paraíso terrestre", levando consigo uma pedra com as mesmas características do Graal, encontrada por Set no mesmo lugar: a pedra resplandece como o Sol, confere uma eterna juventude, dá a vitória. Ela tem a forma de um olho (alusão ao olho frontal?), de uma maçã (Hespérides?) ou de uma esfera.[134] Mas, como a imperialidade de Alexandre, assim também a de Roma parece ter sido enigmaticamente marcada pela lenda com os mesmos símbolos que reaparecem na saga do Graal. Como *pignus imperii*, para assegurar a perenidade de Roma, Numa teria recebido do deus olímpico um escudo. Este teria sido obtido de uma pedra meteórica, isto é, de uma "pedra do céu"; ao mesmo tempo, teria correspondido a uma antiga bacia de ambrosia, isto é, do alimento dos Imortais. O escudo foi guardado pelo colégio dos sálios, que juntamente com ele tinham a *hasta* – a lança – e eram em número de doze. Já vimos que esse número "solar" figura também na Ordem da Távola Redonda e do próprio Graal: e a pedra celeste, o recipiente que traz o alimento sobrenatural, a lança, esses três objetos essenciais da saga nórdico-medieval são reencontrados já como "sinais" fatídicos que ornamentam o mistério das origens de Roma e seu destino de centro imperial universal. Há uma concordância, que quase diríamos mágica, de significados entre todas essas tradições tão longínquas no tempo e no espaço.

18. *O Mistério da Lança e da Vingança*

Já mencionamos o complementarismo existente entre lança e taça. Nas representações tradicionais do "duplo poder", o cetro muitas vezes confunde-se com uma lança e o simbolismo da lança, do mesmo modo que o do cetro, interfere muitas vezes com o simbolismo do "eixo do mundo" e, por esse caminho, leva-nos aos já conhecidos significados "polares" e reais. Ora, no ciclo do Graal, a lança aparece, correta e propriamente, junto a figuras reais e apresenta um duplo caráter: ela fere e cura. Isso requer alguma explicação adicional.

Na saga, a lança do Graal está frequentemente ensanguentada; às vezes, mais do que estar ensanguentada, ela própria dá origem a uma corrente de sangue. Desse sangue, no *Diu Crône*, o rei se nutre. Nos textos mais antigos, o sangue assume um papel cada vez mais importante, a ponto de relegar a um segundo plano o recipiente que o contém e que, originalmente, era a parte essencial. Nesses textos, o Graal se torna *Sangreal*, com o duplo sentido de sangue real do Cristo e de sangue régio. Nos elementos cristianizados da saga, a lança do Graal é, realmente, explicada, às vezes, como aquela com a qual Jesus foi ferido, e o sangue que escorre dela seria o "sangue da redenção", isto é, simbolizaria um princípio regenerador. Isso, porém, não explica satisfatoriamente o fato de que a lança fere quem, como Nescien, quis conhecer muito de perto o mistério do Graal, tendo ficado, por essa razão, além de ferido, cego. A visão é recuperada e a ferida se fecha em virtude do sangue que brota do ferro da lança, uma vez que se consiga extraí-lo da chaga. No *Grand St. Graal*, no momento de se produzir esse fenômeno, um anjo resplandecente declara ser esse o início das maravilhosas aventuras que acontecerão na região para onde José de Arimateia se dirigir, isto é, na região norte-ocidental. Graças a essas aventuras, "os verdadeiros cavaleiros distinguir-se-ão dos falsos cavaleiros, a cavalaria terrena se tornará cavalaria celeste", e então se repetirá o milagre do sangue que brota do ferro da lança. Mesmo o último rei da dinastia de José será ferido em ambas as coxas pela lança e só conseguirá sarar com a chegada daquele que descobrirá o segredo do Graal, tendo a qualificação requerida para tanto.[135]

Num conjunto como esse, o sangue da lança pareceria então estar em relação com a virtude do herói restaurador. Mas nesse texto encontra-se também a referência de que a *lanche aventureuse* fere, no sentido de infligir um castigo destinado a servir como lembrança do ferimento de Jesus.[136] Tudo isso parece envolver o tema "sacrificial", isto é, seria lembrada a necessidade de uma "mortificação", de um "sacrifício" como condição preliminar para que a experiência do Graal não resulte fatal.

Todavia, em outros textos, um tema como esse se encontra com o da vingança: a lança, com seu sangue, lembra uma vingança que o predestinado deve cumprir: só então ter-se-á, junto com o cumprimento do mistério, a paz e o fim do estado crítico de um reino. Em relação a essa variante, a restauração assume o caráter de uma reafirmação, de uma retomada vitoriosa da mesma força ou tradição, que outros assumiram, mas caíram ou foram feridos. O tema "sacrificial" cristão, a essa altura, retifica-se num sentido mais viril, a ser considerado, nesse caso também, como original. Em Vaucher, o ferro da lança encontra-se afundado no corpo de um cavaleiro morto. Quem o extrair, deverá vingá-lo. E o vingador é o restaurador.[137] De qualquer maneira, de um sangue com características enigmáticas – sangue de redenção, de sacrifício ou de vingança – passa-se ao sangue como sangue real, e a lança, enfim, leva à "paz triunfal". A veia central, solar, da tradição aqui estudada, novamente, fazendo seus rápidos aparecimentos por entre os labirintos do simbolismo e a opacidade das estratificações, se reconfirma.

O tema *la pés sera pas ceste lance* já é encontrado na saga celta de Peredur ab Evrawc juntamente com o da vingança, e por esse caminho provavelmente exerceu forte influência sobre os relatos do Graal. Como Parsifal, o herói Peredur é amaldiçoado por não ter "feito a pergunta", o que, no caso, significa: por não ter perguntado a respeito da "lança extraordinariamente grande" de onde surgem três correntes de sangue. Em algumas formas da saga, o castelo onde se encontram esses objetos confunde-se com um segundo castelo do qual é rei um cavaleiro manco, já grisalho. Peredur declara: "Por minha fé, não terei mais sono tranquilo até conhecer a história da lança", e a explicação que encerra a narrativa da saga é que as mulheres amazonas sobrenaturais de Kaerlayw haviam ferido um rei, que afinal se descobre ser o cavaleiro manco e grisalho, matando seu filho, ao qual corresponde a cabeça decepada. Peredur dirige-se significativamente ao rei Artur e com ele articula a vingança, elimina as mulheres sobrenaturais, e com isso o rei manco readquire a saúde, o reino e a paz.[138] A essa altura, é interessante observar, antes de mais nada, que as mulheres reconhecem em Peredur "aquele que havia aprendido a arte da cavalaria em sua escola, mas que, estava escrito, deveria eliminá-las"[139] – o leitor inteligente saberá entender o que isso significa; e quanto à "ferida" do rei provocada pelas mulheres, ele poderá se reportar ao que já dissemos, de um duplo ponto de vista interpretativo, a respeito da ferida de Amfortas.

Em linhas mais gerais, tem-se aqui o aspecto segundo o qual o tipo "heroico" é sempre o superador da "mulher". A amazona, simbolicamente, é o princípio feminino enquanto usurpa uma função de domínio; e se o "herói" necessita da mulher e por meio dela se torna herói, ele deve destruir nela os traços segundo os quais – em nossa lenda – ela foi fatal para a dinastia precedente. Em segundo lugar, a qualidade, que torna possível a vingança, e em geral, a missão de Peredur, está relacionada com aquela prova da espada, que já conhecemos no que diz respeito ao rei Artur e que deveremos ainda, repetidamente, encontrar. No castelo do ancião, de fato, Peredur havia quebrado sua espada ao atingir uma estaca de ferro, tendo conseguido logo depois soldar os pedaços. Depois de tê-la quebrado mais duas vezes, na terceira prova a espada fica novamente em pedaços, e o velho rei afirma: "Possuís somente dois terços da força e deveis conquistar o último terço. Quando a tiverdes inteira, ninguém poderá competir convosco".[140] Essa carência no contexto da saga aparece implicitamente como sendo a causa pela qual Peredur "não faz a pergunta" e portanto nem mesmo concebe o encargo da vingança. Trata-se de três graus de uma prova, que poderia ser marcada pela fórmula "Espancado, ressurjo": capacidade de recuperar e reafirmar uma energia rompida – se assim se deseja, "sacrificialmente" (de onde, eventualmente, uma possível relação com o tema cristão – cf. par. 19 – num primeiro momento, ou seja, numa forma material elementar. Quanto à "vingança", ela é um tema que provavelmente tem relação com algum elemento histórico absorvido pela saga, correspondendo sempre à "ferida do rei" alguma prevaricação de forças ou correntes que usurparam ou tentaram usurpar sua função. A forma completa da saga segue então este esquema: o sangue que goteja da lança clama por vingança; recompor a espada quebrada é o primeiro encargo; ele leva a "fazer a pergunta", e disso procedem, enfim, a vingança, a restauração e a glorificação. Então a lança se torna um símbolo luminoso de paz.

Os temas fundamentais da antiga saga celta de Peredur correspondem aos da saga de Parsifal[141] que, portanto, mesmo por esse caminho, se relaciona com elementos antigos, de origem e espírito não cristãos. Uma última referência nesse sentido pode estar indicada na *Destruction of Dà Dargas Hostel*[142] e no *Musca Ullad*, antigas lendas celtas nas quais, entre outras coisas, aparece igualmente uma poderosa e fatal lança, juntamente com um recipiente contendo sangue misturado com uma substância venenosa resplandecente. A lança, ao ser imersa nesse recipiente, extingue as chamas.[143] Em Wolfram, Amfortas deve o tormento e a sua incurabilidade a um veneno ardente que estava presente na ponta da lança, e a esse respeito diz-se: "Deus manifestou o seu poder maravilhoso e terrível".[144] É o equivalente da substância sanguínea envenenada e ardente, que aparece na antiga saga celta que acabamos de citar, substância que a lança, em seu aspecto positivo (aspecto de "cetro"), resolve e apaga, diríamos quase segundo a mesma conjuntura pela qual Hércules, como herói olímpico, torna-se o libertador do herói titânico Prometeu. As trevas e a tragédia então se desfazem, desperta novamente a "memória do sangue", hiperbórea, que serve de sentinela para a espada. Realiza-se o mistério do "Sangue Real".

19. O *"Golpe Doloroso"*

Passemos agora a examinar as diferentes formas que o tema do rei decaído assumiu, deixando de lado, evidentemente, a que já consideramos, relativa a Amfortas.

No *Grand St. Graal* e na *Queste du Graal*, o rei sofreu os três ferimentos de que padece ao combater contra um rei inimigo dos cristãos, o rei Crudel. Tais feridas passam-lhe despercebidas até o momento em que ele perde a visão, por ter-se aproximado em demasia do Graal.[145] Poderíamos interpretar o símbolo no sentido de que a não realização do Graal leva ao reconhecimento de uma inferioridade, de um ter sido "ferido" sem saber, ao ato de ter lutado contra os representantes de modos tradicionais não cristãos e, talvez, de tê-los vencido.

Nesses mesmos textos, o ferimento, porém, também tem relação com a prova da espada depositada, juntamente com a coroa de ouro, no navio de Salomão: espada às vezes desembainhada, cuja bainha tem, conforme já dissemos, o nome de "memória do sangue" e que, segundo a *Morte Darthur*, em parte é feita com a madeira da "Árvore da Vida".[146] Já é sabido que essa espada aguarda o predestinado; um escrito adverte que quem julgar útil essa espada, a encontrará inútil no momento de necessidade. Nescien a empunha contra um gigante, mas ela se quebra em suas mãos. Soldada novamente por Mordrain, Nescien é ferido por outra espada em chamas, empunhada por uma mão invisível, como castigo por ter desembainhado a espada *ax estranges renges*.[147] Na *Queste du Graal* e na *Morte Darthur*, declara-se a Nescien que a fratura da mão é devida às suas culpas, e no *Grand St. Graal* Nescien é curado por um sacerdote que caminha sobre o mar ficando com os pés completamente enxutos, quase simbolizando a qualificação que ele deveria ter apresentado para poder empunhar legitimamente a espada.[148] Peles também desembainha a espada pela metade, mas logo é ferido na coxa por uma lança e não consegue sarar até a chegada de Galahad, o predestinado.[149]

A tudo isso, no *Grand St. Graal* acrescenta-se o princípio da fé. No ponto em que Nescien pensa que o navio de Salomão que contém espada e coroa é uma miragem, o navio desintegra-se e ele é atirado ao mar.[150] O tema da usurpação une-se aqui, portanto, ao da falta de fé e, lembramos, numa das versões, Moisés é engolido por uma voragem que se lhe abriu à frente no "lugar perigoso", reservado ao eleito justamente devido ao fato de ele não acreditar. A arma não pode ser usada contra o gigante sem se quebrar, antes que aquele que a estiver empunhando se integre numa qualidade diferente de tudo o que pode ter relação com o elementar, o selvagem, o titânico (o gigante), e antes que a sua fé tenha se tornado inquebrantável.

A história da espada está quase sempre em relação com o assim chamado "golpe doloroso" – *le coup douloureux, the dolorous stroke*. Eis a versão da *Queste du Graal*.[151] Essa espada no reino de Logres (antigo nome da Britânia) foi empunhada por Labran para matar traiçoeiramente o rei Urban. A partir desse instante, o reino de Logres foi devastado por uma epidemia e Labran, no momento de recolocar a espada em sua bainha no navio de Salomão, caiu morto. Fala-se que desde então ninguém mais pôde empunhar ou desembainhar essa espada sem ser por ela ferido ou morto.

Um desenvolvimento mais amplo desse tema pode ser encontrado na *Morte Darthur*. O protagonista, no caso, é *sir* Balin le Savage, chamado também de "Cavaleiro das Duas Espadas" e considerado como aquele que desferiu o "golpe doloroso". A espada nesses textos tem relação com o Avalon, é uma reprodução exata da do rei Artur: ela é trazida por uma donzela enviada pela grande senhora Lile of Avelion, e pode ser extraída somente por um cavaleiro *without villainy or treachery, and without treason*. *Sir* Balin supera essa prova, isto é, extrai a espada, mas não quer devolvê-la à mulher, e por isso recebe a advertência de que a arma será a causa de sua própria perdição. Balin está combatendo contra o rei Pelan: a espada se quebra em suas mãos, ele procura outra e encontra uma maravilhosa lança sobre uma mesa de ouro; fere com ela Pelan, que cai sem sentidos e que não mais recuperará a consciência, "enquanto não chegar Galahad, o alto príncipe, que o curará com a procura do Sangreal". Perto da mesa, numa cama, jazia o próprio José de Arimateia, prostrado pela idade. Esse é o golpe doloroso que destrói em parte o reino de Logres e atrai uma espécie de Némesis. De fato, Balin acaba combatendo contra o próprio irmão, Balan, sem reconhecê-lo, e os dois se matam um ao outro.[152] Em tudo isso, está bem visível a representação de uma irrupção selvagem (Balin le Savage) que, junto a uma realeza decaída (a presença de José em idade avançada), age, não no sentido de uma restauração mas, antes, de uma usurpação; ou seja, o que é o mesmo, de uma força usurpada, que só pode levar a uma luta fratricida: Balin que atinge Pelan da dinastia de José (representante de um poder que, mais ou menos, equivale àquele que a espada confere), como significado, tratando-se já de Balin em luta contra seu irmão Balan. Depois desses acontecimentos, ninguém mais terá a espada, exceto Galahad, que saberá arrancá-la de um bloco de pedra que flutua sobre as águas, isto é, de uma solidez sobrenatural e imaterial.[153]

Em Gautier, a espada pertence a um cavaleiro que foi morto por mão desconhecida. Galvão veste a sua armadura, assumindo, assim, a sua função, recolhe sua espada e leva-a consigo para o castelo do Graal, cujo rei toma a espada, vê que está quebrada e que a outra metade se encontra no corpo de um cavaleiro colocado num esquife. Ele pede a Galvão para soldar as duas partes, mas este não consegue; então, o rei diz-lhe que ele ainda não está pronto para desempenhar as funções para que veio. Efetivamente, Galvão começa a "fazer a pergunta" e recebe algumas explicações preliminares; sabe que o poder da lança foi neutralizado pelo "golpe doloroso" que deixou o reino de Logres na miséria; mas, assim que o rei começa a falar do segredo relacionado com a espada, Galvão adormece. O rei, de resto, já o havia alertado de que, por não ter conseguido soldar a espada, ele não poderia receber a mensagem desse segredo.[154] O tema da espada quebrada assume assim a sua forma mais significativa: uma parte dela pertence ao tipo de um herói ferido, cujas funções são assumidas por Galvão; a outra parte refere-se ao rei morto e, correlativamente, ao dever de restaurar o *regnum*. Reunir as duas partes significa chegar à própria síntese da restauração, ao rei primitivo que ressurge por meio do herói. Mas Galvão, pelo menos nesse primeiro momento, falha. Sua consciência não sabe acompanhar o mistério da espada. Ele adormece.

É interessante observar que o sono que impede a Galvão de executar sua tarefa, noutro desenvolvimento da saga torna-se a própria causa da ferida. Alano, em *Terre faraine*, mandou erigir um soberbo castelo para o Graal no início de correntezas envolventes, o Corbenic, que se identifica com o próprio Graal, pois Corbenic, em caldaico, segundo o texto, significaria "o santíssimo recipiente – *saintisme vaisiaus*". Esse é o castelo da "vigília perene" e da prova do sono. Ninguém deve dormir nele. Quando o rei Artur experimenta dormir ali, um homem de chamas o fere com uma lança em ambas as coxas, ferimentos que acabam provocando sua morte. Corbenic é *le palais aventureux*, e todo cavaleiro que nele dormiu foi encontrado morto no dia seguinte.[155] No *Diu Crône* encontramos um tema semelhante. Diferentemente de seus companheiros, apesar de ter sido convidado, Galvão não bebe, e essa sua simbólica abstinência faz com que ele não adormeça como os outros e possa "fazer a pergunta", fato esse "sem o qual teria sido inútil tudo aquilo que ele havia feito e que ainda poderia fazer".[156] O significado de tudo isso é suficientemente claro. Como o "sono" é um conhecidíssimo símbolo iniciático, assim o é também a do "Acordado" e do "Sem Sono". Vencer o "sono" sempre teve, em todas as tradições iniciáticas, o significado de participar de uma lucidez transcendente, completamente desvinculada dos condicionamentos da existência material e individual.

Uma variação do tema da usurpação, relacionada, de certo modo, com o tema de Amfortas, pode ser encontrada na *Élucidation*: o reino de Logres aparece devastado e estéril porque o rei Amagon com seus cavaleiros usou de violência contra as "Mulheres da Nascente" e lhes tomou uma taça de ouro. Desde então, a corte do "rei pescador", isto é, do rei do Graal, que constituía a riqueza da região, desapareceu, e o trono ficou vago durante mais de mil anos. No final, na época do rei Artur, Galvão toma conhecimento do fato e começa a procurar a corte do Graal e o rei do Graal.[157] Em Wolfram, Klinschor aparece igualmente como um usurpador de mulheres, e essa sua qualidade, transmitida na forma alegórica de um adultério, é a causa de sua castração e de sua sucessiva dedicação à magia negra, isto é, a uma contrafação da potência sobrenatural.[158] Klinschor tem um castelo onde, com suas artes tenebrosas, atrai e aprisiona as "mulheres", incluindo entre elas a mãe de Artur, e nesse castelo se cumpre a prova decisiva de Galvão, a prova já mencionada, em que este acaba conseguindo a mulher que foi a ruína de Amfortas e do reino do Graal, Orgeluse. Tudo isso fica suficientemente claro se acompanharmos a interpretação já indicada (par. 16). Vê-se que os vários motivos dessas narrativas se reúnem num quadro complexo, em cujo centro está uma única ideia básica.

Em Manessier, a espada é aquela com a qual traiçoeiramente foi morto o irmão do rei do Graal e que naquela oportunidade se quebrou. O morto é o cadáver que jaz no esquife do castelo do Graal. A espada quebrada foi conservada, mas com os seus pedaços o rei do Graal seguinte fere-se inadvertidamente e essa ferida o deixa sem nenhum poder: o uso da força lesada, não reintegrada, por sua vez, é fatal. Nesse ponto está, em primeiro lugar, o tema da vingança. A espada deve ser soldada de novo, e quem conseguir fazer isso deve, em seguida, vingar o morto alcançando Partinial, o senhor da "Torre Vermelha". Depois de inúmeras aventuras, que têm por objetivo provas iniciáticas, Parsifal mata Partinial (que poderia equivaler aqui ao "gigante" contra o qual a espada de Davi se quebra na mão dos heróis não qualificados): nesse instante, o rei do Graal se levanta, completamente curado.[159]

À lesão, ou ferida, provocada pela espada em pedaços, corresponde em Gerbert uma fenda que fica na espada soldada e que impõe a Parsifal novas aventuras para reconquistar o Graal. No desenrolar destas, apresenta-se novamente o tema da vingança, pois Parsifal se recupera e vinga o seu primeiro instrutor, Gurnemanz, que ele encontrou mortalmente ferido. Em segundo lugar, tem-se o seguinte episódio de extrema importância. À corte do rei Artur, para onde Parsifal volta, chega uma embarcação trazida por um cisne, com um esquife que ninguém consegue abrir. Parsifal afinal o abre e nele encontra um cavaleiro morto, que ele terá de vingar. Tomada tal decisão, ocorre, entre outros, o seguinte episódio: Parsifal abre uma sepultura na qual está encerrado um homem vivo. Este, porém, tenta fechar o próprio Parsifal na tumba, e após breve luta Parsifal consegue pô-lo em fuga. Depois disso, Parsifal alcança o castelo fatídico e, enfim, consegue soldar a espada de modo definitivo e integral.[160] O mesmo episódio é mencionado em Gautier, onde o cavaleiro que gritava por socorro na tumba consegue, por alguns instantes, fechar Parsifal nela, tentando inclusive roubar seu cavalo.[161] Num desses textos, o cavaleiro na tumba seria o próprio demônio. Muito importante é o aparecimento do cisne, pois o cisne esta relacionado com a tradição hiperbórea e com o próprio Apolo, deus hiperbóreo da idade primitiva ou idade do ouro. É evidente que o esquife transportado pelo cisne (animal que levará inclusive Lohengrin da terra do Graal) equivale a um convite implícito para fazer algo ressurgir da morte, da decadência, algo que se refere exatamente à tradição hiperbórea (lembramos que, às vezes, o herói também é apresentado como o filho de uma viúva que mora numa solitária floresta e a domina – cf. sobre a viúva o que foi dito no par. 8). Mas existe o perigo de que o herói acabe sucumbindo ele próprio a essa morte ou a esse sono: esse é o significado da tentativa demoníaca de encerrar Parsifal, o predestinado, na mesma tumba em que um vivo pedia ajuda.

Esse significado resulta integrado por aquilo que se lê no *Diu Crône*. Nesse relato, o rei do Graal está velho, aparentemente doente. Quando Galvão, que não adormece como seus colegas, "faz a pergunta", o rei grita de alegria e explica o seguinte: "ele, com os seus, já estava morto há tempo, apesar de parecer vivo" / *"ich bin tôt, sewie ich nicht tôt schîn - iunde das gesinde mín - daz ist ouch tôt mit mir"* e teve de manter essa aparência de vida numa extrema angústia enquanto a procura do Graal não tivesse sido cumprida. Isso se dá por obra de Galvão, ao qual o velho rei transmite a espada que o tornará sempre vitorioso, desaparecendo em seguida com todos os seus e com o próprio Graal, no sentido patente de ceder o lugar ao reino realmente vivo e instaurado.[162] Em outros textos, a finalidade da pergunta é semelhante: tem o poder de curar o rei e de tornar ao mesmo tempo possível a sua morte, afastada artificialmente dele: *"et quant il sera garis, si via dedanz li iii jorz de la vie à mort, et baillera à celui chevalier le vesseau et li aprendra les segriotes paroles, que li aprit Joseph"*.[163] No próprio Wolfram, se o rei ferido é curado, deixa todavia o trono, que passa para Parsifal. E este é justamente o sentido: uma transmissão. Uma antiga dinastia decaída é libertada de sua vida artificial e termina no ponto em que uma nova dinastia se demonstra capaz de assumir a função, empunhando ou reconstituindo a espada, realizando a vingança e reerguendo aquilo que havia caído. A substituição que se verifica de maneira irregular e arbitrária, juntamente com a violência e a não qualificação, ou nos termos de uma luta fratricida é, no entanto, o sentido da história do "golpe doloroso", não só como nós a sintetizamos com base na *Morte Darthur*, como também em todas as outras seções, mais ou menos confusas e complicadas.

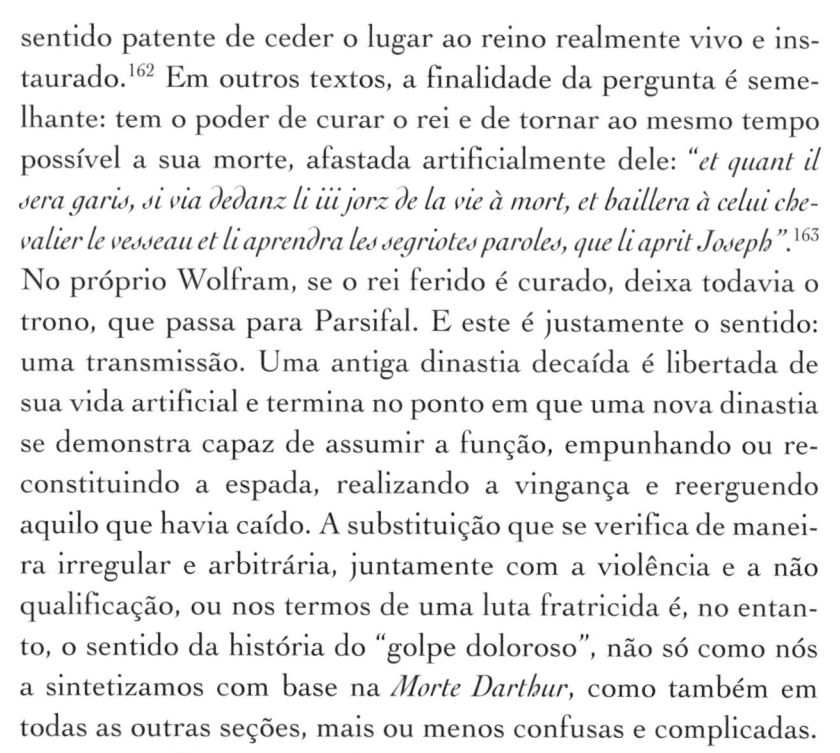

Em Wolfram von Eschenbach, junto ao rei ferido vive ainda um magnífico velho, estendido numa cama. Trata-se de Titurel, o primeiro que recebeu a "bandeira do Graal". O Graal – isto é, a função da qual ele permanece sempre o representante – o mantém vivo, mas ele é atingido pela "gota como por uma paralisia contra a qual nada há a fazer".[164] Os reis em decadência, a respeito dos quais se fala nos outros textos, muitas vezes têm uma vida estranhamente prolongada: há quem chegue a uma idade de mil anos, ou de quatrocentos, ou de trezentos anos.[165] Eles não podem morrer antes da chegada do predestinado. Dessa maneira, há uma referência a um interregno, no sentido da sobrevivência simplesmente formal do *regnum*. Trata-se de um mandato mantido no estado latente, trazido por feridos, paralíticos ou cegos, até a chegada do restaurador. E quando no *Perceval*

li Gallois se lê que o Pai de Parsifal, obedecendo a uma voz divina, havia ido aos países do Ocidente e não pôde morrer enquanto não aparecesse quem merecia ser chamado de melhor cavaleiro do mundo,[166] volta ainda uma vez ao tema da "Ilha Ocidental", do Avalon e do rei Artur ferido.

Uma outra referência interessante é a de Wolfram, segundo a qual a ferida envenenada e ardente de Amfortas exasperar-se-ia especialmente sob o signo de Saturno, isto é, de Kronos.[167] Saturno-Kronos é, de fato, como foi lembrado, o rei da idade primitiva, o rei adormecido na sede hiperbórea, segundo algumas mitologias, privado de sua "virilidade" com o início de um novo ciclo. O conjunto de tudo o que foi exposto torna claro por que justamente no signo de Kronos se reabre e se maximiza a ferida de Amfortas. Por outro lado, teremos de observar também que, na tradição hermética, Saturno-Kronos é exatamente o "morto" que deve ser ressuscitado; que a arte real dos "heróis" consiste em libertar o chumbo de suas "lepras", de suas imperfeições e obscuridades, transmutando-o, com isso, em ouro e atuando desta forma "o Mistério da Pedra". Ouro, Kronos, "pedra angular" são também referências à tradição real primitiva. Lá onde houver um novo aparecimento do sinal, a ferida de quem se degradou ou usurpou arde e se torna insuportável.

Sobre o tema já encontrado, de um cavaleiro achado morto ou ferido, pelos que procuram o Graal, junto de uma mulher – às vezes, significativamente, perto da Árvore[168] – ele nos leva de volta ao tipo do herói que não passou na prova, ou seja, sensibiliza o próprio elemento que está à procura do Graal no aspecto segundo o qual, num primeiro momento, ele falhou em sua missão. É significativo que, muitas vezes, justamente uma "mulher" como essa, concebida como uma parente do elemento que está à procura do Graal, deixa este último conhecer o seu nome, por ele próprio ignorado;[169] de qualquer maneira, ela fornece explicações sobre o mistério do castelo do Graal, acusa o cavaleiro de "não ter feito a pergunta", às vezes ensina como fazer para soldar a espada no caso de ela se quebrar.[170] Já que em Wolfram, a mulher está junto ao corpo embalsamado do cavaleiro morto, *gebalsemt rîter tôt*, parece haver aqui uma interferência posterior; a mistura do motivo do rei do Graal, cuja vida é apenas aparente, com o do herói ferido antes de ter conseguido levar a termo a sua ação. Uma mulher como essa, em Wolfram, é Sigune, e por ela Parsifal é até mesmo amaldiçoado por sua indiferença diante do rei que sofre no castelo do Graal e diante do significado do próprio Graal.[171]

Como uma variação do tema indicado anteriormente, deve-se considerar aquele segundo o qual o rei não está doente e o seu reino não está devastado, mas tudo isso acontece unicamente pelo fato de que por três vezes o Graal foi visto com a lança e a espada, sem que houvesse um questionamento sobre a sua utilidade. Indiferença e incompreensão provocaram uma "grande desgraça"; é por causa disso tudo que a corte do rei Artur perdeu o seu antigo esplendor e que todas as guerras se desencadearam na Terra.[172] O enquadramento dessa redação da saga tem algo do tom trágico de um "crepúsculo dos deuses". Quando Parsifal chega, o "rei pescador" já está morto, e seu adversário, o rei do *Chastel Mortel*, apoderou-se do Graal, da lança e da espada. Parsifal reconquista esses objetos e obriga o rei inimigo a se matar, mas não funda uma nova dinastia do Graal; ao contrário, retira-se com seus companheiros para uma vida ascética. Uma voz divina o alerta de que o Graal não mais se manifestará, a não ser num local misterioso, que lhes será revelado e em direção ao qual Parsifal e seus colegas partem para não mais voltar.[173] Veremos que isso possivelmente pode refletir uma determinada situação histórica.

20. *O Rei Pescador*

Um estímulo um tanto enigmático refere-se ao título de "rei pescador" ou de "rico pescador" atribuído ao rei do Graal, a partir do próprio José de Arimateia, ou seja, ao desdobrar-se do rei ferido do Graal numa outra personagem, que num primeiro momento assume justamente os traços de um pescador.

Segundo seu lado mais exterior, um simbolismo como esse relaciona-se verossimilmente com duas fontes: uma cristã e outra celta. É conhecido, de fato, o tema evangélico da pesca milagrosa. A multiplicação dos peixes é um equivalente do alimento inesgotável fornecido de maneira sobrenatural pelo Graal. Isso parece aplicável, sobretudo, à saga do *Grand St. Graal*, em que todos aqueles que não foram alimentados pelo Graal recebem alimento de um peixe e pescado por Alano: por isso esse cavaleiro teve o nome de *li riche pescheour*, título que foi transmitido ao longo de toda a dinastia do Graal.[174] Em Robert de Boron, acrescenta-se que quem chamar o vaso por seu verdadeiro nome será chamado de "rico pescador", justamente devido ao peixe que foi pescado no início do mistério do Graal.[175] Por outro lado, parece-nos aqui oportuno fazer uma distinção: por mais que os efeitos do Graal e do peixe sejam equivalentes, o peixe aparece como uma espécie de complemento do Graal; ele integra a sua eficácia com relação a um determinado grupo de cavaleiros não "alimentados" pelo primeiro.[176]

Quanto às fontes celtas, em primeiro lugar a tradição celta já conhecia um "peixe da sabedoria" – *salmon of wisdom* – que queima as mãos, mas, em contato com a boca, proporciona todo tipo de conhecimento:[177] simbolismo tão transparente, que não requer uma elucidação especial. Em segundo lugar, o peixe desenvolve um papel específico na lenda sobre a transmissão da tradição primitiva na Irlanda. O *Leabhar na huidhe* cita que, quando se extinguiu a raça primitiva de Partholan, conquistadora da Irlanda, dela sobreviveu um homem, Tuan, que, ao assumir gradativamente a forma de vários animais simbólicos, conservou a lembrança da primeira geração. Na época dos Tuatha dé Danann assumiu a forma de uma águia ou de um falcão. Desse modo, passou para a de um peixe no momento em que a raça de Milhead assumiu o poder. Pescado e comido por uma princesa, Tuan renasce sob forma humana como filho da princesa e como profeta.[178] O rei do Graal, como pescador, poderia talvez ter alguma relação com a obscura ideia de uma retomada da herança da estirpe de Partholan, de sua "lembrança" concebida como um mistério de "nutrição" igual ao do Graal, ou integrante deste último.

No que diz respeito a referências presentes no ciclo complexo das sagas imperiais por nós expostas no começo, nos limitaremos a lembrar que a dinastia do Graal, ou sua tradição, muitas vezes está relacionada com Salomão. Ora, lendas árabes, de conhecimento comum na Idade Média ocidental mediante versões espanholas, apresentam o tema do peixe relacionado com uma procura equivalente, no fundo, à do Graal como pedra real e pedra da potência. Trata-se de um anel com uma pedra, com as características de "um fogo que enche o céu e a Terra", símbolo do poder supremo. Salomão, tendo perdido esse anel, entra em decadência. O anel fora atirado ao mar. Salomão, pescando, o reencontra no ventre de um peixe e readquire assim o poder de um domínio visível e invisível (sobre homens, animais e demônios).[179] Esse anel de Salomão, por sua vez, é uma reprodução da pedra que o próprio Alexandre, o Grande, teria encontrado num peixe gigantesco e que, como o Graal trazido pelo rei pescador, tem propriedades luminosas manifestando-se como uma poderosa luz na noite.[180]

Um último aspecto do simbolismo do peixe pode ser deduzido da frase evangélica: "Quero transformá-los em pescadores de homens" e por meio do próprio Pedro, o apóstolo pescador, ao qual, mais adiante, se aplicará o simbolismo da "pedra angular", em sua qualidade de fundador da Igreja, de centro da nova religião e da tradição apostólica; e a essa altura poderia também ser lembrado que o "anel do pescador" figura entre as insígnias papais. A explicação, encontrada em Chrétien de Troyes, é a de que o rei do Graal, exatamente por ter sido ferido, não tem outra ocupação e alegria possível, além de pescar.[181] Aqui o rei do Graal aparece evidentemente como aquele que, constatando a própria impotência, como "pescador de homens" procura o eleito, o herói. Detalhe significativo, no *Perceval li Gallois* o anzol com que ele pesca é de ouro,[182] e tanto nesse texto como em Wolfram, o pescador é também aquele que indica a Parsifal o caminho para o castelo do Graal, onde reaparece também, assumindo a figura do rei doente. Mas "fala-se igualmente que o que ele pesca quando as dores o atormentam não é suficiente para a sua necessidade".[183]

Um significado mais profundo desses símbolos pode ser obtido por comparações intertradicionais. Guénon observa justamente que muitos elementos levam a acreditar que o simbolismo do peixe é de origem nórdica e até mesmo hiperbórea; "a sua presença foi assinalada na Alemanha setentrional e na Escandinávia (além de na Escócia),[184] e nessas regiões se está possivelmente mais próximo de seu ponto de partida do que da Ásia central, para onde foi levado sem dúvida pela grande corrente extraída da tradição primitiva, que provocaria o nascimento das tradições da Índia e da Pérsia". Mas um outro fato também acaba reforçando essa suposição; justamente na tradição hindu "a manifestação sob a forma de peixe – *matsya-avatara* – é considerada como a primeira entre todas as manifestações de Vishnu, aquela que está no início do ciclo atual e que, portanto, já está em relação com o ponto de partida da tradição primitiva". Como "peixe", Vishnu guia sobre as águas a arca que contém os germes do mundo futuro e, depois do cataclismo, revela os Vedas, que, por meio da raiz *vid* = saber, indicam a ciência por excelência; da mesma maneira que, igualmente sob a forma de peixe, o Oannes caldaico ensina aos homens a doutrina primitiva.[185] Os elementos celtas e cristãos, indicados acima, do simbolismo do peixe, para tal finalidade parecem fragmentos de uma concepção mais ampla, que ilumina particularmente o tema da lenda do Graal. O rei pescador é o dominador que decaiu e que tenta reativar a mesma tradição primitiva, a herança hiperbórea. E isso só se alcançará com a chegada do herói que conhecerá o Graal e terá consciência de sua função e de seus benefícios, que vimos integrar-se e quase confundir-se com os do "peixe". A partir disso, o outro aspecto do mesmo simbolismo: o rei pescador como "caçador de homens", de homens no sentido elevado, de seres qualificados para a função a respeito da qual falamos.

21. *A Sede do Graal*

Vimos que entre os lugares onde se desenvolvem as provas dos cavaleiros do Graal aparecem em primeira linha a "Ilha" e o "Castelo".

A "viagem" para tais lugares deve ser considerada essencialmente *sub specie interioritatis*, ou seja, nos termos de deslocamentos da consciência num mundo habitualmente fechado ao ser humano. Ele retoma um simbolismo iniciático geral e universal, além daquelas referências específicas, já mencionadas, e se relacionam com a tradição do Avalon e da "Ilha Branca".

Píndaro havia dito que não se chega nem por via terrestre e nem mesmo por via marítima à terra dos Hiperbóreos, e que somente a um herói como Hércules foi dado encontrar o caminho. Na tradição extremo-oriental, a ilha nos confins da região setentrional é tida como alcançável somente pelo voo do espírito; e na tradição tibetana, diz-se que Sambhala, a mística sede setentrional, que já vimos ter relação com o Kalki-Avatara, "se encontra em meu espírito".[186] Esse tema aparece também na saga do Graal. O castelo do Graal, na *Queste*, é chamado *palais spirituel* e, no *Perceval li Gallois*, "castelo das almas" (no sentido de seres espirituais).[187] Mordrain alcança a ilha rochosa situada lá onde se "efetua a verdadeira travessia para a Babilônia, a Escócia e a Islândia" e onde começam as suas provas, raptado que foi pelo Espírito Santo.[188] E se Plutarco relata que a visão de Kronos na sede hiperbórea se dá no estado de sono,[189] é num estado de morte aparente que Lancelot, na *Morte Darthur*, tem a visão do Graal,[190] e é num estado, que não sabe bem se de sono ou de vigília, que, na *Queste*, ele tem a visão do cavaleiro ferido arrastando-se até o Graal a fim de aliviar seus sofrimentos.[191] São experiências além dos limites da ciência ordinária.

Às vezes, o castelo é apresentado como invisível e inalcançável. Somente aos eleitos é dado encontrá-lo, ou por uma feliz coincidência, ou mediante uma mágica; caso contrário, ele se subtrai aos olhos de quem o está procurando. Em Wolfram, o próprio Graal é invisível aos não batizados – mas é suficiente essa descrição da água do batismo: "A água faz prosperar todos os seres aos quais damos o nome de criaturas. É graças a essa água que os nossos olhos podem ver. A água lava as almas e as torna tão resplandecentes, que os próprios anjos não têm uma luminosidade maior",[192] para convencer-se de que se trata menos do batismo cristão do que de uma verdadeira iluminação, tendo, nesse caso, a água, mais ou menos, o mesmo significado que tem a "Água divina" ou "Água filosofal" no hermetismo. Em muitos casos, o castelo, depois que o herói o alcançou e o visitou, desaparece repentinamente e ele se encontra numa praia deserta ou numa floresta. Em outros casos, a aventura do herói se esgota quando o castelo é reencontrado, sem que seja preciso fazer a pergunta acerca do Graal.[193] Nas representações do castelo como rodeado pelas águas, pelo mar (*Queste*), por um rio impetuoso (*Grand St. Graal*) ou por um lago, onde se encontra também o rei pescador (Wolfram), encontram-se símbolos (além daquilo de que já falamos sobre as representações "polares") de inacessibilidade, de isolamento. Encontra-se também o tema da "travessia perigosa". Na *Queste du Graal*, o castelo é protegido por dois leões,[194] isto é, pelo mesmo animal que Galvão vencerá na prova do "castelo de Orgeluse", que é novamente uma experiência iniciática. Em Wolfram, o movimento de alcançar o castelo por um caminho anormal é descrito na forma de Parsifal chegando até ele sobre seu cavalo abandonado a si mesmo na floresta depois de ter percorrido tantos caminhos quanto um pássaro poderia ter percorrido.[195] O castelo aqui nos é apresentado como "firme e poderoso", com muralhas lisas, que o tornariam seguro mesmo no caso de estar sitiado por todos os exércitos do mundo: "*Swaz erden hât umbslagenz mer, – danc gelac nie hûs sô wol ze wer – als Munsalvaesche*". No castelo estão "esplendores como nunca existiram na Terra. Porém, quem se dedicar à sua procura, infelizmente, nunca o encontrará: todavia muitos se dedicam a isso. Para vê-lo, é preciso chegar até lá sem saber – *er muoz unwizzende geschehen*". O lugar onde ele se encontra é deserto, selvagem, mortal; é o Montsalvatsche na Terre de Salvatsche.[196] "O caminho que leva até ele está cheio de combates" / "*swâ diu stêt – von strîte rûher wec dar gêt*". "Não é normal cavalgar tão perto do Montsalvatsche sem ter de enfrentar um perigoso combate ou ir de encontro àquela expiação, à qual o mundo chama de morte."[197] Os cavaleiros do Graal, ou Templários (*Templeisen*), impedem a aproximação dos homens de qualquer nação, exceção feita daqueles indicados por uma inscrição que aparece no próprio Graal: eles se dedicam a uma luta até a última gota de sangue contra qualquer invasor.[198] *Titurel*: No meio da floresta, ergue-se uma montanha que ninguém pode encontrar, a menos que para lá seja guiado por anjos; o monte defendido, o monte vigiado, Montsalvatsche. Sobre ele ergue-se o Graal, regido por seres invisíveis.[199]

Nos textos posteriores, o monte do Graal, Montsalvatsche, passa muitas vezes do significado de *mons silvaticus* para o de *mons salvationis* em relação à terra de Salvaterra e de S. Salvador na Espanha, onde ele estaria,[200] isto é, para o de monte da salvação. Em geral, têm-se então símbolos vários nos quais sempre se exprime a ideia de uma inviolabilidade frente a qualquer profanação ou eversão, e o tema da invisibilidade, juntamente com outros afins, sublinha o conceito de uma inacessibilidade que é aquela própria de tudo aquilo que se subtrai ao domínio do mundo corpóreo, da forma e dos sentidos físicos: segundo um limite, que para o homem comum se identifica com o da morte[201] ou, ao menos, com o do estado de sono. Já vimos como o castelo do Graal, sobre o qual "descem as chamas do Espírito Santo" é igualmente aquele onde se desenvolve a "prova do sono". Passar por essa prova equivale a passar ativamente além da consciência de vigília do indivíduo físico. Mas isso não acontece sem uma crise e sem uma ação difícil e arriscada: de acordo com esse ponto de vista, pode-se relacionar a isso um dos significados dos "perigosos combates", de que fala Wolfram. Para aqueles que têm conhecimentos a esse respeito, é sabido que aventuras desse tipo podem também ter um desfecho repleto de doença, loucura ou morte.

Com relação a esse fato, é muito interessante a imagem transmitida por um manuscrito: caminhar sobre o fio de uma espada. Lancelot chega ao castelo de sua aventura passando sobre uma ponte constituída pelo fio de uma espada.[202] Esse é um tema conhecido por mais de uma tradição, sobretudo a irânica e irano-islâmica, que se aplica indiferentemente às experiências do *post-mortem*, do além, e às de caráter iniciático: o caminho para a sabedoria já foi comparado, pelo *Katha-upanishad*, a caminhar sobre o fio de uma lâmina.

Quanto à guarda que fazem, num sentido específico e em relação a quanto diremos dentro em breve, ao Graal e à sua sede, trata-se defesa de um determinado centro espiritual. A esse respeito, é importante fazer desde já esta consideração. A sede do Graal aparece sempre como um castelo, como um palácio real fortificado, e nunca como igreja ou um templo. Somente nos textos mais antigos se começa a falar num altar ou capela do Graal, com relação à forma mais cristianizada da saga, na qual ele acaba confundindo-se com o cálice da Eucaristia. Nas redações mais antigas da lenda não há, porém, nada de parecido; e a já observada e estreita relação do Graal com a espada e a lança, além de com uma figura de rei, ou de traços reais, nos autoriza a considerar extrínseca essa sucessiva formulação cristianizada. O centro do Graal a ser defendido "até o último sangue", sobre essa base, não só não pode ser colocado em relação com o cristianismo e com a Igreja que, como dissemos, constantemente pretendeu ignorar esse ciclo de mitos, mas, mais genericamente, nem mesmo com um centro de tipo religioso ou místico. Antes, trata-se de um centro iniciático, que mantém a herança da tradição primitiva, segundo a unidade indivisa, que lhe é própria, das duas dignidades: a real e a espiritual.

22. Outras Aventuras Iniciáticas dos Cavaleiros do Graal

Lemos em Wolfram: "Quem quer que queira conquistar o Graal não pode abrir caminho na direção desse precioso objeto a não ser com armas na mão".[203] Nessa frase, resume-se o espírito de todo o ciclo das "aventuras" enfrentadas pelos cavaleiros da Távola Redonda à procura do Graal. São aventuras de caráter épico e guerreiro, que têm também um caráter simbólico para exprimir essencialmente atos espirituais e não ações materiais, mas, a nosso ver, não a ponto de esse aspecto representar um elemento casual e irrelevante. Queremos dizer que esse "abrir caminho para o Graal com armas na mão", com todos os duelos, as lutas e os combates relativos, remete certamente a um caminho específico de realização interior, em relação à qual justamente o elemento "ativo", guerreiro ou viril tem sua parte essencial. O caminho que devemos abrir para nós mesmos combatendo é, porém, sempre o que leva "da cavalaria terrestre" até "a cavalaria espiritual"; segundo as expressões tradicionais que utilizamos em outras partes;[204] não é somente a "pequena guerra", mas também a "grande guerra santa".

Em geral, nessas aventuras ou provas, é possível distinguir dois temas e dois graus.

1) Elas se destinam a confirmar a qualidade guerreira, fazendo com que o predestinado apareça como invencível e como o melhor cavaleiro do mundo. Mas, para tanto, além da força, são necessárias a "sabedoria" e certa vocação misteriosa.

Sobre o elemento "vocação", lembraremos somente que, no *Perceval li Gallois*, em Wolfram e em Chrétien de Troyes, desperta em Parsifal o desejo das aventuras de cavaleiros que o levarão, num primeiro momento, a se tornar cavaleiro da Távola Redonda e, em seguida, a procurar o Graal, quando, raptado pelo canto dos pássaros, passa a obedecer à "sua natureza e aos seus desejos mais profundos".[205] Trata-se de um simbolismo ao qual aqui faremos apenas uma menção. Comparada analogicamente a atmosfera com uma condição que não é mais a do elemento "terra", os seres da atmosfera, os pássaros, em muitas tradições, inclusive a cristã, têm simbolizado naturezas superterrenas, deuses ou anjos, e a língua dos pássaros, consequentemente, tem simbolizado a "língua dos deuses", compreendida numa certa fase do despertar interior. Para algumas referências: na saga nórdico-germânica, Sigfried passa a compreender essa língua depois de ter matado o "dragão". Em Della Riviera, entender o "oculto e variado chilrear dos pássaros" é um dos dons que o "herói" obtém da Árvore da Vida (os pássaros que habitam a região são, segundo o simbolismo evangélico, os "anjos").[206] A respeito de Salomão, do qual já vimos repetidamente a relação com alguns elementos da tradição do Graal, e de outros sábios, especialmente nas tradições árabes, diz-se que eles compreendiam a língua dos pássaros.[207] E mais: em algumas sagas célticas, frequentemente é sob a forma de pássaros que aparecem os próprios Tuatha dé Danann que se tornaram invisíveis, às vezes para orientar os eleitos até suas residências "subterrâneas". É com esse elemento sobrenatural, como uma espécie de chamada do alto, ao qual se reporta uma misteriosa reminiscência (a esse respeito, poderíamos relacionar também o mote segundo o qual "ninguém conhecerá o Graal se já não o tiver visto no céu") que é preciso relacionar o símbolo de Parsifal despertado para a vocação de cavaleiro do Graal pela voz dos pássaros, não das naturezas da Terra e, por esse caminho, tendo-se desvencilhado inclusive do vínculo com a mãe.[208]

Ao herói do Graal é naturalmente solicitada a adesão aos princípios da fidelidade, da honra e da verdade próprios da ética cavaleiresca, que não devem ser prejudicados de modo algum pelo cumprimento posterior. De Trevrizent se diz que ele libertou Parsifal de suas culpas num período de vida ascética, "sem, porém, contradizer as leis da cavalaria".[209] Que os vis, os falsos e os desleais não encontrem lugar na ordem do rei Artur, é algo que é repetido continuamente. No ciclo do Graal, ter a capacidade de ser fiel e abominar a mentira é a primeira qualificação; e no prólogo de Wolfram isso irá assinalar uma distinção essencial, quase metafísica e ontológica, entre os seres humanos, o que se ressente visivelmente do componente nórdico--ariano do mundo guerreiro e viril da Idade Média: de um lado, há aqueles que conhecem o sentimento da honra e da vergonha; do outro, aqueles que são incapazes de tal sentimento: e essas são como duas raças feitas de uma substância diferente, nada tendo em comum.

2) Mas as qualidades viris, mesmo que integradas, exigem empenho com relação a um dever específico, e esse é, aliás, o ponto decisivo nas sagas em questão. No contexto que nos interessa aqui, elas são amaldiçoadas, quando sua presença ou aquisição não leva a "fazer a pergunta", ou a algo equivalente. O herói admitido no castelo do Graal é chamado a reconquistar a saúde e a reafirmar ou a reassumir o *regnum*. Ao mesmo tempo que permanece indiferente diante do mudo problema, diante do representante ferido, paralisado, castrado, degradado ou envelhecido da realeza segundo o Graal, a *virtus* demonstrada ou adquirida manifesta-se, no ciclo em questão, privada de sentido, ou por isso mesmo resulta estar incompleta, é ilusória e quase poderíamos dizer "demoníaca", amaldiçoada por Deus.[210] Em outras palavras: aos iniciados do Graal cabe uma missão superpessoal, que é a verdadeira medida de sua qualificação. "Conhecer" o Graal e não perguntar "para que serve" é, segundo esses textos já citados, uma prova da insuficiência do herói. É o mesmo que dizer que se trata, nesse caso, de uma espiritualidade

"empenhada", de uma espiritualidade cujo ideal não é uma transcendência separada do mundo.

As incontáveis aventuras dos heróis do Graal se prendem a poucos motivos, e quem os tiver compreendido, ao ler esses romances acaba percebendo uma repetição interminável nas mais variadas formas. Como dissemos, encontramo-nos numa atmosfera fantástica, "surreal", numa compenetração do mundo sobrenatural com o mundo real; faltam os nexos comuns da coerência ou de um verdadeiro entrelaçamento típico de uma obra "literária". As aventuras estão em sua grande maioria completamente desligadas; por outro lado, exatamente essa incoerência, juntamente com a intervenção do prodigioso quase como um fato natural, imprime o sentido de vicissitudes que se desenvolvem fora do tempo, e as repetições colocam em destaque o caráter não episódico, mas típico, simbólico, dos fatos e dos atos aos quais se faz menção. Indicaremos ainda alguma dentre as aventuras mais características, cujo sentido pode resultar diretamente daquilo que foi exposto até o presente momento.

Antes de tudo o mais, mencionou-se o episódio de Mordrain, raptado pelo Espírito Santo na "ilha-torre" no meio do oceano. A ilha está deserta. Mordrain é exortado a manter-se firme em sua fé. Sucede-se a isso a tentação de uma mulher, e resulta claro que nela é o próprio Lúcifer quem age. Segue-se a prova de uma terrível tempestade, trovões e raios, e mais o aparecimento de uma espécie de Fênix (o pássaro milagroso de Serpolion) que fere Mordrain; este, por sua vez, permanece inconsciente por sete dias (sono iniciático) até que, superada uma nova tentação luciférica, graças à interpretação de um sonho ele toma conhecimento da dinastia predestinada a fornecer o herói do Graal.[211]

Em aventuras desse tipo, tem-se, antes de tudo, a chegada à ilha, "ilha rotatória" ou "ilha-torre", representação do Avalon, apresentada, porém, como lugar deserto e perigoso. Depois de várias provas, aparece o "navio". Esse navio (do mesmo modo que o esquife hiperbóreo puxado pelos cisnes) introduz o motivo posterior, o de um mandato ou encargo, pelo fato de conter a espada e a coroa de ouro, não sem uma relação com a Árvore da Vida e com a realeza sacral (Davi).

Tema semelhante ao da *Queste du Graal*, Parsifal é atirado numa correnteza por uma cavalgadura diabólica, rápida como o vento. Consegue alcançar a "ilha", onde presta sua ajuda a um leão que luta contra uma serpente (purificação da força "leão"). Resiste às tentações de uma mulher na qual age uma influência demoníaca. Em seguida, aparece uma figura sacerdotal, que o leva consigo a bordo de uma embarcação. O texto de Manessier traz esta variação: Parsifal, enquanto está embaixo de um carvalho, tem a visão de um cavalo diabólico, que o atira numa correnteza. O herói recebe ajuda de uma embarcação tripulada por uma mulher, que ele confunde com a sua mulher, Blancheflor; porém, nesse caso, trata-se de uma criatura demoníaca. Chega então a embarcação sacerdotal, que leva Parsifal até um lindo castelo e, pouco depois, ele enfrenta e supera a prova de soldar a espada quebrada (integração iniciática do ser). Nesse texto, como na aventura antecedente, Parsifal, ao aproximar-se de uma árvore luminosa, vê essa árvore transformar-se numa capela, onde o cadáver de um cavaleiro está estendido perto de um altar. Repentinamente, a lâmpada é apagada por uma mão oculta. Ele volta a essa capela, passa ali a noite toda (equivalência com a prova do sono no Corbenic) e depois fica sabendo que o demônio estava agindo por meio dessa mão; o demônio já havia eliminado grande número de corajosos cavaleiros, e em seguida os havia enterrado ali em volta. É essa a mensagem que um eremita transmite a Parsifal; trata-se de uma personificação do princípio ascético, que adverte Parsifal para que se preocupe em adquirir glória, mas também que pense em sua própria alma.

Em seguida, o herói é atirado da sela do seu cavalo; não conseguindo mais alcançá-lo, para embaixo de um carvalho. Então encontra a cavalgadura demoníaca da qual falamos; a seguir, sucedem-se as aventuras já mencionadas. Percebe-se claramente que se trata de transcrições diferentes de um mesmo motivo. O perigo mortal da prova da capela é, de fato, aquele mesmo que Parsifal enfrenta ao montar, junto do carvalho, a cavalgadura demoníaca e ao deixar-se levar por ela.[212]

No que se refere a essa história do cavalo, tendo em vista a parte anormalmente importante de que muitas vezes a cavalgadura se reveste na literatura dos cavaleiros, talvez seja oportuno observar rapidamente algo que já mencionamos em outra ocasião sobre o cavalo como símbolo.[213]

Se o cavaleiro representa o princípio espiritual da personalidade empenhado nas várias provas, o cavalo só pode representar aquele que "leva" esse princípio, isto é, a força vital, que ele mais ou menos personifica. Desse modo, no antigo mito clássico referido por Platão, o princípio da personalidade é representado por um auriga, e seu destino depende da maneira como ele sabe conduzir determinados cavalos simbólicos, em relação ao que ainda pode lembrar a visão do supermundo. Na antiguidade, duas divindades tinham especificamente o cavalo como animal sagrado. Eram elas Posêidon e Marte. Posêidon é também o deus telúrico (o "treme-terra") e o deus do mar; é, portanto, o símbolo de uma força elementar, o que ilumina a relação que, nas aventuras que acabamos de lembrar, o cavalo tem com as águas, com a correnteza, na qual ela precipita o cavaleiro. Com relação a Marte, então, o cavalo exprime antes uma orientação guerreira da força vital, que corresponde justamente ao "veículo" das aventuras heroicas próprias, em geral, do espírito cavaleiresco. Isso esclarece o significado esotérico do ser atirado do cavalo: é o perigo de que o "elementar", a força bruta, acabe conseguindo o domínio. Do mesmo modo, torna-se muito claro o sentido de outros episódios: o cavaleiro enterrado, que tenta fechar Parsifal em sua tumba e procura, igualmente, roubar-lhe o cavalo. Na "prova do orgulho", que Galvão superou brilhantemente, para vencer uma correnteza o herói devia ceder, como condição pela travessia, o cavalo do cavaleiro que, num primeiro momento, ele deve vencer.[214] Conseguir prender o próprio cavalo na coluna do Mont Orguellous, criada por Merlin, e cujo significado "polar" é bastante visível, é a prova que indica o melhor cavaleiro: prova à qual se seguem o "mistério sagrado", o mistério do carvalho que se transforma em capela, e a "prova da capela",[215] e assim por diante. O que mencionamos é suficiente para que o leitor, a qualquer momento, se oriente nessas aventuras com relação a algo de singular e de anormal referente aos cavalos dos cavaleiros, que o adverte sobre a presença de um significado oculto.

Voltando às aventuras que resumimos há pouco, os trovões, as tempestades e os fenômenos semelhantes que nelas aparecem têm uma correspondência muito clara com os que aparecem na prova do "lugar perigoso". O tema da integração dada pelo Graal, além de inquebrantabilidade puramente "natural" ou guerreira, tema ao qual corresponde mais ou menos o do embarque ou da soldagem da espada após a primeira prova, em Robert de Boron assume a seguinte forma: Parsifal permanece calmo e impassível quando, ao se sentar no "lugar perigoso", a terra se abre e ecoa um trovão, como se o mundo estivesse explodindo: mas ele, por uma audácia que não é acompanhada do "fazer a pergunta" (e por esse motivo é repreendido pelas "mulheres" da seguinte maneira: "O teu Senhor te odeia e é um milagre que a terra não se abra sob teus pés"), ele deve cumprir uma série de aventuras, e somente depois de ter recebido o

Graal é que a pedra da Távola Redonda, que se quebrou com Parsifal, solda-se novamente por completo.[216]

Quem está familiarizado com a literatura misteriosófica, reconhecerá facilmente nessas aventuras a alusão a experiências típicas de caráter iniciático, expressas por meio de símbolos mais ou menos idênticos pelas tradições de diferentes áreas. Tempestades e trovões, passagens através das águas, desenvolvimentos do tema da Árvore e da Ilha, raptos e mortes aparentes, e assim por diante, são "constantes" nas narrativas de conteúdo iniciático, tanto do Oriente como do Ocidente: a tal ponto que seria banal passar neste momento a fazer comparações, que terminariam desenvolvendo-se quase que indefinidamente. Num Plutarco, num Imperador Juliano, nos testemunhos que chegaram até nós acerca dos Mistérios helênicos, no *De Mysteriis*, no *O livro egípcio dos mortos**, no *O livro tibetano dos mortos***, no chamado *Ritual Mithriaco*, nos ensinamentos do Yoga e nos extraídos do taoismo esotérico, na mais antiga tradição cabalística da Mercaba etc., até o profano perceber a correspondência supertradicional de símbolo para símbolo e, se não for vítima da ideia de que o todo se reduz a criações poéticas ou a projeções fantásticas a serem interpretadas psicoanaliticamente com base no "inconsciente coletivo", ele poderá pressentir etapas correspondentes de um mesmo itinerário interior. De resto, poderíamos aludir, a esse respeito, às obras, inclusive dentre as por nós publicadas, que tratam especificamente deste assunto,[217] não sendo este o local mais indicado para tratar *ex professo* da fenomenologia e da simbologia que se referem à destruição do Eu físico e à participação a estados transcendentes do ser. Pressupomos que o leitor tenha alguns conhecimentos a respeito e nos limitamos a sublinhar os elementos que sejam de mais fácil compreensão.

---

* Publicados pela Ed. Pensamento, 1984.
** Publicado pela Ed. Pensamento, 2ª ed., 2020.

Uma das aventuras mais notáveis é a do Castelo das maravilhas – *Chastel marveil* – a respeito do qual Wolfram afirma: "Os combates por vós travados até agora foram brincadeiras de crianças. Vicissitudes angustiantes vos esperam ainda.²¹⁸ Já observamos que essa aventura é proposta pela mensageira do Graal, Cundrie, depois de ela ter acusado Parsifal (por ele não ter "feito a pergunta") com estas palavras: "Os louvores orgulhosos que são feitos a teu respeito caem por terra sem força. Tua fama mostrou-se impura. A Távola Redonda comprometeu sua glória ao acolher *sir* Parsifal".²¹⁹ A aventura do *Chastel marveil* aparece, portanto, como uma espécie de reparação, como uma prova destinada a suscitar em Parsifal uma força, uma consciência e uma vocação que ele ainda não possuía. Na *Morte Darthur*, é uma voz celeste ouvida numa capela no topo de um monte que leva Galahad a cumprir essa aventura, aqui propriamente chamada do *Castle of Maidens*.²²⁰

Em Wolfram, com relação a Galvão, ela se desenrola nos seguintes termos. Tendo penetrado no castelo (na *Morte Darthur*, depois da travessia das águas e da vitória sobre os sete cavaleiros), apresenta-se à frente de Galvão uma cama semimóvel que se afasta assim que alguém se aproxima dela e da qual se diz que "quem nela se deitar verá os próprios cabelos tornarem-se brancos". Galvão, depois de conseguir alcançar essa cama, sente-se preso "como num turbilhão". Ouve trovões e rumores que o amedrontam, e que cessam por completo assim que o cavaleiro pensa em Deus, para dar lugar a descargas de pedras e de flechas que só não têm êxito mortal porque o escudo do cavaleiro é levantado em sua defesa; mesmo assim, ele sai ferido. Em seguida, há a manifestação de um poder primitivo, sob a aparência de um leão selvagem que Galvão, apesar de estar ferido, consegue matar, perdendo os sentidos logo em seguida. Ao despertar, ele está sob os cuidados das "mulheres". Passada essa prova, Galvão torna-se rei do castelo e Klinschor perde todos os poderes sobre ele.[221] É uma prova que pode ser comparada à perigosa, mortal "prova do sono", da qual já falamos. No *Diu Crône*,[222] de resto, Galvão adormece na cama que começa a rodopiar; as descargas mágicas deixam-no intacto e ele é encontrado na manhã seguinte dormindo profundamente. À prova do terror, superada com uma referência a Deus, segue-se um "contato", e depois a prova de resistir às descargas de uma força transcendente provocada por esse mesmo contato no ser do iniciando. Quando essa força é submetida (vitória sobre o leão selvagem), consegue-se a dignidade de rei e o poder de uma magia tenebrosa é quebrado.

Outra variação da aventura é a seguinte. Numa primeira fase, Galvão deve conquistar a espada. Ele a obtém mostrando-se capaz de matar um gigante. Por ter conquistado a espada, ele é admitido no castelo do Graal. É levado a um estado de êxtase pela visão do Graal e, nesse estado, tem a visão de um trono onde está sentado um rei ferido por uma lança. A "pergunta" não é feita. Deixado a sós, Galvão joga xadrez com um adversário invisível que joga com peças de ouro, enquanto as suas são de prata. Galvão é derrotado três vezes seguidas e, depois disso, num repente de raiva, destrói o tabuleiro, adormece e no dia seguinte não encontra mais ninguém no castelo.[223] Nesse episódio, repete-se o tema de uma força (espada) incompleta. A vitória sobre o gigante não impede que Galvão se associe ao elemento "prata", destinado a ser vencido pelo elemento "ouro". Mas, tradicionalmente, a prata simboliza o princípio lunar, enquanto o ouro simboliza o princípio solar e real, para o qual Galvão, que "não formulou a pergunta", ainda não está suficientemente qualificado. Em Gautier essa prova parece corresponder à "prova da mulher", pois acrescenta-se que quem venceu o cavaleiro no xadrez (aqui é Parsifal, e não mais Galvão), foi a

Fee Morghe, isto é, a Fada Morgana, uma figura da mulher sobrenatural do Avalon.²²⁴ Nessa versão, Parsifal alcança o seu objetivo somente depois de uma série de outras aventuras, condicionado – nova convergência de motivos conhecidos – por sua capacidade de soldar a espada quebrada.

Por outro lado, à partida de xadrez perdida segue-se, às vezes, esta outra aventura: o herói tem a visão de uma donzela, da qual ele se enamora perdidamente; mas, para possuí-la, é preciso apoderar-se da cabeça de um cervo. Parsifal, com a ajuda de um perdigueiro, consegue encontrar essa cabeça. Mas verifica-se um acidente relacionado com o tema do "cavaleiro da tumba". O cavaleiro do Graal encontra a tumba com o cavaleiro vivo ali encerrado; este, uma vez libertado, tenta colocar em seu lugar o próprio Parsifal. Enquanto Parsifal se desvencilha dessa tentativa, tanto a cabeça do cervo como o perdigueiro lhes são roubados por outro cavaleiro, irmão daquele que estava encerrado na tumba; mas afinal ele é alcançado e morto. O herói do Graal é guiado pelo perdigueiro até o castelo do xadrez onde, depois de entregar a cabeça do cervo, consegue a mulher.²²⁵ Na *Morte Darthur*, o perdigueiro leva o herói (que, no caso, é Lancelot) para um velho castelo, onde encontra um cavaleiro morto e uma donzela, que lhe pede para cuidar de um irmão ferido: para tanto, é necessário obter uma espada superando a prova da *chapel perilous*.²²⁶

O sentido do símbolo do cervo é incerto. No *Grand St. Graal*, José de Arimateia e seus cavaleiros, detidos pelas águas, são levados por cima delas magicamente, sem afundar, por um cervo branco conduzido por um grupo de quatro leões.²²⁷ A explicação dada nesse texto fortemente cristianizado, segundo a qual os quatro leões seriam os evangelistas e o cervo seria o Cristo, parece-nos não sair do nível alegórico de uma estratificação religiosa posterior, tendo o cervo já desempenhado um papel, muitas vezes importante, no antigo simbolismo centro-europeu e nórdico. De qualquer maneira, no texto já é suficiente a referência ao poder de conduzir para a superfície das águas, símbolo universal já explicado por uma precisa dignidade iniciática. Quanto aos dois episódios: roubo da cabeça do cervo e tentativa de encerrar Parsifal na tumba – tendo em vista que os dois cavaleiros que aparecem nos dois episódios são "irmãos", eles nos apresentam um dos casos da duplicação de um mesmo motivo, muito frequentes nesse tipo de literatura. O Parsifal que está para ser fechado de surpresa numa tumba é idêntico ao Parsifal a quem, momentaneamente, é raptado o privilégio sobrenatural simbolizado pelo cervo: em função disso, e integrado pela posse da mulher, ele levará para um êxito positivo e definitivo a aventura e provocará a efetiva ressurreição da realeza do Graal.

A insuficiência da força heroica, não no sentido técnico específico já indicado desse termo, mas no sentido comum, exprime-se também no motivo da dupla espada. A primeira espada, aquela que Parsifal carrega naturalmente consigo, ou que conquistou em suas aventuras preliminares, corresponde às virtudes puramente guerreiras devidamente vividas. A segunda, em Wolfram, Parsifal consegue obtê-la somente no castelo do Graal, como aquele que todos esperam que "faça a pergunta". Enfim, é aquela mesma que o rei vivo apenas aparentemente, no *Diu Crône*, transmite a Galvão antes de desaparecer, no sentido de passar a ela a sua própria função; e é a espada que no *Grand St. Graal*[228] Celidoine diz estimar como o próprio Graal.

Em Wolfram, a primeira espada pertencia originariamente ao Cavaleiro Vermelho. O tema do Cavaleiro Vermelho, no contexto da literatura do Graal, também não está muito claro. O Cavaleiro Vermelho se identifica, por um lado, com o tipo do cavaleiro decidido a abrir o próprio caminho do Graal com armas na mão. Mas ser um tipo como esse, revestir-se de semelhante dignidade, já é o resultado de uma seleção preliminar, diríamos, quase natural. Portanto, o Cavaleiro Vermelho às vezes é, sem dúvida, o herói que alcança o Graal,[229] e, em outras ocasiões, é um cavaleiro que este último venceu, de quem vestiu a armadura avermelhada e de cuja espada se apoderou. A passagem da função de uma pessoa para outra pela "prova das armas" é um motivo que já explicamos na introdução da obra e que tem uma estreita conexão com o ciclo. Por outro lado, vale lembrar aqui uma saga do ciclo céltico, que retoma o mesmo tema, apesar de o Graal não aparecer nele diretamente.

Sob uma grande árvore encontra-se uma fonte. E se essa árvore lembra "a árvore do Centro", a fonte no simbolismo tradicional se refere ao ponto em que a força vivificante (a água) brota em seu estado elementar. Quem derrama água dessa fonte provoca um estrondo terrível, tão grande que céus e terra estremecem. Em seguida, desencadeia-se uma onda de gelo misturado com água, tão forte que não se pode quase suportá-la sem morrer e que penetra até os ossos (equivalência com as descargas da prova no *Chastel marveil*).[230] A árvore então seca, sem mais nenhuma folha. Pássaros maravilhosos pousam sobre a árvore e, no momento em que se percebem suas vozes e se está prestes a ser raptados por eles, chega um cavaleiro negro contra o qual é preciso combater. Muitos cavaleiros da corte do rei Artur, de classe inferior, sucumbem, sobretudo por não terem sabido resistir à onda por eles provocada. No entanto, o cavaleiro Owein supera a prova, fere o cavaleiro negro e, enquanto o persegue, alcança um "grande castelo luminoso" onde recebe o anel da invulnerabilidade e da invisibilidade de uma Dama – símbolos de poder e de dignidade já explicados por nós. O cavaleiro negro, que era o senhor do castelo, morre. A Dama era a sua esposa, a "Dama da Fonte", que se torna agora a esposa do vencedor de seu marido. Owein assume a função do cavaleiro morto por ele. Os reis do "grande castelo luminoso" são os guardiões e os defensores da Fonte: uma vez vencidos, sua função passa para o vencedor.[231] Do mesmo modo, Parsifal, depois de ter morto o Cavaleiro Vermelho torna-se ele próprio o Cavaleiro Vermelho, o que é provado pelo fato de que ele veste a armadura e se apossa da espada dele.

A saga que acabamos de resumir faz parte dos *Mabinogion* e mostra uma interferência do tema da "prova das armas" com uma prova de tipo visivelmente iniciático, que integra a primeira: e, de uma maneira ideal, exatamente à superação dessa prova iniciática e não mais "natural" pode-se fazer corresponder a posse da segunda espada. Essa espada recebe, portanto, Parsifal no castelo do Graal. "Se conhece suas virtudes secretas", afirma Sigune, "podes enfrentar sem medo qualquer combate." O rei do Graal a havia usado antes de ser ferido. Ela pode se quebrar, e então, para soldá-la novamente é preciso recorrer às águas da "fonte" (fonte Lac).[232] O herói, que só com suas próprias forças e unicamente com sua própria coragem chega até o castelo inacessível do Graal, em geral, recebe justamente essa espada, ou é encarregado de soldá-la quando ela estiver quebrada. A finalidade última da procura, a "alta glória" e a suprema dignidade são alcançadas quando o ato de empunhar a espada ou de soldá-la leva imediatamente a "fazer a pergunta". "Colocar em sua mão a espada correspondia a convidá-lo a fazer a pergunta" – afirma-se em Wolfram.[233] Depois de obtida a espada, ou após ter executado uma das ações que, na variedade do simbolismo, de acordo com o que dissemos, correspondem à própria realização, é preciso sentir a exigência de conhecer a essência do Graal e assim também o mistério da lança e do rei ferido. Conseguir a espada ou soldá-la novamente significa mostrar-se virtualmente qualificado – ou "investido" – para ser admitido à visão do Graal, para assumir a potência da "Pedra da Luz" ou da "Pedra angular", para assumir a potência, sem dúvida, para fazer ressuscitar o "rei", para restaurar o reino devastado ou deserto. Uma primeira prova pode vir a falhar, a espada pode romper-se, e então é preciso reconstituí-la na "Fonte"; é preciso percorrer novamente um ciclo de aventuras cujo sentido talvez seja dado na melhor maneira exatamente pelo simbolismo da saga céltica, que acabamos de mencionar, tendo por chave justamente a "prova da Fonte", em sua semelhança com a prova do *Chastel marveil* por Cundrie justamente para aqueles que foram ao castelo do Graal sem alcançar a finalidade suprema.

Portanto, o herói, ao qual certa vez já foi confiada a espada, sente a essa altura uma invencível nostalgia. Parsifal afirma: "Esteja próxima ou remota a hora em que me será dado rever o Graal, até então não conhecerei mais alegria. É ao Graal que se dirigem todos os meus pensamentos. Nada me vai distrair dele enquanto eu viver".[234] Pouco a pouco, o herói se levantará da qualidade ainda passiva, lunar, simbolizada pelas peças prateadas, e passará para aquela ativa, viril em sentido transcendente, e a ela se adequará. Trata-se de um progressivo erguer-se, ao mesmo tempo prometeico e olímpico, pelo caminho onde heróis como Héracles ou Jacó, senhor dos anjos, venceram, e onde, ao contrário, sucumbiram tipos como Lúcifer, Prometeu e Adão. É a mesma transformação indicada pela *Ars Regia* hermética com esta fórmula: "A nossa obra é a transmutação de uma natureza em outra natureza, da fraqueza em forças, do denso no sutil, da corporeidade em espiritualidade".[235] Tendo chegado a tanto, a coroa real do Graal está definitivamente assegurada, o verdadeiro Senhor das Duas Espadas está desperto e vivo. Nesse momento, devemos lembrar um ponto fundamental: na literatura teológico-política, sobretudo gibelina, do período da luta das investiduras, as duas espadas, de uma imagem evangélica, não significavam outra coisa senão o duplo poder: político e o espiritual.

23. O Graal Como Mistério Gibelino

Justamente em relação a esse ponto podemos passar a considerar rapidamente o problema específico relativo ao significado que a ideia da realeza do Graal e da Ordem do Graal pôde ter no conjunto das forças, visíveis e secretas, que agiram no período histórico em que tais sagas mais se difundiram.

Já dissemos que tornar invisível ou inacessível tudo aquilo com que as tradições dos diferentes povos dramatizaram e conservaram a lembrança do centro e da tradição primitiva, simboliza a passagem de uma condição manifesta para uma condição oculta de um poder que nem por isso deve ser considerado menos real. O reino do Graal, nos termos de um centro para o qual, segundo Wolfram von Eschenbach, são chamados os eleitos de todas as regiões, de onde partem cavaleiros para terras longínquas, em missões secretas, e que, enfim, é "sementeira de reis", é a sede de onde são enviados para terras as mais diversas reis dos quais ninguém nunca saberá "de onde" realmente vêm nem qual seja sua "raça" ou "nome";[236] o sinal do Graal inacessível e inviolável permanece uma realidade mesmo na forma segundo a qual não se pode relacioná-lo com nenhum reino da história. É uma pátria que nunca poderá ser invadida, à qual pertencemos por um nascimento diferente do nascimento físico, por uma dignidade diferente de todas as dignidades do mundo, e que une, numa corrente inquebrantável, homens que podem aparecer dispersos pelo mundo, no espaço e no tempo, nas nações. Em nossos escritos, muitas vezes tivemos oportunidade de falar sobre este nosso ensinamento. Nesse sentido esotérico, o reino do Graal, assim como o reino de Artur, o reino do preste João, Thule, Avalon e assim por diante, sempre existem. A expressão *non vivit* da fórmula sibilina *Vivit non vivit* não se refere, a partir desse ponto de vista, a ele. Em seu caráter "polar" esse reino está imóvel; ele não se desloca para mais ou menos perto dos vários pontos da corrente da história, mas é a corrente da história, são os homens e os reinos dos homens que podem dirigir-se para mais ou menos perto dele.

Durante um determinado período, a Idade Média gibelina pareceu apresentar ao máximo uma aproximação desse tipo, pareceu oferecer condições suficientes para que o "reino do Graal" se transformasse de oculto em manifesto, se afirmasse como uma realidade simultaneamente interior e exterior, numa unidade da autoridade espiritual e do poder temporal, como nas origens. Por esse caminho, pode-se dizer que a realeza do Graal constituiu o coroamento do mito imperial medieval, a extrema profissão de fé do gibelinismo, que vive mais como clima do que num determinado ponto, exprimindo-se, portanto, mais por meio da saga e da figuração fantástica ou "apocalíptica" do que por meio da consciência refletida e da ideologia unilateralmente política daquele tempo; e isso, pela mesma razão pela qual aquilo que, no ser individual, se move de muito profundo e perigoso para a consciência de vigília, muitas vezes assume menos expressão nas formas claras destas últimas do que em símbolos de sonho e de espontaneidade subconsciente.

A compreensão mais profunda da Idade Média, a partir desse ponto de vista, nos obrigaria a expor novamente os delineamentos daquela metafísica geral da história ocidental que já traçamos em outra oportunidade.[237] Dessa maneira, lembraremos aqui somente alguns pontos, de maneira axiomática.

A decadência interna e, enfim, a queda política da antiga romanidade constituiu a ruptura da tentativa de formar o Ocidente segundo o símbolo imperial. A entrada do cristianismo, devido ao tipo todo particular de dualismo por ele afirmado e por seu caráter de tradição simplesmente religiosa, levou rapidamente, além do processo de dissociação, ao momento em que, depois da irrupção das raças nórdicas, assumiu forma a civilização medieval e ressurgiu o símbolo do império. O Sagrado Império Romano foi *restauratio* e *continuatio*, enquanto o seu significado último, além de qualquer aspecto exterior, além de qualquer compromisso com a realidade contingente e, muitas vezes, além da consciência limitada e da dignidade diversa dos expoentes de sua ideia como indivíduos, foi a de uma retomada do movimento romano em direção a uma síntese "solar" ecumênica: retomada que implicava, logicamente, a superação do cristianismo e que, portanto, devia entrar em conflito com a pretensão hegemonística cada vez mais assimilada pela Igreja de Roma. De fato, a Igreja de Roma não podia admitir o Império como um princípio superior ao princípio por ela representado: no máximo, apesar de estar em aberta contradição com suas premissas evangélicas, ela tentou usurpar-lhe esse direito, e assim surgiu a tentativa teocrática guelfa.

Em seu complexo, a civilização medieval, de acordo com a concepção corrente de que, pelo menos em seu ponto de partida, está correta, resultou de três elementos: primeiro, o nórdico-pagão; em segundo lugar, o cristão, e, em último lugar, o romano. O primeiro teve uma participação decisiva no que diz respeito ao modo de vida, à ética e à constituição social. O regime feudal, a moral cavaleiresca, a civilização das cortes, a substância originária que tornou possível o impulso das cruzadas são impensáveis sem uma referência ao sangue e ao espírito nórdico-pagão. Mas se as raças que desceram do Norte sobre Roma não devem ser consideradas "bárbaras" sob esse ponto de vista, já que, ao contrário, nos parecem aqui portadoras de valores superiores em relação a uma civilização já decomposta em seus princípios e em seus homens, pode-se, no entanto, falar de uma certa barbárie. Isso não significa primitivismo, mas antes involução, no que diz respeito às suas tradições propriamente espirituais. Já falamos de uma tradição nórdico-hiperbórea primitiva. Dessa tradição, nos povos do período das invasões deve-se encontrar somente ecos fragmentários, obscuras lembranças que dão lugar à saga popular e à superstição: de tal modo que tais formas de uma vida rude, guerreira, grosseiramente esculpida ficassem em primeiro plano, mais do que tudo o que, em sentido próprio, é espiritual. Com relação a este último aspecto, nas tradições nórdico-germânicas da época, constituídas em grande parte pelos Eddas, temos resíduos cujas possibilidades vitais parecem estar quase esgotadas e nas quais muito pouco havia ficado da grande pausa e da tensão física própria dos grandes ciclos da tradição das origens. Pode-se, portanto, falar de um estado de latência involutiva da tradição nórdica. Mas, assim que se produziu o contato com o cristianismo e com o símbolo de Roma, sucedeu uma condição diferente. Esse contato agiu de maneira galvanizante. O cristianismo reavivou, apesar de tudo, o sentimento genérico de uma transcendência, de uma ordem sobrenatural. O símbolo romano forneceu a ideia de um *regnum* universal, de uma *aeternitas* trazida por um poder imperial. Tudo isso passou a integrar a substância nórdica, conferiu pontos de referência superiores ao seu *ethos* guerreiro, a ponto de dirigir-se gradativamente para um daqueles ciclos de restauração que chamamos "heroicos" num especial. É assim que, a partir do tipo do simples guerreiro surge o tipo do cavaleiro; é assim que as antigas tradições germânicas da guerra, em função da Valhalla, se desenvolvem até a épica supernacional da "guerra sagrada", a cruzada; é assim que do tipo do Príncipe de uma raça específica se passa para o tipo do

Imperador sacral e ecumênico, que afirma que o princípio de seu poder tem um caráter e uma origem não menos sobrenatural e transcendente do que o da Igreja.

Esse verdadeiro Renascimento, esse grandioso desenvolvimento e essa maravilhosa transmutação de forças requeriam, no entanto, um último ponto de referência, um centro supremo de cristalização, mais alto do que a ideia cristã, mesmo que romanizada, mais alto do que a ideologia externa, política, do Império. Esse ponto supremo de integração apresentou-se justamente no mito da realeza do Graal e do reino do Graal, segundo a íntima relação que ele tinha com as inúmeras variações da "saga imperial". O mudo problema da Idade Média gibelina expressou-se no tema fundamental desse ciclo de lendas: a necessidade de que, por parte de um herói de "duas espadas", vencedor de provas naturais e sobrenaturais, a pergunta fosse feita: a pergunta que vinga e cura, a pergunta que devolve à realeza a sua força, a pergunta que restaura.

A Idade Média aguardava o herói do Graal, para que o chefe do Sagrado Império Romano se tornasse uma imagem ou manifestação do próprio "Rei do Mundo", de modo que todas as forças recebessem nova animação, a Árvore Seca reflorescesse, um ímpeto absoluto para vencer toda usurpação, todo antagonismo, toda dilaceração, e vigorasse realmente uma ordem solar, o imperador invisível fosse também o manifesto e a "Idade do Meio" – a Idade Média – tivesse o sentido de uma Idade do Centro.

Não há quem, acompanhando as aventuras dos heróis do Graal até à famosa pergunta, não tenha a nítida sensação, inequívoca, de que algo, num determinado momento, impedirá o autor de falar, e uma resposta banal seja dada para calar a verdadeira resposta, pois não se trata de saber o que são os objetos segundo a historiazinha cristianizada ou a de antigas sagas célticas e nórdicas, mas trata-se de sentir a tragédia do rei ferido ou paralisado e, tendo enfim chegado àquela realização interior da qual a visão do Graal é símbolo, assumir a iniciativa da ação absoluta que restaura. O poder milagrosamente redentor atribuído à pergunta resulta como uma extravagância somente nesse sentido. Perguntar equivale a apresentar o problema. A indiferença, que no herói do Graal, é culpa, o seu assistir "sem perguntar" ao espetáculo do esquife, do rei que sobrevive, inanimado, morto, ou que conserva uma aparência artificial de vida, depois de terem sido realizadas todas as condições da cavalaria "terrena" e da "espiritual" e se tenha conhecido o Graal, é a indiferença a esse problema. Conforme dissemos, a dignidade do herói do Graal é uma dignidade que se empenha. Esse é o seu caráter específico, prevalente e, podemos dizer, também antimístico. Historicamente, o reino do Graal, que teria sido levado a um novo esplendor, é o próprio Império; o herói do Graal, que se tornaria "o Senhor de todas as criaturas", aquele ao qual foi transmitida a "suprema potência", é o próprio Imperador histórico, "Federicus", caso tivesse sido o realizador do mistério do Graal, aquele que se torna ele próprio o Graal.

Há alguns textos [238] nos quais um tema como este é tratado de maneira ainda mais imediata. O cavaleiro eleito ao chegar ao castelo dirige-se diretamente ao rei e, quase brutalmente, deixando de lado qualquer cerimonial, pergunta-lhe: "Onde está o Graal"? O que significa: Onde está o poder do qual você deveria ser o representante? A partir dessa pergunta, acontece o milagre.

E aqui, fragmentos de remotas tradições atlânticas, célticas e nórdicas se misturam com imagens confusas da religião hebraico-cristã. Avalon, Set, Salomão, Lúcifer, a pedra-relâmpago, José de Arimateia, a "Ilha Branca", o peixe, o "Senhor do Centro" e o simbolismo de sua sede, o mistério da vingança e do resgate, os "sinais" dos Tuatha dé Danann, que por sua vez se confundem com a raça que trouxe o Graal para a Terra: todo um conjunto cujos elementos, como nos esforçamos por mostrar, revelam, porém, uma unidade lógica a quem penetrar-lhe a essência.

Durante cerca de um século e meio, todo o Ocidente cavaleiresco viveu intensamente o mito da corte de Artur e de seus cavaleiros que se dedicam à procura do Graal. Foi como o progressivo saturar-se de um clima histórico a que logo se seguiu uma brusca ruptura. Esse despertar de uma tradição heroica ligada a uma ideia imperial universal devia fatalmente suscitar forças inimigas e levar, enfim, ao choque com o catolicismo.

A verdadeira razão que fez da Igreja uma vigorosa antagonista do Império foi a sensação instintiva da verdadeira natureza da força que ganhava terreno por trás das formas exteriores do espírito cavaleiresco e da ideia gibelina. Enquanto do outro lado, isto é, entre os defensores do Império, devido a compromissos, contradições e indecisões das quais o próprio Dante não se livrou, pode-se notar a presença apenas parcial de uma consciência, o instinto da Igreja, a esse respeito, foi correto. De onde o drama do gibelinismo medieval, da grande cavalaria e, especialmente, o da Ordem dos Templários.

Notas

1. Cf. J. L. WESTON, *The Quest of the Holy Grail*. Londres, 1913, pp. 4, 135, 137.
2. Tradução italiana: *Parsifal*, Tea, Milão, 1989 (N. do E.).
3. Os textos de 1 a 5 podem ser encontrados nas seguintes edições: P. PARIS, *Les romans de la table ronde*. Paris, 1868; J. FURNIVAL., *Queste del St. Graal*. Londres, 1864; C. POTVIN, *Perceval li Gallois ou le Conte du Graal*. Mons, 1866-1871; F. MICHEL, *Le roman du St. Graal*. Bordéus, 1841; E. HUCHER, *Le St. Graal ou Le Joseph de Arimathia*. Mons-Paris, 1875; A. PAUPHILET, *La Queste del Saint Graal*. Paris, 1949. Tendo em

vista que desses textos em A. BICH-HIRSCHFELD, *Die Sage vom Gral*. Leipzig, 1877, encontra-se uma excelente análise complexiva, é a ela que, para comodidade do leitor, remeteremos normalmente nas citações. Para a obra de von Eschenbach citaremos da edição P. PIPER, *Wolfram von Eschenbach*. Stuttgart, 1891-1893, vol. 4; para a de Malory, da edição STRACHEY, *Morte Darthur*. Londres-Nova York, 1876, e, enfim, para a de von dem Turlin, da edição G. H. F. SCHOLL (*Diu Crône*, Stuttgart, 1852).

4. *Perceval li Gallois*, p. 134.
5. *Joseph de Arimathia*, p. 156.
6. GAUTIER DE DOULENS, *Le Conte du Graal*, p. 94.
7. R. HEINZEL, *Ueber die französischen Gralsromane*. Viena, 1891, p. 42. Deve-se observar, por outro lado, que, em muitos romances, José de Arimateia continua a aparecer como uma espécie de "presença" no castelo onde se desenvolvem as aventuras dos heróis predestinados, assumindo por vezes ele mesmo os traços do "rei ferido".
8. *Grand St. Graal*, p. 22.
9. WOLFRAM VON ESCHENBACH, *Parzival*, vol. II, p. 40.
10. *Perlesvax*, p. 173.
11. *Grand St. Graal*, pp. 10-2; *Perceval li Gallois*, p. 123. Os números sete e quarenta têm um caráter esotérico e foram também relacionados a processos interiores de desenvolvimento e de purificação.
12. *Grand St. Graal*, p. 13.
13. *Perceval li Gallois*, p. 133.
14. *Merlin*, p. 167.
15. *Perlesvax*, p. 178.
16. Trata-se, sobretudo, do Evangelho de Mateus (XXVI) e do *Gesta Pilati* (XII, XIV).
17. Cf. A. BICH-HIRSCHFELD, *Die Sage vom Gral*, cit., p. 214.
18. No apêndice à edição citada da *Morte Darthur*, p. 491.
19. Cf. J. L. WESTON, *The Quest*, cit., p. 55; E. WECHSSLER, *Die Sage vom Heiligen Gral in ihrer Entwicklung*. Halle, 1898, p. 9, escreve: "Apesar de seu caráter decididamente religioso, a lenda (do Graal) não foi reconhecida pela Igreja e pelo clero. Nenhum escritor eclesiástico nos conta nada sobre o Graal. Na tão rica literatura eclesiástica que chegou até nós, em nenhum momento vemos lembrado o próprio nome do Graal, exceção feita ao cronista Elinando. E, todavia, aos seus autores dificil-

mente deve ter ficado desconhecida a maravilhosa narrativa do símbolo da fé. Antes, eles devem ter tramado em torno da lenda uma conspiração de silêncio". J. MARX (*Légende arthurienne*, cit., p. 7) observa: "Nunca a Igreja se apossou da lenda do Graal. Parece que nessa lenda ela vislumbrara algo de anterior, de originário, de misterioso".

A tese é sem dúvida justa no sentido de que nenhum autor eclesiástico confesso, nenhum religioso nem a Igreja oficial jamais falaram de maneira explícita do Graal, embora se deva levar em conta que hoje é tese aceita o fato de o dito *Lancelot em prosa*, anônimo e em cinco volumes, ter sido escrito em ambiente monástico cisterciense na segunda década do século XIII, provando assim que o mito exercia influência também sobre aquela espiritualidade. Cf. Adolfo Morganti, *Il Mago Merlino*, Solfanelli, Chieti, 1989 – N. do E.).

20. Cf. J. L. WESTON, *op. cit.*, p. 54.
21. Cf. R. HEINZEL, *op. cit.*, Viena, 1891, p. 112; *Merlin*, p. 167.
22. WOLFRAM VON ESCHENBACH, *op. cit.*, vol. IV, p. 83; vol. III, pp. 48-99; *"erjach, ez hiez ein dinc der grâl: / des namen las er sunder twâl/ – inme gestierne, wie der hiez"*.
23. *Joseph de Arimathia*, pp. 152, 157-58; *Perceval li Gallois*, p. 134.
24. Cf. J. L. WESTON, *op. cit.*, cit., pp. 8-9.
25. *Ibid.*, p. 108.
26. *Grand St. Graal*, pp. 9-12.
27. *Morte Darthur*, XI, 2.
28. CHRÉTIEN DE TROYES, *Le Conte du Graal*, p. 76.
29. *Joseph de Arimathia*, pp. 151-52.
30. *Grand St. Graal*, p. 12.
31. GAUTIER DE DOULENS, *op. cit.*, p. 97.
32. WOLFRAM VON ESCHENBACH, *op. cit.*, vol. II, pp. 237, 240: *"Den wunsch von pardîs, – bêde wurzeln unde rîs, – daz was ein dinc, daz hiez der Grâl, – erdenwunsches überwal"*.
33. *Morte Darthur*, XIII, 6.
34. WOLFRAM VON ESCHENBACH, *op. cit.*, vol. III, p. 62, vol. II, p. 240: *"Diu werde gesellschaft – hete wirtdschaft vome Grâl"*.
35. *Perceval li Gallois*, p. 126.
36. *Grand St. Graal*, p. 23.
37. *Queste du Graal*, p. 27.
38. *Perlesvax*, p. 177.

39. *Queste du Graal*, pp. 42-3.
40. MANESSIER, *Le Conte du Graal*, p. 102. Juntamente, a virtude luminosa: *"por la clarté lor oils ovrierent – tou emmi cele clarté virent – un angle tout empérial – qui en ses mains tint le gréal"*. Para o leitor atento, o fato de a visão, como essa luz, verificar-se, segundo esse texto, à meia-noite, não está privada de significado esotérico (cf. o "sol da meia-noite" etc.).
41. *Morte Darthur*, XI, 13-4; XII, 4.
42. *Queste du Graal*, p. 40.
43. WOLFRAM VON ESCHENBACH, *op. cit.*, vol. III, p. 62.
44. *Ibid.*
45. *Grand St. Graal*, p. 25.
46. *Joseph de Arimathia*, p. 152.
47. Cf. W. GOLTHER, *Parzifal und der Grâl*, Stuttgart, 1925, p. 250.
48. WOLFRAM VON ESCHENBACH, *op. cit.*, vol. II, p. 253: *"wan zwaz die lüfte hant beslagen – dârobe muoster hoche tragen. – Dier dienet zam unde wilt, – ze richeit ist dir wunsch gezilt"*.
49. M. COYAJEE, in *Journal of K. B. Oriental Studies*. Bombaim, nº 33 (1939), pp. 49 ss. (citado por J. MARX, *La légende arthurienne et le Graal*. Paris, 1952, pp. 244-48).
50. *Grand St. Graal*, pp. 16-7; 24.
51. *Paradiso*, XXX.
52. Cf. E. J. DÉLÉCLUZE, *Ronald*, cit., vol. I, p. 143.
53. GERBERT DE MOSTREUIL, *Le Conte du Graal*, pp. 106-07.
54. *Diu Crône*, pp. 281-83.
55. *Morte Darthur*, XIII, 6.
56. Reaparece aqui o número tradicional "sete", e talvez se pudesse pensar em efeitos específicos de uma força despertada sobre os "sete centros de vida", a respeito dos quais se fala no ensinamento esotérico (cf. J. EVOLA, *Lo Yoga della potenza*. Roma: Edizioni Mediterranee, 1994).
57. *Grand St. Graal*, p. 25.
58. *Joseph de Arimathia*, p. 155; *Perlesvax*, pp. 171-72.
59. GERBET DE MOSTREUIL, *op. cit.*, p. 103.
60. *Perlesvax*, p. 172.
61. *Queste du Graal*, pp. 27, 37; *Morte Darthur*, XIII, 4-6.
62. WOLFRAM VON ESCHENBACH, *Parzival*, vol. III, p. 68.
63. *Morte Darthur*, XVII, 15.

64. WOLFRAM VON ESCHENBACH, *op. cit.*, vol. III, p. 62: "*si* (isto é, os Templários) *lebent Von einem steine: – des geslüthte ist vil reine – Hat ir desmiht erkennt – der wirt in hie genennt – Er heizet lapsit exillis*".
65. *Apud* A. BICH-HIRSCHFELD, *op. cit.*, cit., pp. 289-90.
66. WOLFRAM VON ESCHENBACH, *op. cit.*, vol. II, pp. 49, 64.
67. *Der Wartburgkrieg*, org. K. SIMROCK. Stuttgart, 1858, pp. 174-78, pars. 142-45. Em alguns trechos desse texto a pedra é encontrada por Parsifal; em outros ela "é" o próprio Parsifal – identificação, esta, bastante interessante.
68. Cf. R. GUÉNON, *Le roi du monde*, cit., cap. V; E. MICHELET, *Le secret de la chevalerie*. Paris, 1930, pp. 27-30. (tr. it.: *Il segreto della cavalleria*, a cura de Gianfranco de Turris, Basaia, Roma, 1985.) Isso pode trazer a lembrança da saga árabe a respeito da pedra negra da Caaba, doada por Gabriel a Adão, levada para o céu depois do dilúvio e trazida de volta à Terra por Gabriel, para servir como "pedra angular" para o centro da tradição islâmica. Essa pedra, branca e resplandecente, depois do pecado tornou-se preta (cf. G. WEIL, *Biblische Legenden der Muselmänner*. Frankfurt, 1845, pp. 37, 84, 93). Quanto a esta última interpretação, é preciso provavelmente retificá-la no sentido de que a cor negra indica o que está oculto, não manifesto, como é o "Centro" supremo no período de escurecimento de toda civilização tradicional.
69. Tradição citada por O. RAHN, *Der Kreuzzug gegen den Gral*, cit., p. 78.
70. Cf. E. MARTIN, *Wolfram von Eschenbach*, Halle, 1902, vol. II, p. XLIV).
71. Cf. K. SIMROCK (org.), *op. cit.*, cit., p. 353. Cf. também *La navigazione di San Brandano*, Bompiani, Milão, 1975; e *Il viaggio di San Brandano*, Pratiche, Parma, 1994 – N. do E.).
72. Cf. H. D'ARBOIS DE JUBAINVILLE, *Le cycle mythologique*, cit., p. 56.
73. WOLFRAM VON ESCHENBACH, *op. cit.*, vol. III, p. 254.
74. Cf. J. EVOLA, *La tradizione ermetica*. Roma: Edizioni Mediterranee, 1996, pp. 15ss.
75. TERTULLIANO, *De cultu Fem.*, I, 2b.
76. *Morte Darthur*, XVII, 5.
77. Cf. W. F. WILCKE, *Geschichte des Tempelherrenordens*. Leipzig, 1826, vol. II, p. 351.
78. WOLFRAM VON ESCHENBACH, *op. cit.*, vol. II, p. 329; vol. III, p. 43.
79. *Ibid.*, vol. III, p. 253.

80. *Ibid.*, vol. III, pp. 65-6.
81. Cf. SAN MARTE, *Parcival*. Halle, 1887, p. LIV. Parcifal diz: *"mit saelde gerbert hân den grâl"*.
82. WOLFRAM VON ESCHENBACH, *op. cit.*, vol. III, p. 57.
83. *Ibid.*, vol. III, p. 65: *"Ir müest aldâ vor hôchvart / mit senften willen sin bewart. / Iuch verleite lihte inwer iugent, / daz ir der kiusche braechet tugent"*.
84. *Ibid.*, vol. III, p. 65.
85. WOLFRAM VON ESCHENBACH, *op. cit.*, vol. III, pp. 70-1.
86. J. MARX (*Légende arthurienne, cit.*, pp. 211-13) observa exatamente que, no início, no primeiro lugar entre as virtudes do herói do Graal não aparecia absolutamente a castidade; ao contrário, muitas vezes seus amores são bastante ousados, bem como caracterizados por sua fugacidade, pelo fato de não se deixar amarrar. Só mais tarde, sob influência da versão de Robert de Boron, o cavaleiro do Graal se tornará o Casto, o Virgem, e Wagner popularizará justamente essa versão do herói.

    Como contrapartida, em geral as mulheres dessas narrativas também não têm nenhuma dificuldade em entregar-se, eventualmente depois de ter solicitado a quem as deseja uma ou outra prova, e reproduzem o tipo afrodítico e inconstante de muitas figuras celtas. A própria mulher de Artur tem um comportamento ambíguo; parece prestar-se ao seu rapto com certa condescendência. Castidade e idealização não estão de maneira nenhuma em primeiro plano.
87. Para o sentido do castigo de Prometeu, cf. *Rivolta contro il mondo moderno*, cit., Segunda Parte, cap. 7. O leitor, em seguida, observará que não está muito claro o motivo pelo qual a palavra "amor" de Amfortas "não combina muito com a humildade", a menos que se dê à palavra "amor" o significado cifrado e iniciático do qual falaremos abaixo, quando tratarmos dos "Fiéis do Amor", italianos e provençais.
88. WOLFRAM VON ESCHENBACH, *op. cit.*, vol. IV, pp. 35-6. Galvão responde: "Parecerá que sou eu quem combate, mas na realidade sereis vós que combatereis em mim" / *"man mac mich dâ in strîte sehen: – der muoz mînhalp von iu geschehen"*.
89. Ibid., vol. II, p. 316; *Morte Darthur*, XIII, 15.
90. Ibid., vol. IV, pp. 71 ss.; *Diu Crône*, pp. 158 ss.
91. *Queste du Graal*, p. 38.
92. *Grand St. Graal*, pp. 18-19; GERBERT DE MOSTREUIL, *Le Conte du Graal*, p. 103; *Morte Darthur*, XIV. 9-10. Aqui, a "tentação" é colocada

em relação exatamente com "aquele que foi o mais poderoso anjo do céu e que perdeu a sua herança".
93. WOLFRAM VON ESCHENBACH, *op. cit.*, vol. III, p. 203.
94. GERBERT DE MOSTREUIL, *op. cit.*, p. 103.
95. WOLFRAM VON ESCHENBACH, *op. cit.*, vol. II, p. 237. De Repanse de Schoye fala-se: "Seu rosto irradiava um esplendor tão grande que todos julgavam ver o Sol na aurora".
96. WOLFRAM VON ESCHENBACH, *op. cit.*, vol. III, pp. 196, 264, 267, 275.
97. *Ibid.*, vol. IV, pp. 93-4.
98. *Diu Crône*, pp. 192-94.
99. *Ibid.*, pp. 284 ss.
100. *Ibid.*, p. 195.
101. *Ibid.*, pp. 196-202.
102. *Ibid.*, pp. 212-14.
103. Deve-se observar que, no simbolismo da literatura germânica dos trovadores, Saelde identifica-se com Feliciâ e tem como filho Heil. Ela personifica, portanto, a *Felicitas* no sentido romano. Saelde significa *Glük*, a qualidade daquele que consegue, que chega "felizmente" ao seu objetivo; e essa qualidade gera *Heil*, isto é, a "saúde", a salvação, na referência a Saelde como "mulher divina". O simbolismo não pode ser mais transparente e é uma confirmação exata das nossas interpretações.
104. WOLFRAM VON ESCHENBACH, *op. cit.*, vol. III, p. 239: *"Du bâst / der sêle rouve erstritten"*.
105. Cf. *Morte Darthur*, X, 4, onde uma dupla superação como essa é dada por meio da alegoria de sir Tristan, concebido como um cavaleiro da Távola Redonda que, assistido por Morgan le Fay, pela "mulher sobrenatural", mata tanto sir Sagramor le Desirous, como sir Dodinas le Savage.
106. A esse respeito, cf. essencialmente a nossa *Metafisica del sesso*. Roma: Edizioni Mediterranee, 1994.
107. Cf. R. GUÉNON, *Le roi du monde*, cit., cap. V.
108. Cf. A. AVALON, *The Serpent Power*. Londres, 1924. (tr. it.: *Il potere del Serpente*, Roma: Edizioni Mediterranee, 1968).
109. Cf. R. GUÉNON, "Les pierres de Foudre", *in Le Voile d'Isis*, nº 113, 1929, pp. 347-48. (tr. it., "Le pietre del fulmine", *in Simboli della Scienza sacra*, cit.).

110. *Ibid.*, cit., p. 348. De nossa parte, observaremos que é interessante reencontrar o machado ou o duplo machado hiperbóreo, carregado por uma figura de centauro, em numerosos desenhos e símbolos da antiga Escócia e Irlanda: Cf. J. ROMILLY ALLEN, *The Early Christian Monuments of Scotland*. Edimburgo, 1903, pp. 223, 253, 297. Naturalmente, com a "migração dos símbolos", o machado acabou associado em épocas posteriores com várias figuras de escassa relação com a tradição hiperbórea, se é que não houve verdadeiras usurpações (cf., por exemplo, no ciclo da antiga civilização pelásgica).
111. Cf. B. JUNK. *Gralsage und Gralsdichung des Mittelalters*. Viena, 1911, pp. 19 ss.; L. VON SCHROEDER, *Die Wurzel der Sage vom h. Gral*, cit., p. 63. Como antecedente, na tradição irlandesa J. MARX (*Légende arthurienne*, cit., pp. 103-35) menciona a *Gai Bolga*, originalmente lança do deus Lug, que entre seus atributos tem o raio e o relâmpago; ela fulmina, tem um poder prejudicial e destrutivo, que é preciso atenuar com um procedimento determinado, misterioso; caso contrário queimaria quem dela se servisse. A ela é que é atribuído o "golpe fatal" que colocou em perigo a soberania e a saúde da corte da Távola Redonda; atingiu e feriu inclusive o rei do Graal, como também Galvão numa noite de provas desastrosas.
112. WOLFRAM VON ESCHENBACH, *op. cit.*, vol. II, p. 240: *"Wan du Grâl was der saelden fruht / der werlde süeze ein sölh genuht, / er wäc vil nâch gelîche, / als man saget von himelrîche"*.
113. *Queste du Graal*, p. 50.
114. *Perceval li Gallois*, p. 132.
115. *Diu Crône*, 188 ss.
116. F. KAMPERS, *Das Lichtland der Seelen*, cit., pp. 48, 115.
117. No contexto das várias narrativas relativas ao "cavaleiro do cisne", Elias ou Lohengrin (cf. textos em W. GOLTHER. *Parzival und der Gral*, cit., pp. 251-53), esse cavaleiro provém de uma sede que, alternativamente, nos aparece como o paraíso terrestre, onde se encontra o Graal (*annales quosdam veteres volunt prodidisse, Heliam istum e paradysi terrestris loco quodam fortunatissimo, cui Graele nomen esset, navigatio tali venisse*), como a sede de Artur e como a "montanha"; o tema do cisne leva-nos ao mesmo cisne com que Apolo chega de sua sede hiperbórea, isto é, da "ilha solar de Apolo", que é a mesma "ilha de Avalon", que mais uma vez, por meio do tema do "cavaleiro do cisne", aparece relacionada com o Graal.

118. Cf. R. GUÉNON, "Sheth" (in *Voile d'Isis*, nº 142, 1931), p. 587. (tr. it., "Sheth", in *Simboli della Scienza sacra*, cit. – N. do E.).
119. Cf. L. E. ISELIN, *Der morgenländische*, cit., pp. 55-6, 89-91.
120. Cf. R. GUÉNON, *Le roi du monde*, cit., cap. VI.
121. *Ibid.*, cap. I.
122. Cf. F. KAMPERS, *Das Lichtland der Seelen*, cit., p. 88.
123. Cf. L. PRELLER, *Griechische Mythologie*. Berlim, 1872, pp. 66-7. Deve-se lembrar a lenda islâmica já citada, segundo a qual a pedra do paraíso voltou para a Terra depois do dilúvio.
124. PLÍNIO, *Nat. Hist.*, XXXVIII, 135.
125. *Gênesis*, 28, 11-12. A "escada" que une o céu à Terra é um equivalente da "ponte" simbólica à qual tradicionalmente é atribuída a função de "centro" e de "mediador" do *pontifex*, função que se confunde com a verdadeira realeza. Nos *Mabinogion* e na tradição nórdica em geral, corre este ditado: "Que aquele que é chefe, sirva-nos de ponte".

    Uma outra convergência interessante: há quem pretenda que a pedra irlandesa da consagração dos reis tenha sido obtida da pedra, do "betilo", da história de Jacó, a que está relacionado o significado que indicamos.
126. *Gênesis*, 27, 36; 32, 24-30.
127. Cf. P. HAGEN, *Der Gral*, cit., pp. 105-06.
128. *Gênesis*, 32, 25, 31-2: "E o sol se levantou logo que ele passou o Semblante de Deus – *pen'iel* – e ele mancava de uma perna".
129. *Grand St. Graal*, pp. 19-20; *Queste du Graal*, pp. 46-7; *Morte Darthur*, XVII 5, 6-7.
130. A explicação dada a respeito pelos textos é um dos inúmeros "revestimentos" com base em elementos cristãos: diz-se que o navio representa a Igreja, que as três cores são as que a Árvore assumiu na época de Eva, do nascimento de Abel e do assassínio deste por parte de Caim. A esse respeito, poderia ser aproveitável a informação que se refere a uma luta fratricida que pode estar relacionada com a história celta do "golpe doloroso". As três cores muito provavelmente revelam o seu sentido àquele que, antes, as associe a essas mesmas cores que estão presentes, por exemplo, na tradição hermética, onde elas indicam três graus do desenvolvimento iniciático e da obra da "pedra", desde a *albedo* até a *rubedo*. De resto, a cor vermelha é aquela mesma do cavaleiro do Graal como "cavaleiro vermelho". O tema do fratricídio refere-se

provavelmente a uma prova das armas cuja solução foi no sentido de uma usurpação, a respeito do que veja-se o que falamos no par. 19.
131. *Morte Darthur*, XVII, 6-7.
132. *Grand St. Graal*, pp. 19-20.
133. *Morte Darthur*, XVII, 4.
134. Cf. F. KAMPERS, *Das Lichtland der Seelen*, cit., pp. 37-9; W. GOLTHER, *Parzival und der Grâl*, cit., p. 207. Note-se que Alexandre aparece, em WOLFRAM VON ESCHENBACH, *op. cit.*, (vol. III, p. 230), entre aqueles que, mais do que qualquer outro, depois de Adão, conheceram a virtude de pedras mágicas, como as que se encontram na armadura do meio-irmão de Parsifal, Feirefiz.
135. *Grand St. Graal*, pp. 16-7; *Queste du Graal*, p. 50.
136. *Grand St. Graal*, p. 17.
137. J. L. WESTON, *The Legende of Sir Perceval*. Tema semelhante no *Conte du Graal* de MANESSIER, p. 100.
138. J. LOTH, *Les Mabinogions*. Paris, 1889, vol. II, pp. 45 ss.; P. HAGEN, *Der Gral*, cit., p. 82.
139. J. LOTH, *op. cit.*, cit., p.109.
140. J. LOTH, *op. cit.*, p. 59. Pode haver uma correspondência entre o número dessas provas e os três riachos de sangue que brotam da lança.
141. Cf. A. BICH-HIRSCHFELD, *Die Sage vom Gral*, cit., pp. 205-06.
142. Sobre a *Distruzione del Palazzo di Da Derga*, cf. Jean Markale, *Il Druidismo*, cit., pp. 185 e 205 (N. do E.).
143. Cf. A. C. L. BROWN, *The Bleeding Lance* (Publication of the Modern Language Association of America, XXV, I, 1910), pp. 9, 10, 20, 41.
144. WOLFRAM VON ESCHENBACH, *op. cit.*, vol. II, p. 80; vol. II, p. 256: *"an dem got wunder, bât getân"*. – Querendo adotar também a interpretação que se reporta a experiências de magia sexual, o "sangue misturado com substância venenosa em chamas", inextinguível, é uma referência, no mínimo oportuna, ao estado de desejo obsessivo, que nada consegue satisfazer, sobretudo para quem sai "ferido" dessas experiências. Cf. nosso livro *Metafísica del sesso*.
145. *Grand St. Graal*, p. 24; *Queste du Graal*, pp. 42-3; GERBERT DE MOSTREUIL, *Le Conte du Graal*, pp. 106-07.
146. *Morte Darthur*, XVII, 6-7.
147. *Queste du Graal*, pp. 46-7. Numa interpolação do texto de Chrétien de Troyes (narrada por W. GOLTHER, *Parzival*, p. 12) temos este detalhe

interessante: a espada do Graal rompe-se no primeiro golpe que Parsifal desfere contra Orguilleus, e ele deve combater utilizando não essa espada, mas a sua, isto é, a espada do "cavaleiro vermelho" (sobre o qual, cf. par. 23).

148. *Queste du Graal*, pp. 44-7; *Morte Darthur*, XVII, 4; *Grand St. Graal*, p. 21.
149. *Queste du Graal*, p. 47.
150. *Ibid*; p. 20.
151. *Ibid*; p. 46.
152. *Morte Darthur*, II, 1, 2; II, 15-6; II, 18.
153. *Ibid*; II, 19. No *Grand St. Graal* há a seguinte versão: o rei da dinastia do Graal, Lambor, foi ferido por um adversário, Bruillant, com a espada de Salomão. Foi o primeiro golpe desferido com ela na Britânia, e para vingar esse golpe verificaram-se tantas lutas a ponto de devastar o reino, que então foi chamado de *terre gaste*. No ato de colocar a espada em sua bainha (lembrar-se do seu nome: *memoire de sange*), Bruillant cai morto. No mesmo texto fala-se de um sucessor de Lambor, o rei Pelleant, sempre da dinastia dos "reis pescadores", ferido em ambas as coxas numa batalha diante de Roma e chamado por essa razão de "rei aleijado" – *li rois mehaignies* – que poderá ser curado somente com a chegada do herói predestinado, Galahad. Nessas versões parece ter destaque, sobretudo, o tema de uma prova de armas que se resolveu com a inferioridade de alguns representantes da realeza do Graal.
154. GAUTIER DE DOULENS, *op. cit.*, pp. 94-5.
155. *Grand St. Graal*, p. 28. Uma noite de provas já era um motivo constante nas antigas narrativas irlandesas – cf. A. BROWN, *The Origin of the Grail Legend*, Cambridge, 1943, pp. 218-25.
156. *Diu Crône*, pp. 352, 359 ss.
157. Cf. J. L. WESTON, *The Quest*, cit., pp. 111.12.
158. WOLFRAM VON ESCHENBACH, *op. cit.*, vol. IV, pp. 253-54.
159. MANESSIER, *op. cit.*, pp. 100, 102.
160. GERBERT DE MOSTREUIL, *op. cit.*, pp. 102-03, 107.
161. GAUTIER DE DOULENS, *op. cit.*, p. 98.
162. *Diu Crône*, pp. 364-65.
163. Cf., por exemplo, *Perceval* de DIDOT (J. L. WESTON, *op. cit.*, cit., p. 62).
164. WOLFRAM VON ESCHENBACH, *op. cit.*, vol. II, p. 242, vol. III, p. 91.

165. Cf. *Queste du Graal*, pp. 42-3; GERBERT DE MOSTREUIL, *op. cit.*, p. 107 etc. Em Albrecht, Titurel, também, tem cerca de quinhentos anos.
166. *Perlesvax*, p. 173.
167. WOLFRAM VON ESCHENBACH, *op. cit.*, vol. III, pp. 80-1, 83; no vol. III, p. 245 acrescenta-se que os sofrimentos tornam-se mais agudos mesmo sob o reino de Júpiter e de Marte que, novamente, representam a realeza olímpica e o princípio guerreiro.
168. Cf., por exemplo, WOLFRAM VON ESCHENBACH, *op. cit.*, vol. II, p. 253; CHRÉTIEN DE TROYES, *op. cit.*, pp. 77, 80. A Árvore é quase sempre o carvalho, que nas antigas tradições celtas desempenhou o papel de Árvore do Mundo e do "Centro".
169. CHRÉTIEN DE TROYES, *op. cit.*, p. 77.
170. WOLFRAM VON ESCHENBACH, *op. cit.*, vol. II, pp. 250, 254-55.
171. *Ibid.*, vol. II, p. 256.
172. *Perceval li Gallois*, pp. 124-25.
173. *Ibid.*, pp. 128-31, 134.
174. *Grand St. Graal*, p. 25.
175. *Joseph de Arimathia*, p. 157.
176. *Grand St. Graal*, p. 25.
177. Cf. A. NUTT, *Studies*, cit., pp. 158, 209.
178. *Apud* H. D'ARBOIS DE JUBAINVILLE, *op. cit.*, cit., pp. 50 ss.
179. Cf. F. KAMPERS, *op. cit*, cit., pp. 37-8.
180. *Ibid.*, p. 39; cf. p. 102. Nas profecias francesas e italianas de Merlin encontra-se um tema semelhante, nos termos da coroa do imperador Adriano de Orbante, perdida no mar, cujas "pedras" teriam sido levadas a "Frederico" por um pescador.
181. CHRÉTIEN DE TROYES, *op. cit.*, p. 77.
182. *Perceval li Gallois*, p. 131.
183. WOLFRAM VON ESCHENBACH, *op. cit.*, vol. III, p. 82.
184. Cf. L. CHARBONNEAU-LASSAY, "Le poisson", *in Regnabit*, dezembro de 1926. (Agora em : L. Charbonneau-Lassay, *Le Bestiaire du Christ*, Arché, Milão, 1980 – N. do E.)
185. R. GUÉNON, "Quelques aspects du symbolisme du poisson", *in Études traditionnelles*, fevereiro de 1936, pp. 66 ss. (tr. it.: "Alcuni aspetti del simbolismo del pesce", *in Simboli della Scienza sacra*, cit).
186. Textos relativos em *Rivolta contro il mondo moderno*, Segunda Parte, cap. 4.
187. *Queste du Graal*, p. 50; *Perceval li Gallois*, p. 132.

188. *Grand St. Graal*, p. 18.
189. PLUTARCO, *De facie in orbe lunae*, cit., par., 26.
190. *Morte Darthur*, XVII, 15.
191. *Quest du Graal*, p. 40.
192. WOLFRAM VON ESCHENBACH, *op. cit.*, vol. III, pp. 264, 267, 271.
193. GERBERT DE MOSTREUIL, *op. cit.*, pp. 102-03.
194. *Queste du Graal*, p. 48.
195. WOLFRAM VON ESCHENBACH, *op. cit.*, vol. II, pp. 226-27.
196. *Ibid.*, vol. II, p. 252.
197. *Ibid.*, vol. IV, p. 93; vol. III, p. 39: *"Ode der alsolhen wandel bôt, / als mans vorm walde heizet tôt"*.
198. *Ibid.*, vol III, pp. 62, 65, 82. Com respeito a esse assunto, o dos cavaleiros do Graal é um "viver perigosamente": *"si nement niemens sicherheit,/ si wâgnt ir leben gein jenès lebn / daz ist für sünde in dâ gegebn"*.
199. Texto de W. GOLTHER, *op. cit.*, cit., p. 239.
200. Cf. W. GOLTHER, *op. cit.*, p. 233.
201. Em um texto inglês do *Merlin*, alguns cavaleiros da Távola Redonda veem passar o cortejo do Graal, aclamado por uma voz do alto da seguinte maneira: "Honra, glória, potência e sempre eterna alegria ao destruidor da morte" (*apud* J. L. WESTON, *The Quest*, cit., p. 154).
202. Vide a ilustração de um manuscrito do século XII em H. Y. THOMPSON, *Illustrations from one hundred manuscripts*. Londres, 1916 (*apud* H. ZIMMER, *The King and the Corpse*, Nova York, 1948, pp. 166-67; tr. it.: *Il re e il cadavere*, Adelphi, Milão, 1983).
203. WOLFRAM VON ESCHENBACH, *op. cit.*, vol. VI, p. 102: *"Van swers grâles gerte / der muose mit dem swerte/sich dem prîse nahen"*.
204. *Rivolta contra il mondo moderno*, cit., Primeira Parte, cap. 18.
205. WOLFRAM VON ESCHENBACH, *op. cit.*, vol. II, p. 123: *"Si wart wol innen, daz zeswal / von der stimme ir kindes brust. / Des twang in art und sîn gelust"*.
206. C. DELLA RIVIERA, *Il mondo magico de gli Heroi*. Milão, 1605, reed. Evola, Laterza, Bari, 1932, p. 169. (A reimpressão do texto original de 1605 em caracteres modernos é das Edizioni Mediterranee, Roma, 1986 – N. do E.)
207. R. GUÉNON, "Le langage secret de Dante et des 'Fidèles d'Amour'" (*in Lê Voile d'Isis*, nº 110, 1929), p. 120. (Tr. it.: *in* R. GUÉNON, *Consi-*

derazioni sull'esoterismo cristiano, Roma: Edizioni Settimo Sigillo, 1987 – N. do E.).
208. Não está excluído que no tipo da mãe de Parsifal – contrária à sua vocação heroica, inimiga dos pássaros que despertaram essa vocação no filho, que, com a esperança de retê-lo, dá ao filho um cavalo miserável e, afinal, morre, enquanto Parsifal, depois de se separar dela, desenvolve o ciclo de suas aventuras à procura do Graal – se possa reconhecer o símbolo de um vínculo "ginecocrático" ultrapassado por Parsifal. O ensinamento transmitido por Gurnemanz para Parsifal apresenta-se efetivamente, em Wolfram, como uma "superação da mãe". Gurnemanz, que ensina a Parsifal tudo o que pode contribuir "para assegurar a felicidade eterna", repreende-o por ter continuamente o nome da mãe sobre os lábios e, depois que Parsifal aprendeu dele os princípios da ética da honra, levada ao ponto de declarar que em quem cai na vergonha "tudo o que há nele de nobre se separa e o abandona, e ele vai direto para o inferno", fala-se que "desde então Parsifal deixou de falar na mãe"/ "*sîner muoter er gesweic*" (WOLFRAM VON ESCHENBACH, *op. cit.*, vol. II, pp. 174-76). Isso por estar relacionado com o princípio das assim chamadas "sociedades de homens", mas também, de modo mais geral, com a oposição já indicada (par., 7) entre civilização materna (a mãe) e civilização "heroica".
209. WOLFRAM VON ESCHENBACH, *op. cit.*, vol. III, p. 91.
210. *Ibid.* (vol. II, p. 315), Parsifal, enquanto não fez a pergunta, é chamado de instrumento diabólico: *"Ir sît der hellehirten spil / gunêrter lip, her Parzival!"*
211. *Grand St. Graal*, pp. 18-9. Devido a algumas recorrências do número tradicional "sete", mencionaremos que, na *Morte Darthur* e na *Queste du Graal*, Galvão, para penetrar no *chastiax as pucelles* deve vencer sete cavaleiros; que na *Élucidation* o Graal é procurado sete vezes; que no *Grand St. Graal* Moisés é agarrado por sete mãos de fogo, depois de fracassar na prova do lugar perigoso; que em Gerbert, sete anos devem se passar antes que Parsifal, cuja espada se quebrou, possa reencontrar o castelo do Graal; um tema semelhante pode ser observado em *Perlesvax*, e assim por diante.
212. *Queste du Graal*, p. 43; MANESSIER, *op. cit.*, p. 101. As diferentes criaturas demoníacas, cavalgaduras ou mulheres, são desmascaradas, e sua insídia é desvendada no momento em que o herói faz o sinal da cruz:

trata-se da representação cristianizada da ideia de uma evocação do princípio sobrenatural.
213. Cf. também V. E. MICHELET, *Le secret de la chevalerie*, cit., pp. 8-12 (e J. EVOLA, *op. cit.*, cit., Primeira Parte, cap. 13 – N. do E.).
214. WOLFRAM VON ESCHENBACH, *op. cit.*, vol. VI, p. 143. Num primeiro momento, Parsifal desejava apenas combater – *ichn suochte niht wan strîten*. Esse episódio menciona provavelmente provas de ordem superior, para as quais é preciso ir além da força simbolizada pelo cavalo.
215. GAUTIER DE DOULENS, *op. cit.*, pp. 95-6, 98-9.
216. *Perlesvax*, pp. 172-73, 175, 178.
217. Cf. *La tradizione ermetica*, cit.; *Lo yoga della potenza*, cit.; cf. também *Introduzione alla Magia*. Roma: Edizioni Mediterranee, 1971.
218. WOLFRAM VON ESCHENBACH, *op. cit.*, vol. IV, p. 156.
219. *Ibid.*, vol. II, pp. 313, 316.
220. *Morte Darthur*, XIII, 14.
221. WOLFRAM VON ESCHENBACH, *op. cit.*, vol. IV, pp. 166 ss., 182 ss., e todo o cap. XIII; CHRÉTIEN DE TROYES, *Le Conte du Graal*, p. 80.
222. *Diu Crône*, pp. 255-60.
223. *Perceval li Gallois*, pp. 125-26.
224. GAUTIER DE DOULENS, *Le Conte du Graal*, pp. 95-6, 98.
225. *Perlesvax*, pp. 172-73, 175-76.
226. *Morte Darthur*, IV, 14.
227. *Grand St. Graal*, p. 26.
228. *Ibid.*, p. 2.
229. Uma forma intermediária é a do "cavaleiro vermelho" que ajuda o cavaleiro do Graal contra os seus adversários, que estavam para vencê-lo (cf. por exemplo, *Queste du Graal*, p. 43).
230. Essa referência aos ossos é iniciaticamente muito interessante.
231. J. LOTH, *Mabinogion*, v. II, pp. 9-27. Deve-se observar que em *Parzival* de WOLFRAM (vol. IV, 106) a perigosa Orgeluse também aparece a Galvão perto de uma nascente que brota de uma rocha.
232. *Parzival*, vol. II, pp. 154-55.
233. *Ibid.*, p. 241: *"Wan dô erz enpfienc in sîne hant / dô was er wrâgens mite ermant"*.
234. *Ibid.*, p. 327.
235. N. FLAMEL, *Le desir desiré*, par. VI.
236. *Parzival*, vol. III, pp. 84-5, 272. O Graal tem a mesma virtude da "pedra dos reis" da tradição celta dos Tuatha, pois indica quem ele deve assu-

mir, numa terra sem rei, a função real: *"wirt iender hêrrenlôs ein lant / erkennt si dâ din gotes hant, / so daz diu eins bêrren gert / von grâles schar, die sint gewert"*. E mais: no *Titurel* (texto em W. GOLTHER, *Parzival und der Gral*, cit., p. 242) o Graal, com uma escrita áurea, indica o nome daqueles que devem tornar-se o "preste João". Sob o signo hiperbóreo-solar, chega o príncipe predestinado do alto, do Montsalvatsche (Lohengrin como "cavaleiro do Cisne" – WOLFRAM VON ESCHENBACH, *Parzival*, vol. III, pp. 277-79).
237. *Rivolta contro il mondo moderno*, Segunda Parte.
238. Cf. J. L. WESTON, *From Ritual to Romance*. Cambridge, 1920, pp. 10 ss. (tr. it.: *Indagine du Santo Graal: dal rito al romanzo*, Sellerino, Palermo, 1994).

A Herança do Graal

24. *O Graal e os Templários*

No que diz respeito ao ápice hierárquico, é difícil dizer mediante quais representantes do Sagrado Império Romano se estabeleceu alguma relação invisível com o centro do "Senhor Universal". Fora do ciclo do Graal, já relatamos lendas revestidas de uma sensação de mandato misterioso que os Hohenstaufen teriam recebido, que algumas vezes teriam assumido, e outras não teriam compreendido ou teriam perdido. De qualquer modo, não foi por acaso que a imaginação popular foi levada a reviver, por meio de suas figuras, o mito do imperador que, no final, deverá despertar e vencer. A profecia segundo a qual a "Árvore Seca" reflorescerá no encontro de "Frederico" com o preste João é outra forma da esperança no contato que, durante a fase ascendente do gibelinismo, teria podido produzir a verdadeira restauração. Em geral, até Maximiniano I, significativamente chamado de "último cavaleiro", que foi colocado em parentela simbólica com o próprio rei Artur e que, ao que parece, teria pretendido desempenhar a função pontifícia, reflete-se nos representantes do Sagrado Império Romano algo da cisão da realeza transcendente, daquela superior "religião real segundo Melquisedeque", à qual às vezes se referiu significativamente a própria ideologia política ao reivindicar o direito superior dos soberanos, que por ela não eram "leigos", mas "ungidos por Deus". Confrontada com esse fato, a Igreja foi levada a evocar no fim confusas imagens apocalípticas e a retomar a história da vinda do Anticristo. Sobretudo no final da Idade Média, é bem visível a tentativa da Igreja de transferir para os reis da dinastia francesa, amiga da Cúria de Roma, os traços positivos da figura do futuro imperador vitorioso e de associar a ideia do Anticristo àqueles elementos da saga que, ao contrário, podiam referir-se aos princípios teutônicos gibelinos.[1] Por isso, não faltou quem acreditasse reconhecer o Anticristo nos próprios traços do Galgo de Dante.[2]

De qualquer modo, a Igreja nunca pôde ter realmente razão a respeito do vértice imperial, e a grande luta entre as duas potências que degenerou, em grande parte, numa forma de antagonismo entre interesses e ambições temporais, deveria concluir-se com um colapso de ambas, em decorrência do desvio luterano, fatal tanto para a autoridade da Igreja como para a ideia integral e sacral do Império. Ao contrário, no que diz respeito ao que se pode chamar de *militia* do Sagrado Império Romano, isto é, da cavalaria, as coisas correram de maneira bem diferente, inclusive com exemplos de uma verdadeira repressão e destruição.

Está fora de dúvida que, entre as diferentes ordens cavaleirescas, a Ordem dos Templários foi a que, mais do que qualquer outra, ultrapassou a dupla limitação constituída, de um lado, pelo simples ideal guerreiro da cavalaria leiga; e de outro, pelo ideal simplesmente ascético do cristianismo e de suas ordens monásticas, aproximando-se assim, sensivelmente, do tipo da "cavalaria espiritual do Graal". E mais, sua "doutrina interna" tinha um caráter iniciático. Por isso, ele foi especialmente visado e desmembrado e, a bem da verdade, exatamente mediante a colisão dos representantes dos dois princípios por ele idealmente superados: o do Papa, aliado de um soberano de tipo leigo, secularizado e despótico, inimigo da aristocracia, Felipe o Belo, ao qual se poderia fazer corresponder o símbolo dantesco do "Gigante" em conluio com a "Prostituta". Quaisquer que tenham sido os motivos "reais" da destruição dos Templários, eles aqui perdem importância. Em casos como esses, tais motivos são sempre ocasionais: valem somente para movimentar as forças necessárias para atuar num desenho, cuja diretriz inteligente se encontra num plano muito mais profundo. Devido à natureza do ideal templário, a Ordem devia ser destruída violentamente. De resto, o instinto da Igreja contra a cavalaria, utilizando-se dos mais diferentes pretextos, não deixou de se manifestar, também, a respeito de outras Ordens. Em 1238, Gregório IX atacou a Ordem de São João por abusos e presumidas traições, mencionando inclusive a presença, nela, de elementos "heréticos". Em 1307, os Cavaleiros Teutônicos foram igualmente acusados de heresia pelo Arcebispo de Riga e a muito custo seu chefe supremo conseguiu salvar a Ordem. Mas o objetivo principal do ataque visava justamente aos templários. A destruição dessa Ordem coincide com a interrupção da tensão metafísica da Idade Média gibelina; com ela os contatos são novamente rompidos. Esse é o ponto inicial da fratura, da "decadência do Ocidente".

A luta contra a Ordem dos Templários, mais do que a contra os cátaros, pode ser considerada uma cruzada contra o Graal. A analogia os cavaleiros do Graal e os Templários em Wolfram parece trair a si mesma pelo próprio nome: em Wolfram, apesar de não se mencionar nenhum templo, os guardiães do Graal são chamados *Templeisen*, isto é, Templários.³ No *Perlesvax*, os guardiães do Graal na "Ilha" são figuras ao mesmo tempo ascéticas e guerreiras que, como os templários, carregam uma cruz vermelha sobre roupas brancas.⁴ José de Arimateia deu a Evelach, antepassado de Galahad, herói do Graal e do rei Artur, um escudo branco com uma cruz vermelha, que é a mesma insígnia dada exclusivamente aos templários, em 1147, pelo Papa Eugênio III. E um navio com essa mesma insígnia templária, uma cruz vermelha sobre vela branca, é o que vem buscar finalmente Parsifal para levá-lo até a sede desconhecida, para onde o Graal havia sido levado e de onde Parsifal não voltará mais.⁵ Os mesmos temas podem ser encontrados na saga *Som de Nansai*, pois aqui também o Graal acaba sendo guardado por monges guerreiros, que moram numa ilha, de onde, periodicamente, partem aqueles que irão revestir, em outras terras, a dignidade de rei.⁶

Ora, a cavalaria templar foi tipicamente uma Ordem na qual o combate e, sobretudo, a "guerra santa" tinham o valor de um caminho de ascese e de libertação. Ela assumia exteriormente o cristianismo, mas, no seu mais alto mistério, mesmo que reservado, como é verossímil, a um círculo interno, o ultrapassava, não aceitando a sua cristolatria e as principais limitações de ordem devocional; tendendo pouco a pouco a deslocar o princípio da suprema autoridade espiritual para outro centro que não o de Roma, centro ao qual melhor convinha a designação mais augusta e universal de Templo, em vez da de Igreja.

Isso transparece com suficiente clareza nos atos e nos resultados do processo dos templários. Apesar de esses resultados terem sido deformados e pintados com tonalidades blasfemas, ou por incompreensão ou com razão, mesmo assim um olho esperto percebe o seu verdadeiro alcance.

Naturalmente, não é o caso de idealizar toda a Ordem templar em sua concreta situação histórica, sobretudo quando ela assumiu amplas dimensões (chegou a ter nove mil centros) e adquiriu para si riqueza e poder temporal. Entre seus membros houve, certamente, homens que não estiveram à altura da ideia e nem tinham capacidade; isso aconteceu até mesmo com um Grande Mestre, como Gerardo de Ridfort (1184-1189). O que afirmamos em seguida não vale essencialmente para a grande massa dos templários dos últimos tempos, mas para uma hierarquia que, como acontece frequentemente em casos como esse, não coincidia em suas necessidades com a oficial e visível. Mas isso é suficiente para caracterizar a Ordem.

Em primeiro lugar, constata-se que, com grande uniformidade, não só de confissões obtidas mediante torturas, mas também de declarações espontâneas, os templários tinham um ritual secreto de caráter autenticamente iniciático. Como condição para ser admitido a esse ritual, ou como fase introdutória ao mesmo, era preciso abjurar a cristolatria. O cavaleiro que aspirava às hierarquias internas da Ordem devia pisotear e passar por cima do crucifixo. Ordenavam-lhe que "não acreditasse no crucifixo, e sim no Senhor que está no Paraíso"; ensinavam-lhe que Jesus havia sido um falso profeta; não uma figura divina que se havia sacrificado para resgatar os pecados dos homens, mas um homem qualquer morto pelos seus próprios erros. O texto da acusação é formulado da seguinte maneira: *"Et post crux portaretur et ibi diceretur sibi quod crucifixus non est Christus, sed quidam falsus propheta, deputatus per iudaeos ad mortem propter delicta sua"*.[7] A esse respeito, todavia, deve-se pensar que não se trata de uma verdadeira renegação, ainda menos de uma blasfêmia, e sim de uma espécie de prova: era preciso demonstrar a faculdade de ir além de uma forma exotérica, simplesmente religiosa e devocional de culto. O rito em questão parece ser celebrado normalmente na sexta-feira santa:⁸ mas a sexta-feira santa é também o dia a que muitas vezes corresponde a celebração do mistério do Graal ou a chegada do herói ao inacessível castelo do Graal.

Outra acusação é a de que os templários desprezavam os sacramentos, sobretudo a confissão e a penitência,⁹ isto é, aqueles sacramentos que se ressentem mais do *pathos* do "pecado" e da "expiação". Os templários não teriam reconhecido a suprema autoridade do Papa e da Igreja, e teriam obedecido aparentemente apenas aos preceitos cristãos.¹⁰ Tudo isso poderia ser a contrapartida do rito anticristolátrico, isto é, a superação do exoterismo cristão e da pretensão prevaricadora, por parte de uma organização simplesmente dogmático-religiosa que quase desconhece tanto a justificativa pragmática de suas limitações como os elementos tradicionais presentes em estado latente nas suas doutrinas e nos seus símbolos,¹¹ de encarnar a suprema autoridade espiritual.

Além disso, os templários eram acusados de ter entendimentos secretos com os muçulmanos e de estarem mais próximos da fé islâmica do que da cristã.¹² Esta última referência, muito provavelmente, deve ser entendida com base no fato de que a anticristolatria caracteriza igualmente o islamismo. Quanto aos "entendimentos secretos", eles se referem a um ponto de vista menos sectário, mais universal e, portanto, mais esotérico do que o do cristianismo militante. As Cruzadas, nas quais os templários e, em geral, a cavalaria gibelina tiveram um papel fundamental, sob vários aspectos criaram, apesar de tudo, uma ponte supertradicional entre Ocidente e Oriente. A cavalaria cruzada acabou encontrando-se diante de uma espécie de reprodução de si mesma, isto é, de guerreiros que tinham a mesma ética, os mesmos hábitos cavaleirescos, os mesmos ideais de uma "guerra santa" e, ainda por cima, de ideais iniciáticos semelhantes. Assim aos templários correspondeu, no Islã, a Ordem árabe dos Ismaelitas, que se consideravam igualmente os "guardiões da Terra Santa" (mesmo no sentido esotérico, simbólico) e tinham uma dupla hierarquia, uma oficial e uma secreta. E essa Ordem, também com duplo caráter, guerreiro e religioso, correu o perigo de ter um fim parecido com a dos Templários por um motivo semelhante: devido a um fundo iniciático e pela afirmação de um esoterismo que despreza os escritos dos textos sagrados.[13] É interessante também que no esoterismo ismaelita reapareça o mesmo tema da saga imperial gibelina: o dogma islâmico da "ressurreição" (*quiama*) é aqui interpretado como a nova manifestação do Chefe supremo (Imã) que se tornou invisível no assim chamado período da "ausência" (*ghaiba*): porque o Imã, num determinado momento, havia desaparecido escapando da morte, subsistindo, porém, para os seguidores a obrigação de jurar fidelidade e submissão a ele como ao próprio Alá.[14] Nesses termos, foi possível estabelecer-se gradativamente um reconhecimento *inter pares* além de todo e qualquer espírito partidário e de toda e qualquer contingência histórica, uma espécie de entendimento supertradicional, como supertradicional era o próprio símbolo do "Templo". Por outro lado, tendo em vista que o exclusivismo e o sectarismo são outras características do exoterismo, isto é, dos aspectos exteriores e profanos de uma tradição, reconfirma-se aqui a atitude de "superação" já observada nos templários. No que respeita às Cruzadas, resulta de resto da história que esse "entendimento secreto" nunca correspondeu a qualquer traição militar, figurando os templários entre os guerreiros mais valentes, fiéis e ardorosos naquelas aventuras. O que poderia corresponder-lhe foi, provavelmente, a libertação da "guerra santa" de seus aspectos materialístico e exterior de guerra contra o "infiel" e de morte para a "verdadeira" fé, foi a restituição dela ao seu significado mais puro, metafísico, segundo o qual não entrava mais em questão uma determinada profissão de fé, mas a simples capacidade de fazer da guerra uma preparação ascética para a realização da imortalidade. E, mesmo do lado islâmico, o sentido último da "guerra santa", do *jihad*, não era diferente.[15]

No ciclo do Graal, temos algo de parecido com os "entendimentos" tomados nesse sentido de compreensão supertradicional: na forma de mistura de elementos árabes, pagãos e cristãos. Wolfram – como vimos – acaba atribuindo a uma fonte "pagã" a narrativa do Graal encontrada por Kyot. Do mesmo modo, vimos que o pai de Parsifal, apesar de cristão, não sente nenhuma repugnância em combater sob as ordens de príncipes sarracenos; que o próprio José de Arimateia nos é descrito como uma pessoa que já dispunha do Graal ainda antes de ser batizado; que lutaram pelo Graal não só cristãos cavaleiros, mas também pagãos; que o pagão Firefiz esteve antes a ponto de se demonstrar, por meio da prova das armas, mais do que o seu irmão cristão e, de qualquer maneira, já antes do batismo passou a fazer parte dos cavaleiros do rei Artur. Por outro lado, Baruque nos é apresentado como um Califa, isto é, novamente como um não cristão. A dinastia do preste João à qual, como se sabe, está relacionada à do Graal, inclui pagãos e cristãos, inclusive, segundo alguns, com uma maioria de príncipes pagãos.[16] Enfim, deixando de lado alguns textos mais antigos devidamente cristianizados, em muitas partes a literatura do Graal mostra o mesmo espírito antissectário e supertradicional, ao qual deve referir-se o sentido da acusação dos "entendimentos secretos" feita aos templários; entendimentos que provavelmente deveriam reduzir-se à capacidade de reconhecer a tradição única mesmo em formas diferentes da cristã.

Quanto ao rito central da iniciação templar, ele foi mantido em extremo segredo. De um dos atos do processo resulta que um cavaleiro, que havia desejado enfrentá-lo, voltou pálido como um cadáver e com uma expressão de total perturbação no semblante, dizendo que àquela altura lhe seria impossível ficar alegre por toda a sua vida: a ponto de cair num estado de indescritível depressão, que o levou à morte depois de algum tempo.[17] Esses efeitos lembram de maneira marcante aqueles que vimos em algumas provas do Graal, provas que "deixam os cabelos brancos" e provocam, em quem não consegue passar por elas, um profundo desgosto pelas coisas terrenas, uma profunda e incurável infelicidade. O que produz um terror tão grande que não permite saber mais em que lugar nos encontramos e a ponto de nos levar à fuga – segundo outro testemunho dos templários[18] – é a visão de um "ídolo" descrito em formas bastante diferentes que, assim como são relatadas nos atos, são pouco úteis para uma interpretação precisa (uma majestosa figura áurea, uma figura de virgem, um velhinho coroado, uma figura com duas cabeças ou andrógina, uma aparição de uma cabeça animalesca, como um carneiro etc.). Trata-se, verossimilmente, de experiências dramatizadas da consciência iniciática, nas quais um determinado conteúdo da imaginação individual pode ter tido uma parte determinante. Alguma orientação pode ser obtida, todavia, por meio de testemunhos, como o de que o ídolo é um "demônio" que (alegoricamente) "transmite sabedoria e riqueza",[19] virtudes que já vimos relacionadas com o próprio Graal; além do mais, mediante o nome mais frequente do ídolo misterioso: Bafomet. Bafomet, com grande probabilidade, leva a βαφή μήτους, isto é, à ideia de um "batismo da sabedoria", de uma gnose em sentido superior:[20] nome de um rito que, muito provavelmente, foi transferido para o ídolo. A visão do ídolo parece ter acontecido num determinado momento da missa,[21] como um mistério a ela sobreordenado. O que não pode nos levar a pensar nas cerimônias que os textos mais cristianizados do Graal nos descrevem: uma espécie de missa que tem o Graal como seu principal ponto de referência, com o sentido de um mistério que é perigoso aprofundar, sob pena de sermos punidos pela espada ou pela perda da visão. Todavia, a "sabedoria" é aquilo que, em Wolfram, Parsifal, "alma de aço", atinge: segundo outros, a "sabedoria"– Philosophine – é a "mãe" do próprio Parsifal, concebida como a portadora originária do Graal.[22] A "sabedoria", nos escritos gnósticos, frequentemente é simbolizada por uma virgem ou por uma mulher – a virgem Sophia – e se isso nos fosse levar àquela explicação, segundo a qual Bafomet, centro do batismo templar da sabedoria, seria uma "virgem", de outra parte refere-se àquele simbolismo da mulher que, como vimos, tem uma participação tão grande nas narrativas cavaleirescas e, em geral, no ciclo heroico. Pode-se, de resto, observar que Bernardo de Claraval, considerado como uma espécie de pai espiritual dos templários, foi também chamado "o Cavaleiro da Virgem". Em outro testemunho – é importante observar que se trata de uma saga nórdica, inglesa – o mistério templar parecia ter relação, como o do Graal, com uma pedra sagrada: os templários, nos momentos mais difíceis, ter-se-iam dirigido a uma pedra contida em seu altar.[23] Uma designação da "pedra" no hermetismo medieval foi Rebis, a "coisa dupla". Isso poderia estabelecer também uma relação com o símbolo de Bafomet em sua forma "andrógina". Quem se reuniu com a "mulher", quem a absorveu em si na obra de reintegração iniciática foi concebido com frequência, mesmo no Oriente, como o senhor das duas naturezas, como um andrógino.

Característica é a deformação, que serve de base para a acusação de que os templários costumavam queimar diante de seus ídolos as crianças por eles geradas no pecado.[24] Tudo isso devia simplesmente reduzir-se a um "batismo do fogo", ou seja, a uma iniciação heroico-solar ensinada aos neófitos que, segundo uma terminologia comum a todas as tradições, apareciam como "filhos" dos Mestres, "recém-nascidos" de acordo com o segundo nascimento. Na linguagem cifrada da própria mitologia grega, encontramos o símbolo de uma deusa, Demeter, que coloca a criança no fogo para assegurar-lhe a imortalidade.[25] Esse renascimento tinha como distinção o cinto que devia ser usado dia e noite, que todo cavaleiro recebia e que deveria ser colocado em contato com o ídolo para que se saturasse de uma influência especial.[26] O cinto ou cordão, τανία, já nos Mistérios clássicos era o sinal dos iniciados, assim como no Oriente indo-ariano indicava as castas superiores dos "nascidos duas vezes" e, sobretudo, a casta dos brâmanes. Ao mesmo tempo, o cordão é também símbolo da corrente imaterial, da ligação que une invisivelmente "segundo a essência" todos aqueles que receberam a mesma iniciação, tornando-se assim os portadores de uma mesma influência invisível.

O "fogo duplo" é uma imagem de algum modo equivalente à da "dupla espada" (cf. no par. 23): a ele se referiu de certo modo, no Oriente, a doutrina do duplo nascimento de Agni e, no mundo clássico, a do fogo duplo, telúrico e urânico. Um dos principais símbolos dos templários, a "dupla tocha", nos leva à mesma ideia e, de qualquer maneira, é acompanhada de um cálice que no caso, como alguém observou,[27] desempenha exatamente o papel de "uma espécie de Graal". As duas tochas, de resto, já apareciam no simbolismo mitríaco, em relação a uma iniciação aberta, sobretudo, ao elemento guerreiro.

Já dissemos que Inocêncio III acusou os templários de cultivar a "doutrina dos demônios", que equivale simplesmente às ciências sobrenaturais. Sobre os templários, comentava-se que praticavam a magia e a necromancia. Segundo alguns, eles teriam praticado a alquimia – e mesmo que, provavelmente, não se tratasse disso, permanece, no entanto, o fato de algumas esculturas dos monumentos e das tumbas dos templários trazerem sinais astrológico-alquímicos, como, por exemplo, o pentagrama, junto com vários símbolos dos planetas e dos metais.[28] No ciclo do Graal, já encontramos elementos desse tipo. As referências astrológicas abundam em Wolfram von Eschenbach. Kyot, para decifrar os textos que contêm os mistérios do Graal "lidos nas estrelas", teve de aprender os caracteres mágicos. Às vezes, o "rei pescador" é descrito como um mágico que pode assumir as formas que desejar. A contrapartida do próprio Artur é o mago Merlin. Na *Morte Darthur* percebe-se que foi com a ajuda de uma força mágica que *sir* Balin conseguiu superar a prova da espada. Enfim, será oportuno lembrar a tradição segundo a qual o próprio Graal teria sido trazido para a Terra e guardado pelos "anjos caídos", sinônimo daqueles "demônios", com os quais Inocêncio III relaciona a doutrina dos templários, ou dos demônios, aos quais os textos cristianizados celtas assimilaram os Tuathas dé Danann, a raça do alto ou do Avalon detentora de ciências divinas. O pentagrama, que aparece sobre uma tumba templar,[29] é um sinal tradicional da soberania sobrenatural; num texto inglês do Graal – *Sir Gawain and the Green Knight*[30] – exatamente o herói do Graal o recebe como distinção, e em outros textos do mesmo ciclo consagra a espada do Graal para que não se quebre e, assim, sua virtude seja completa.[31]

Mencionamos, enfim, que os adversários dos templários, enquanto de um lado insistiam tendenciosamente em sua misoginia, de outro acusavam os iniciados de trair o voto de castidade da Ordem e de dedicar-se a uniões contra a natureza.[32] Pureza e castidade às vezes (nem sempre) aparecem também no ciclo do Graal como características exigidas no herói predestinado. Nós já indicamos, porém, a possibilidade de dar a esse tipo de conceitos um significado mais elevado do que o simplesmente sexual e moralístico. A renúncia à mulher terrena, como vimos, está relacionada essencialmente com a superação do "desejo". Não é a sua união com a mulher do Graal, mas sim a sua entrega a Orgeluse que leva Amfortas à aniquilação. De qualquer modo, como aos reis do Graal era permitida, segundo Wolfram, uma mulher – *der küner sol haben eine – ze rehte ein konen reine* – enquanto os simples cavaleiros deviam renunciar a ela, igualmente se pode pensar que, onde os simples templários praticavam a castidade material, ascética, os iniciados da Ordem praticavam a castidade transcedente. E se fosse legítimo referir-se, com relação ao templarismo iniciático, às visões de magia sexual por nós já mencionadas ao falarmos de Amfortas, não seria enfim difícil entender o que se queria dizer com "uniões contra a natureza".[33]

De todos esses elementos deriva, de modo bastante visível, uma ligação analógica entre o modelo ideal da cavalaria do Graal e a dimensão interna do templarismo histórico. Por outro lado, a já mencionada e misteriosa interrupção da fonte de inspiração dos romances do Graal na véspera da tragédia dos templários e no desencadear-se da Inquisição, indica uma espécie de sintonia oculta, inclusive num plano mais concreto. Com a destruição da Ordem dos Templários e com o colapso da tensão que já havia levado à grandeza o Império gibelino na época de um Frederico I e de um Otão o Grande, o que estava para se tornar manifesto tornou-se de novo invisível, a história se afastou de novo daquilo que é superior à história. Assim permaneceu o mito do imperador que não morreu – muito bem – mas cuja vida é letárgica e cuja sede é uma montanha inacessível. Temos, portanto, a retomada de um novo sentido, pessimista, do antigo tema da espera, e o ciclo do Graal, que havia assumido esse tema supertradicional em termos positivos, fazendo com que o herói restaurador e vingador intervisse, acaba ele próprio refletindo pessimismo. Assim, enquanto os temas do *Diu Crône* se ressentem ainda do espírito afirmativo do período de alta tensão, pois o desaparecimento do velho rei e de sua corte com o próprio Graal indica a tarefa realizada, o advento do herói que atingiu o sucesso em sua missão, e que passa a reinar estando de posse da espada invencível – outros textos testemunham um espírito bem diferente; esse espírito nada mais é do que aquele refletido nas redações da saga imperial, em que o êxito da "última batalha" é negativo para o rei que despertou do seu sono; ele não sabe enfrentar as forças enfurecidas contra as quais está lutando, e o seu gesto de pendurar o escudo na Árvore Seca não tem mais – como na narrativa já mencionada – o sentido de uma participação no poder do império universal, mas o de uma cessão do *regnum* e de uma passagem para o céu.[34] Assim, o epílogo do texto de Manessier é que Parsifal cumpre sim a vingança, mas em seguida renuncia à dignidade real e, tomando consigo o Graal, a espada e a lança, retira-se para uma vida ascética,[35] aquela mesma vida à qual se havia dedicado, renunciando à espada, o irmão do rei do Graal ferido, para tentar remediar por meio de um outro caminho que não fosse o heroico, a sua decadência e a sua dor, no período do interregno e de espera, de acordo com o que nos relata Wolfram. Parsifal morre, e depois de sua morte ninguém mais sabe o paradeiro dos três objetos: a espada, a taça e a lança.[36] Do mesmo modo, no *Perceval li Gallois*, Parsifal e seus seguidores se retiram para uma vida ascética num lugar onde o Graal não mais se manifesta. Para levá-los até ela, aparece o navio dos templários, o navio com a cruz vermelha sobre vela branca e a partir daquele momento nada mais se soube acerca de Parsifal e do Graal.[37] O mesmo tema reaparece na *Queste du Graal*: uma mão celeste se apossa do Graal e da lança, que nunca mais foram vistos, e Parsifal retira-se em solidão completa e morre.[38] No *Titurel*, o Graal faz o seu êxodo para a Índia, no reino simbólico do preste João. Os povos que habitam a região de Salvaterre e de Montsalvatsche passaram a viver de maneira pecaminosa e os cavaleiros de Montsalvatsche, apesar de todos os seus esforços, não conseguem remediar a situação. Assim, o Graal não pode permanecer ali, deve ser transportado para onde surge a luz: um navio, depois de uma via simbólica, o leva até a Índia, ao reino do preste João, "bem próximo do paraíso". Ao mesmo local chegam também os templários e, de repente, eis que milagrosamente para ali é transportado também o castelo de Montsalvatsche, pois nada deve ficar junto aos povos culpados; o próprio Parsifal assume a função do "preste João", imagem do invisível "Rei do Mundo".[39] Enfim, na *Morte Darthur*, no sentido de uma espécie de retranscrição do tema de Artur ferido de morte que se retira para o Avalon, encontramos Galahad que, em estado de cativeiro, é alimentado pelo Graal e, obtida a visão completa do mesmo, não tenta reafirmar-se e chegar novamente ao reino, mas pede para deixar a Terra, e anjos descem até ele para levar ao céu a sua alma. Uma mão celeste carrega a taça e a lança, "e desde então não poderá haver alguém tão temerário a ponto de afirmar que viu o Sancgreal".[40]

Depois do ponto alto da Idade Média, a tradição torna-se novamente subterrânea. Um ciclo se encerra. A corrente do futuro leva para cada vez mais longe das "Terras Imóveis", da "ilha", as forças dos homens e das nações, que a essa altura já estão se adentrando sem freios na fase crítica daquela que tradicionalmente foi conhecida como a "idade obscura", *kali-yuga*.[41]

25. *O Graal, Os Cátaros e os Fiéis do Amor*

A lenda do Graal tem relações históricas com a que, em geral, costuma-se chamar de literatura de trovas, mais especificamente, com os "Fiéis do Amor", a ponto de ter sido considerada por alguns como uma parte dessa literatura, à qual, em geral, atribuía-se um valor eminentemente poético e de romantismo medieval. No entanto, é fato que nem mesmo a literatura de trovas teve em certa medida uma dimensão esotérica e tendências secretas, o que, de resto, na Itália, depois do reinício das pesquisas de Luigi Valli sobre Rossetti e Aroux[42], já é admitida por várias pessoas. Depois de ter mencionado esse esoterismo, indicaremos aqui em que aspectos essas correntes refletem influências semelhantes às que deram forma ao ciclo do Graal.

Em primeiro lugar, não há dúvida de que a corrente dos "Fiéis do Amor" teve frequentemente um aspecto gibelino e anticatólico, muito marcado, quando não até mesmo herético. Aroux já havia observado como a "gaia ciência" se desenvolvera principalmente em cidades e castelos da Provença, que foram também centros da heresia, sobretudo da heresia cátara; partindo de premissas como essas, Aroux havia desenvolvido pesquisas a respeito de um conteúdo secreto e sectário da poesia de trovas.[43] Rhan está mais propenso a ver na mesma história narrada por Wolfram von Eschenbach uma espécie de transcrição de uma narrativa provençal estritamente relacionada com as vicissitudes dos cátaros e, sobretudo, com seu castelo Montségur.[44] Por nossa conta, acreditamos oportuno distinguir entre "Fiéis do Amor" e cátaros, e achamos que sobretudo o espírito do catarismo teve muito poucos pontos em comum com o do templarismo do Graal.

Os cátaros também pretendiam ser os guardiões de um conhecimento superior e de uma espiritualidade mais pura do que a católica. Eles não reconheciam a suprema autoridade da Igreja e consideravam como algo ultrajoso para a natureza divina do Cristo a adoração da cruz, levando essa repulsa ao ponto de dizer: "Que eu não possa nunca ser salvo por este sinal".[45] Eles tinham Mistérios, que se compendiavam nos ritos da *manisola* e do *consolamentum spiritus sancti*, destinados a elevar os membros da comunidade à condição dos assim chamados "Perfeitos".⁴⁶ Todavia, sua corrente apresenta-se complexa, como uma miscelânea muito suspeita de cristianismo primitivo, de maniqueísmo e de budismo inferior. Ela é caracterizada por uma exasperação do evasionismo cristão: o dualismo, a negação pessimista do mundo, a acentuação do *pathos* do amor e da renúncia, o impulso para uma libertação disforme, um ascetismo de um tipo entre o "lunar" e o exaltado (a ponto de alguns cátaros se deixarem morrer de fome pensando que, ao proceder dessa maneira, estariam se libertando do mundo, concebido como uma criação má do anti-Deus e como um local de exílio) nos mostram essa corrente bastante longínqua do que se pode relacionar com uma tradição de espiritualidade "heroica" e, no fundo, de severa iniciação. Isso não elimina o fato de que o catarismo tenha tido a possibilidade de dar uma contribuição ao gibelinismo, apesar de fazê-lo somente por via indireta, por razões históricas contingentes, não por verdadeira afinidade com a alma do mito imperial. A Provença, centro do catarismo, pode ser considerada como um dos lugares nos quais, por meio das Cruzadas, se realizou mais profundamente a transmissão de vários símbolos e temas tradicionais do Oriente árabe-persa para o Ocidente cristão. Mas onde, no ciclo do Graal, junto a uma conjuntura desse tipo, ressurgiu o aspecto positivo e viril de uma antiga herança nórdico-celta pré-cristã, no catarismo parece ter reaparecido o aspecto negativo, feminino, ginecocrático, de uma herança pré-cristã diferente, que definimos noutra oportunidade como atlântico-meridional⁴⁷ e que deve ser considerada como uma alteração da tradição primitiva no sentido do "ciclo da Mãe".⁴⁸ Se os cátaros, como parece, retomaram do maniqueísmo e do budismo o símbolo da *mani*, pedra luminosa que ilumina o mundo e apaga todo desejo terreno,⁴⁹ há, nisso tudo, uma correspondência apenas exterior com o Graal, porque o símbolo cátaro tem simplesmente os caracteres lunares e religiosos de "joia da compaixão" e do "amor divino". A aversão cátara pela Igreja baseou-se no fato de Roma ser vista como uma espécie de continuação do mosaísmo (para o cátaros, como também para determinadas seitas gnósticas e para Márcion, o Deus do mosaísmo tinha valor inclusive como o deus da terra, oposto ao do "amor"). A Igreja, enfim, era "romana" demais para ser a Igreja cátara do Amor. Portanto, a cruzada contra os cátaros teve um sentido profundamente diferente daquela contra os templários.[50] Quando Peyrat vislumbra nessa cruzada a luta entre a teocracia autoritária romana ligada à França gálica feudal e monárquica do Norte contra a Aquitânia ibérica democrática, federativa, municipal, berço de uma cavalaria desejosa de se emancipar de Roma e da França nórdica,[51] ele, deixando de lado sua apreciação pessoal do fato, percebe as coisas corretamente. Isso, porém, não elimina o fato de que o golpe desferido pela Igreja aliada com o "Gigante" contra os cátaros, diferentemente daquele desferido contra os templários, em última análise se dirigiu contra um elemento inseparável do *pathos* original do verdadeiro cristianismo, contra algo que talvez, mais do que o catolicismo romano, podia ser considerado autenticamente cristão.

Sobretudo a corrente dos "Fiéis do Amor", como dizíamos, não deve ser colocada numa relação unilateral com os cátaros. Ela apresenta muitas vezes um caráter ainda mais iniciático e gibelino, mesmo que não chegando a aparecer, em confronto com o espírito do ciclo do Graal, como uma forma já dissociada.

Segundo a tradição, as *leys d'amours* contidas nas trovas teriam sido encontradas originalmente por um cavaleiro bretão sobre um galho de ouro de um carvalho onde o falcão do rei Artur havia pousado:[52] simbolismo por nós já conhecido, como é o do anel de ouro que o trovador recebia de sua mulher no ato de jurar-lhe eterna fidelidade. Para consagrar esse rito, na

Provença invocava-se a Virgem, e na Alemanha, aquela "Frau Saelde"[53] que já vimos apresentar-se também como a protetora do reino de Artur e como aquela que favorece e apoia a conquista do Graal.

"Mulher" e "Amor" têm, nesse tipo de literatura, um caráter simbólico ainda mais claro e evidente do que junto às várias mulheres e rainhas dos textos do Graal e da literatura propriamente cavaleiresca, tornando-se o centro de toda vicissitude. Nesse caso, porém, o simbolismo não teve de excluir um aspecto concreto, relacionado com um caminho de realização espiritual especial, divergente, onde os sentimentos, a exaltação e o desejo provocados por uma mulher real, concebida e vivida, todavia, mediante uma espécie de processo evocatório, como a encarnação de uma força vivificadora e transfigurante que transcende a sua pessoa, podiam ter uma parte, como base ou ponto de partida.

Sobre tudo isso, é oportuno reportar-se a outra obra – *Metafisica del sesso*[54] – por nós escrita. Agora colocaremos em destaque somente o fato de que o fim desse caminho especial era, em geral, o de toda iniciação. Afirma-o explicitamente um Fiel do Amor provençal, Jaime de Baisieux, quando identifica o Amor com a destruição da morte, dizendo: *"A senefie en sa patie sans, et mor senefie mort; – or l'asemblons, s'aurons sans mort"*, de modo que para ele os "amantes", aqueles que alcançaram o "amor", são "aqueles que não morrem", aqueles que "viverão num outro século de alegria e de glória".[55] Que a "literatura do amor", a esse respeito, tivesse muitas vezes um conteúdo secreto está claro e, por outro lado, resulta também de várias referências dos próprios autores. Francisco Da Barberino, por exemplo, adverte "temer gente grossa" e escreve: "Digo e declaro que todas as minhas ações em se tratando de Amor eu as entendo num sentido espiritual, mas nem todas podem ser interpretadas por todos".[56]

Os seus *Documenti d'amore* trazem como sigla a eloquente figura de um guerreiro com a espada na mão, pronunciando estas palavras mais do que significativas: "Eu sou vigor e observo a sua chegada – alguém que abra o livro – e se esse tal não fosse quem está escrito – receberia esta espada no peito".[57] Advertência ao profano; defesa de uma doutrina secreta, que não pode nos fazer pensar num aspecto da própria defesa do Graal.

Valli evidenciou que as "mulheres" dos "Fiéis do Amor", como quer que se chamem, Rosa, ou Beatriz, ou Joana, ou Selvagem, e assim por diante, partindo de Dante, Cavalcanti, Dino Compagni e dos poetas da corte da Sicília, incluindo Frederico II, são todas uma única mulher que, segundo este estudioso, representa exatamente a doutrina secreta, guardada por um grupo unido invisivelmente e por uma intenção militante em grande parte adversa à Igreja. Certamente esse é um aspecto do simbolismo em questão. Alguns exemplos: o amor de Dante, a certa altura, revela-se como o amor pela "Sabedoria Santa". Sua "mulher", Beatriz, confere-lhe a liberdade iniciática – não só por intermédio dela a alma de Dante é "separada do corpo", mas no Paraíso o "sol dela" obscurece o "sol de Cristo". Dino Compagni escreve: "A amorosa Senhora Inteligência – que estabelece na alma a sua residência – que com sua beldade me fez apaixonar" – e mais: "Ó vocês que têm sutil conhecimento – amam a soberana Inteligência – aquela que faz esquecer o espírito guerreiro – na presença de Deus fixa residência... – Ela é soberana mulher de valor – que a alma nutre e apascenta o coração – e quem lhe é servidor nunca erra". Cavalcanti coloca em relação "uma tão bela mulher, que a mente não pode compreender" com a declaração: "A tua salvação apareceu". O amor de Guido Guinizelli revela-se ser por uma mulher que deveria "ensinar o verdadeiro – como a Inteligência do céu". Em *Jugement d'Amour*, onde aparece justamente aquela Blancheflor que vimos também como uma das "mulheres" de Parsifal, fala-se em "Mistérios de amor" que é proibido comunicar aos "vis, aos indiscretos e às pessoas vulgares" e que devem ser reservados aos "*clercs* e aos cavaleiros". Enfim, Arnaldo Daniello, chamado por Petrarca "Grande Mestre do Amor", afirma que se "conseguisse a mulher, a amaria mil vezes mais do que o eremita ou o monge amaram a Deus".[58] Com base em tudo isso, pode-se pressentir o tema que informou secretamente essa literatura e ao qual devemos nos referir mesmo nos casos em que ele resulta menos visível e mais encoberto pelas expressões poéticas e patéticas. Ao mesmo tempo, como mencionamos, deve-se considerar o outro aspecto, mais concreto, justamente o de um específico "caminho do sexo", no qual o transporte e a exaltação do *eros* têm uma parte técnica, de apoio para a realização iniciática. Com base nisso, temos uma diferença com relação não só às realizações com base intelectual e ascética, mas também com base de ação heroica (como na cavalaria e no "caminho do guerreiro").

Como no ciclo do Graal, nos "Fiéis do Amor" encontramos também o tema da mulher como "viúva". Da Barberino fala justamente de uma viúva misteriosa – "eu te digo claramente que houve e há uma certa viúva que não era viúva" – que ele teria conhecido e em virtude da qual ele termina reencontrando a sua "força".[59] É a *Veve Dame*, que é também a mãe de Parsifal e que numa forma da lenda é ela própria a portadora do Graal (o seu nome, Philosophine, pode colocá-la em relação, sob certo aspecto, com a "Senhora Inteligência"). Ela também é a viúva ou rainha solitária, que vimos tão frequentemente ser libertada e desposada por alguns cavaleiros do Graal. Assim, o "Fiel do Amor" também procura aquela sabedoria ou tradição, que não tem – ou não tem mais – um homem (a viúva), a única que pode proporcionar "força".[60]

Voltando ao aspecto iniciático, vários graus eram considerados pelos Fiéis do Amor. Um Nicolò de' Rossi dispõe "os graus e a virtude do verdadeiro amor" de acordo com uma escala, que vai desde a *liquefatio* até o *languor*, o *zelus* e, enfim, ao *extasim* que *dicitur excessus mentis*, isto é, a uma experiência super-racional.[61] Em Da Barberino encontra-se uma representação de Amor com rosas, flechas e um cavalo branco, junto com doze figuras mergulhadas em sono profundo, representando doze virtudes ou graus numa hierarquia que *introducit in Amoris curiam* (penúltimo grau), e, enfim, na "eternidade".[62] Reaparece aqui, portanto, também o simbolismo do cavalo, a que nos referimos no início, que é "não morte (*a-mor*)": e, quanto às flechas e às rosas, corresponde a elas evidentemente o duplo poder de matar ou de transpassar, e de ressuscitar ("fazer florescer"), que está também entre os poderes atribuídos ao Graal ou à lança do Graal. Por outro lado, é como "rosa sempiterna" que, sem disfarces, Dante simboliza a visão do supermundo, ensinando-nos desse modo o que se deve pensar das mulheres que trazem insistentemente o nome de "Rosa", tão celebradas, até quase de maneira monótona, sobretudo na literatura cultivada por ambientes gibelinos, como os da corte de Frederico II, a partir desse mesmo imperador.[63]

Quanto ao outro aspecto oposto do princípio "amor", pelo qual ele pode agir de maneira destrutiva, é interessante que reapareça aqui o tema do ciclo do Graal, isto é, um ser ferido, e não somente por flechas, mas também por lanças. Em Jaime de Baisieux, lê-se: "Amor, que não é lento em conhecer os seus fiéis, chega voando até aquele que é atormentado por uma mulher, fere-o com a sua lança e o golpeia de tal maneira que lhe tira o coração do peito e o leva até a mulher dos seus anseios".[64] Segundo o mesmo autor, que não hesita declarar que os primeiros e mais altos Fiéis do Amor foram os cavaleiros do rei Artur e do Graal, o Amor quer que esses seus fiéis "estejam armados para combater, pois quer romper e abater a arrogância dos orgulhosos, daqueles que lhes são hostis":[65] e esses "orgulhosos" serão por ele transpassados com a lança, assim como aconteceu a Amfortas por ter-se tornado o amante de Orgeluse. Sobre o Amor, em geral, se diz, em Cavalcanti, que ele desperta "a mente que dormia" – ou seja, que provoca o despertar iniciático – mas que também mata o coração, faz a alma tremer, assim como Dante, diante da visão da mulher, diz: "esforcei-me para não cair" e "o coração que estava vivo, morreu"[66] – expressões estas que, como muitas outras semelhantes, muitas vezes relacionadas com o efeito de uma enigmática "saudação" da mulher,[67] levam a pensar nos efeitos de experiências transcendentes, semelhantes a do já lembrado testemunho templar, não aparecendo, portanto, como retóricas transposições de emoções amorosas.

Quanto ao rito iniciático e, ao mesmo tempo, à hierarquia complexa dos Fiéis do Amor, o documento mais importante é uma ilustração de Da Barberino. Nela aparecem treze figuras que, considerando que a central é dupla, andrógina, devem ser vistas, segundo a observação de Valli, em simetria com relação à própria figura central, a ponto de obter sete casais, claramente correspondentes aos graus de uma hierarquia e à "viagem celeste", tradicionalmente colocada em relação simbólica com os sete céus planetários.[68] Os graus inferiores, até o homem e a mulher que constituem o quarto casal, correspondem a figuras atingidas de maneira mais ou menos grave, e apavoradas, pelas flechas de Amor. Ao quinto casal, apesar de este também ter sido atingido por um único dardo, corresponde a frase: "Desta morte surgirá vida". O sexto casal inclui a "Viúva" que tem à sua frente o "cavaleiro merecido": alusão mais do que clara a uma tomada de contato com a força ou tradição "que ficou sozinha", prelúdio à posse efetiva, representada pelo grau subsequente, já que, depois do sexto casal, não atingido por nenhuma flecha, e trazendo as rosas da ressurreição, aparece a última figura, aquela central, andrógina, com a legenda: "mulher e marido". Acima dessa figura, o Deus Amor, sobre seu cavalo alado, o destruidor da Morte, inicia o seu voo.

É extremamente interessante que num dos primeiros e mais conhecidos textos referentes a essa literatura, no *Liber de Arte Amandi*, de Andrea Cappellano, a sede de Amor tem exatamente as características da "sede polar", ou da "Terra do Centro": o *palatium Amoris* está *in medio mundi constructum*,[69] tendo portanto a mesma característica de "centro" apresentada também pelo castelo ou pela ilha do Graal.[70] E não é só: em Dante, o Amor, concebido como "Senhor da Nobilitate", tem novamente o caráter de centro: "*Ego tanquam centrum circuli cui simili modo se habent circumferentiae partes*", e ele diz a quem "ama sem felicidade", isto é, a quem não obteve o Amor e a "mulher": *tu autem non sic*.[71] Com isso, no que se refere à centralidade em relação a si do ser reintegrado, do iniciado, tem-se o reflexo subjetivo do caráter metafísico do próprio Centro, e isso pode propiciar a conexão de um indivíduo com ele. Por outro lado, em Jaime de Baisieux, a designação dos "feudos do Amor" por parte do Amor representado como um rei barbudo com uma coroa de ouro, e que, portanto, não reevoca a sua imagem clássica e reevoca muito mais uma das mencionadas formas do Bafomet templar, lembra não só os "enviados" destinados pelo "Rei do Mundo", como também a indicação da função de rei para esta ou aquela região, decidida pelo Graal para alguns de seus cavaleiros.

O "monte" também aparece no simbolismo dos Fiéis do Amor, e com ele a "pedra", junto com a ideia de uma morte misteriosa e de uma ressurreição esperada. Num soneto, Cino de Pistoia representa a si mesmo "sobre o branco e pacato monte" chorando sobre uma pedra, que encerra a sua dama.[72] Em outro soneto, atribuído a Dante, fala-se também da "pedra angustiante" que "mantém morta minha mulher", que também responde pelo nome de Petra – e lê-se: "Abre-te, pedra que eu Petra veja – como no meio de ti, cruel, jaz – pois o coração me diz que ela ainda está viva".[73] No tratado *Reggimento e costumi delle Donne*, a pedra é uma pedra preciosa, e ela, como a mulher que a veste, é um claro símbolo da Inteligência soberana.[74] Podemos então achar que a mulher viva, Petra, encerrada e obrigada a ficar como morta pela pedra, seja um símbolo equivalente ao do Graal concebido como pedra, cuja virtude "vive e não vive", ao Graal na mão de um rei paralítico ou vivo apenas aparentemente? Se uma aproximação como essa não está despojada de sua razão de ser, não se pode deixar de lado o fato de que em Dante todas as canções em que aparece a pedra são de ódio[75] e que nesse caso um tema de luto e pesar se sobressai, muito mais do que em qualquer outro dos aspectos positivos da "Pedra da Luz". Efetivamente, nesse ponto parece entrar em questão o outro aspecto, não mais apenas iniciático, mas também militante gibelino, da corrente dos Fiéis do Amor: sobre isso, vamos nos demorar um pouco.

26. *Dante e os "Fiéis do Amor" como Milícia Gibelina*

Como o grito de guerra dos templários era: "Viva Deus Santo Amor!", assim em Jaime de Baisieux o senhor do "Feudo do Amor" é chamado Santo Amor e forma uma unidade com a própria divindade, identificando-se o feudo do amor com o "feudo celeste" inalienável, oposto aos terrenos – contingentes e revogáveis. Ao mesmo tempo, os Fiéis do Amor apresentam os traços de uma milícia combativa, com suas armas e seus acordos secretos; depois de ter dito que eles "não devem revelar os segredos do Amor, mas ocultá-los da melhor maneira possível, de modo que não se divulgue uma palavra", acrescenta-se que eles todos "devem entrar em acordo em termos de vontade, palavras e atos".⁷⁶ Em Da Barberino, a "Corte do Amor" é representada como uma cúria celeste dos Eleitos hierarquicamente ordenada, com anjos correspondentes a cada grau; e depois do que mencionamos sobre o pássaro como símbolo, essa representação, que lembra o castelo do Graal como "palácio espiritual" e "castelo das almas", não tem um sentido diferente daquela mesma Corte do Amor composta inteiramente por pássaros que falam vez por vez.⁷⁷ Por outro lado, Da Barberino foi um soldado, um fervoroso promotor do gibelinismo, que se engajou nas fileiras de Arrigo VII; os poetas do amor italianos mais característicos são gibelinos e ultragibelinos, alguns suspeitos de heresia, outros sem dúvida heréticos e, enquanto exaltam a mulher e falam de amor, eles "são todos homens de ação, de luta, de guerra, de parte".⁷⁸ Trovadores como Guilherme Figueira e Guilherme Anelier, sobreviventes da cruzada contra os cátaros, ficaram energicamente do lado do imperador, atirando-se com veemência contra a Igreja. O mesmo tratado de Andrea Cappellano – aquele onde aparece novamente a imagem do "Centro" e onde máximas como: "Quem não sabe ocultar não sabe amar", "O amor raramente tem longa duração quando é divulgado", refletem também a conduta que se impõe a quem pertence a uma organização secreta – em 1277 foi atingido por uma solene condenação por parte da Igreja,⁷⁹ junto a uma perceptível insuficiência dos motivos moralistas utilizados para explicá-la. É fato que Dante – que na *Comédia* utilizou como símbolo central o do selo do Grande Mestre dos Templários: a águia e a cruz – foi para Paris exatamente no período da tragédia dos templários, sem nunca dizer nada a ninguém e sem que ninguém soubesse bem o que ele tinha ido fazer ali.⁸⁰ Com base elementos e em outros semelhantes, pode-se supor que os Fiéis do Amor, além de constituir uma corrente iniciática, tinham uma organização que apoiava a causa do Império e era contra a Igreja. Eles não só eram os guardiães de uma doutrina secreta, impossível de ser reduzida ao ensinamento católico mais exterior, mas eram elementos militantes em luta contra as pretensões hegemonísticas da Cúria de Roma.

Essa é a tese já aventada por Rossetti e Aroux, retomada por Valli, e de certa maneira também por Ricolfi, mais recentemente, com uma conotação específica do lado político, por Alessandrini.[81] Sobre essa base, o simbolismo acima mencionado admitiria uma interpretação posterior. Deve-se aplicar o símbolo da mulher utilizado por ela à própria organização, como detentora da doutrina. Leis do amor, como, por exemplo, a de que "a mulher que recebeu e aceitou do amante perfeito os dons da Massenia, isto é, as luvas e o cordão místico,[82] é obrigada a entregar-se a ele, sob pena de ser julgada como prostituta", se revelariam fórmulas de fidelidade ou de solidariedade militante, e assim por diante.[83] A mulher que para Dante está usurpando o lugar de Beatriz, ou seja, da Sabedoria Santa, obrigando-a a ir para o exílio, seria a Igreja católica em seu exoterismo, que suplantou violentamente a "doutrina verdadeira": tampouco a "pedra que se torna pedra" e que encerra a mulher viva Petra, significaria outra coisa.[84] Mas, a esse respeito, ainda mais significativas são as ilustrações de Da Barberino. Naquela com as quatorze figuras que, aos pares, formam sete graus hierárquicos, vemos que os graus mais baixos são constituídos pelo "religioso", ao qual corresponde um "morto", o que reproduz o conceito de Dante sobre a pedra como sinônimo de morte. Os representantes da hierarquia eclesiástica, frente à dos Fiéis do Amor, aparecem, portanto, como profanos; estão longe de possuir o conhecimento vivificante, a mulher verdadeira, a "Viúva" que corresponde aos graus superiores, ao "cavaleiro merecido", que tem a "rosa" e a "vida", enquanto eles conhecem somente "a morte".[85] Podemos supor que esses graus superiores constituíam o próprio mistério super-religioso, ao qual os templários eram admitidos somente depois de ter recusado a cruz, e que no ciclo da Távola Redonda é representado pelo próprio Graal como um mistério super e extraeucarístico.

Quanto aos Fiéis do Amor como milícia e organização gibelina, na literatura em questão encontramos também referências verossímeis às vicissitudes históricas. Um dos documentos mais significativos é outra ilustração de Da Barberino, onde está representada a trágica vitória da Morte sobre o Amor. A Morte atinge uma mulher, que aparece ferida e prestes a cair. O Amor está a seu lado, dividido em duas partes: inteira, a da esquerda, em pedaços, a da direita. Pensamos aqui que sem dúvida a interpretação de Valli tem fundamento; segundo Valli, a Morte seria a Igreja e a Mulher ferida seria a organização dos "Fiéis do Amor".[86] Quanto à figura bipartida de Amor, em sua parte despedaçada ela equivaleria à própria mulher ferida, isto é, ao lado externo, destruído, da organização, enquanto o seu lado esquerdo, a sua outra metade, seria o lado invisível que, apesar de tudo, continuou a existir. Na simbologia tradicional, o lado esquerdo frequentemente foi relacionado com o que está oculto e imanifesto.

Depois disso, passemos a considerar rapidamente o significado último e geral da corrente dos "Fiéis do Amor" em relação ao espírito do ciclo do Graal e das outras tradições que vimos estarem relacionadas com ele.

Uma certa continuidade ou interferência pode ser admitida no plano da doutrina secreta, iniciática, e no plano da orientação militante gibelina de uma organização. Porém, como já mencionamos, em relação aos Fiéis do Amor pode-se falar de uma forma já dissociada, por uma dupla razão. Onde, entre eles, figurou a ação, tratava-se da ação militante, não da ação assumida como base para uma realização espiritual ou iniciática, segundo o caminho cavalheiresco e "heroico" em geral, e segundo a orientação ideal do próprio templarismo. Observamos também que, no que diz respeito ao aspecto iniciático, é o "caminho do amor" que deve ser seguido pelos que pertencem à corrente e à organização de que estamos falando.

Em segundo lugar, em relação à perspectiva de sua própria iniciação, nos Fiéis do Amor a "Mulher", quando aparece sob a forma de "Sabedoria Santa", de "Senhora Inteligência" e, em geral, conforme observação de Valli e de outros, de gnose, leva a pensar num plano essencialmente sapiencial e contemplativo, nunca separado de um elemento extático. Disso, o horizonte intelectual de Dante também é uma confirmação. Assim, deve-se pensar que, se nesses ambientes era superada a atitude religiosa daqueles que simplesmente "acreditam", permanecia-se, todavia, na esfera de uma espécie de iniciação platonizante; não havia uma orientação no sentido de iniciação "real" que incluísse o elemento guerreiro e o sacral numa unidade, como no símbolo do Senhor das Duas Espadas e da ressurreição do *Imperator* e do rei do Graal. Isso equivale a dizer que o gibelinismo dos Fiéis do Amor carece de uma contrapartida espiritual realmente congenial, e é por isso que falamos numa forma já dissociada, mesmo que sob alguns aspectos ela tenha continuado, como organização secreta, a tradição precedente ou paralela.

Essa consideração nos leva inclusive ao plano histórico, e é oportuno nos questionarmos se o caráter antieclesiástico da corrente em questão não foi, afinal, apenas contingente, não relacionado com uma verdadeira superação do catolicismo. De fato, nos quadros do catolicismo ortodoxo havia lugar também para uma realização de tipo contemplativo mais ou menos platônico, e muitos dogmas e símbolos da tradição apostólica eram suscetíveis de serem vivificantes tomando-a como base.[87] Por outro lado, por mais de uma razão somos levados a pensar que os Fiéis do Amor não queriam nada de inconciliável – em linha de princípio – com um catolicismo purificado e dignificado, que a pedra de Dante nada tivesse do Graal mas fosse simplesmente a Igreja católica da qual Petrus é a pedra angular; e dizer que essa pedra, que já havia sido branca, tinha ficado preta – "completamente distorcida de sua cor primeira" – estaria se referindo apenas à corrupção, causa principal do fato de a Igreja ter-se tornado uma espécie de tumba da doutrina viva de Cristo, da qual ela deveria ser a mais fiel guardiã. Os Fiéis do Amor, portanto, não teriam se manifestado contra a Igreja por serem expoentes de uma tradição essencialmente diferente, mas porque, para eles, a Igreja não estava, ou não mais estava, à altura da pura doutrina cristã.[88] Se isso é verdade, Dante e os Fiéis do Amor não poderiam ser colocados na mesma linha dos cavaleiros do Graal. A "Viúva" de que falam não teria sido a tradição solar do Império, mas uma tradição já alterada e depreciada, "lunar", portanto não completamente passível de conciliação com as premissas de um catolicismo purificado.

Uma prova indireta disso é a concepção de Dante sobre as relações entre a Igreja e o Império. Como já mencionamos anteriormente, ela é baseada num dualismo limitador, sobre uma polaridade entre vida contemplativa e vida ativa. Se, partindo de um dualismo como esse, Dante se dirige violentamente contra a Igreja sob todos aqueles aspectos nos quais ela não se restringe à pura vida contemplativa, mas torna-se ávida de bens e de poderes terrenos, desconhecendo o supremo direito do Império na ordem da vida ativa e tentando usurpar suas prerrogativas – com rigor lógico, com base nas mesmas premissas, Dante deveria ter cultivado igual aversão pela tendência oposta, isto é, para cada tentativa do Império de afirmar integralmente a própria dignidade no âmbito supramundano, onde a Igreja situava o seu próprio e exclusivo direito, direito que Dante lhe reconhece. Ou seja, Dante, na mesma medida em que se batia contra o guelfismo, deveria ter se alinhado contra um gibelinismo integral, contra a concepção transcendente do *Imperium* cujas características, devido a uma teórica inicial, são muito menos "heterodoxas" em relação a um catolicismo purificado do que em relação a uma tradição primitiva da espiritualidade "real". Portanto, contra a tendência de alguns em superavaliar o "esoterismo" de Dante, e apesar da presença efetiva desse esoterismo em muitas de suas concepções, no plano em que nos colocamos aqui, Dante se sobressai mais como um poeta e como um combatente do que como o afirmador de uma doutrina isenta de compromissos. Ele demonstra muita passionalidade e muita parcialidade quando é militante, enquanto é por demais cristão e contemplativo quando passa para o campo espiritual. Daí, as inúmeras confusões e oscilações; por exemplo, um Frederico II confinado nos infernos e uma defesa dos templários contra Filipe, o Belo. Em geral, tudo parece nos dizer que, apesar de tudo, Dante teve como ponto de partida a tradição católica, que se esforçou por elevar a um plano relativamente iniciático (super-religioso), em vez de estar diretamente ligado a representantes de tradições superiores e anteriores ao cristianismo e ao catolicismo, como, a nosso ver, é o caso das fontes essenciais de inspiração do ciclo do Graal e, segundo o que diremos a seguir, também da literatura hermética.

Portanto, considerando em seu conjunto a corrente dos Fiéis do Amor, devemos ver nela um grupo gibelino de caráter iniciático, e como tal, de posse de um saber mais alto da doutrina ortodoxa da Igreja, mas com uma concepção menos poderosa e menos comprometida da ideia imperial. Assim, o aspecto mais positivo da corrente é aquele pelo qual a Corte do Amor assume os caracteres de um reino ou feudo imaterial, e os "Fiéis" são personalidades individuais que se voltam para uma realização super-racional, extática, sobretudo constituindo dentro dela uma corrente. Por um determinado aspecto, isso corresponde idealmente à conclusão pessimista da saga do Graal, ao Graal que se torna novamente invisível, a Parsifal que, como rei, torna-se asceta. E é sobretudo nessa forma que se conservará a tradição no período sucessivo, abandonando cada vez mais o aspecto militante e, em determinados casos, vivificando novamente filões mais profundos e originários.

Quanto à corrente dos Fiéis do Amor, na Itália ela parece ter-se desenvolvido até Boccaccio e Petrarca; a partir daí, passou a assumir cada vez mais aspectos humanísticos, até o momento em que o aspecto "arte" acabou prevalecendo decididamente sobre o esotérico. Os símbolos então se transformaram em meras alegorias, e seu significado não foi compreendido, nem mesmo por aqueles que continuaram a utilizá-lo em suas poesias. No início do século XVII, o princípio vital da tradição parece ter-se esgotado por completo, não apenas no conjunto, mas também em cada autor considerado individualmente. Para uma continuidade relativa, precisamos referir-nos a outros grupos e a outras correntes.

27. O Graal e a Tradição Hermética

Dedicamos à tradição hermética uma obra especial, para demonstrar o caráter essencialmente simbólico de grande parte daquilo que, numa literatura bastante complexa e variada, se apresentou exteriormente como alquimia e como procedimentos alquímicos para produção do ouro e da pedra filosofal.[89] Indicando essa obra a quem queira se aprofundar nas doutrinas hermético-alquímicas, aqui nos limitaremos a indicar alguns de seus temas que, sob outra forma, reproduzem os do mistério do Graal e da realeza iniciática.

No que diz respeito ao aspecto histórico, a tradição hermético-alquímica, apesar de ter se manifestado inicialmente no período das Cruzadas, alcançou o seu desenvolvimento máximo entre os séculos XII e XVI e se estendeu até o final do século XVIII interferindo, nesse seu último desenvolvimento, com o rosacrucianismo; apesar disso, ela tem raízes muito mais antigas. Entre os séculos VII e XII, ela é assinalada entre os árabes que, a esse respeito, serviram de mediadores para a retomada, por parte do Ocidente medieval, de uma herança mais antiga da sabedoria pré-cristã. Com efeito, os textos árabes e sírios hermético-alquímicos se reportam, por sua vez, a textos do período alexandrino e bizantino de uma época entre os séculos III e V, textos que, se representam os mais antigos testemunhos do ponto de vista positivo da história da ciência, devem, porém, ter recolhido e transmitido tradições anteriores antes conservadas somente nas formas orais de estrita transmissão iniciática.[90]

Os textos helenísticos, de fato, se reportam a toda espécie de autores, reais ou imaginários, da antiguidade pré-cristã, com escassa base positiva, mas com a significatividade do sintoma, como a confusa sensação de uma verdade. A esse respeito, bastará para o nosso objetivo colocar em destaque os pontos a seguir.

Em primeiro lugar, a tradição declara-se depositária de um saber secreto, real e sacerdotal – de um mistério que, segundo Pebéquio e Olimpiodoro,[91] era reservado às castas superiores, aos reis, aos sábios e aos sacerdotes. O termo que mais aparece torna-se justamente o de *Ars Regia*, de Arte Real.

Tendo alguma relação com tudo isso, mesmo que somente por meio de referências imaginárias e às vezes extravagantes, a tradição da Arte Real liga-se, sobretudo, à tradição egípcia (sob formas clássico-pagãs, a Hermes, considerado como o primeiro da dinastia ou o mestre dos reis egípcios)[92] e à tradição iraniana. Segundo os *Testi Democritei* e Sinésio,[93] ela seria exatamente a ciência que os reis egípcios e os videntes persas já possuíam. Menciona-se Zaratustra e também Mitra que, juntamente com Osíris, vai distinguir determinadas fases da "obra divina".[94] E foi justamente no Egito e no Irã antigos que se firmou, de modo típico, a tradição da "realeza solar".

Os textos alquímico-helenísticos falam de uma estirpe dos séculos passados, imaterial, livre e sem rei.[95] Um texto da Idade Média pretende que a "alquimia" fosse conhecida já na época pré-diluviana.[96] Outro autor antigo relaciona-a com o "primeiro entre o anjos", que se reuniu com "Ísis". Mediante esse fato, Ísis acabou possuindo a ciência, conforme ela revelou a Hórus.[97] Assim, aqui, ao tema da "mulher divina" e ao do tipo de um restaurador (Hórus, vingador e restaurador de Osíris morto e desmembrado) associam-se de maneira confusa, mas também de modo significativo, reminiscências bíblicas relativas aos anjos que desceram à Terra e à sua estirpe que, segundo a tradição, na época pré-diluviana, havia sido uma estirpe de "seres gloriosos" ou "famosos". Devemos, então, pensar em elementos da tradição primitiva que se conservaram no ciclo ascendente, "solar" ou "heroico" da civilização como a tradição egípcia ou a iraniana, que passaram depois em forma de mistério, de mistura com outros elementos e revestidos justamente com a forma mascarada hermético-alquímica, junto a uma ampla utilização de um simbolismo extraído da mitologia e da astrologia clássicas.

Por si só, muito mais antiga do que o cristianismo e estranha ao espírito cristão, a doutrina hermética, graças exatamente à impenetrabilidade de seu disfarce metalúrgico, pôde continuar nos períodos históricos dominados pelo islamismo e pelo catolicismo sem ser obrigada a assumir características dessas religiões e sem sofrer, por isso, deformações de grande porte.

As referências do cristianismo nos próprios textos medievais ocidentais resultam extrínsecas mesmo ao mais superficial dos exames, muito mais do que aquelas que são encontradas no ciclo do Graal. O elemento clássico-pagão permanece bem visível em suas próprias formas exteriores. Somente no período mais antigo a interferência com o rosacrucianismo levou a uma miscelânea dos símbolos herméticos com os de uma espécie de esoterismo tendo em comum alguns traços com a tradição dos "Fiéis do Amor".

Se, com base nessas considerações, se verifica que a tradição hermética, em suas próprias documentações positivas ocidentais, historicamente abraçou um período muito mais amplo do ciclo iniciático cavaleiresco já considerado, interessa-nos considerá-la aqui também nessa sua fase que historicamente se nos apresenta como um veio que, tendo aparecido no Ocidente no mesmo período do ciclo do Graal e dos Fiéis do Amor, continuou até o esgotamento desses ciclos, de modo a estabelecer fatualmente uma continuidade, definida pela correspondência de alguns símbolos fundamentais, que passaremos a examinar agora rapidamente.

1) O Mistério da Arte Real tem uma relação muito estreita com o da reintegração "heroica". De maneira até mesmo declarada, isso resulta, por exemplo, de um texto de Della Riviera, em que aparece como tema central a identificação dos "heróis" com aqueles que chegam a conquistar a "segunda Árvore da Vida" e a instaurar um segundo "paraíso terrestre", isto é, uma imagem do centro primitivo que, como o castelo do Graal, "não aparece aos espíritos escusos e impuros, mas permanece igualmente oculto nas altas neblinas da luz, inacessível ao Sol celeste. Ele se mostra somente ao "felizardo" herói mágico [98] e é por ele gloriosamente possuído; e o herói mágico aproveita ao máximo o salutar lenho da vida, colocado no centro desse universo".[99]

Em Basílio Valentino encontramos o mesmo tema: a procura do centro da Árvore que está no meio do "paraíso terrestre"; procura que tem início com a procura da "matéria" da Obra e que implica um combate atroz. Vimos que o acesso ao castelo do Graal, onde, segundo o *Titurel*, está a Árvore áurea, só pode ser conquistado com armas em punho. A "matéria" que é procurada na tradição hermética muitas vezes se identifica com a "pedra" (em Wolfram, e em outros autores, a "pedra" é o Graal); e a segunda operação descrita por Basílio Valentino é destinada a encontrar nessa matéria, junto com as cinzas da águia, o sangue do leão: dois símbolos que tem um significado preciso, depois do que dissemos, e característicos também no ciclo gibelino-cavaleiresco.[100]

2) Nos textos medievais e pós-medievais herméticos, o simbolismo real desempenha um papel fundamental, em estreita relação com o do Ouro. É uma relação que remonta à antiga tradição egípcia. Um dos antigos títulos faraônicos era o de "Hórus feito de ouro", e se como Hórus (o deus Hórus) o rei aparecia como uma encarnação do deus solar restaurador, o fato de ele ser feito de ouro exprimia a sua imortalidade e incorruptibilidade, enquanto isso alude também, supertradicionalmente, ao estado primitivo, na época em que, justamente, junto a vários povos, ela foi marcada com esse metal.[101] Assim, mesmo no hermetismo, os termos ouro (o metal), Sol e rei aparecem como sinônimos e são usados continuamente um pelo outro. Deixando esse pormenor de lado, o desenvolvimento do *Opus Hermeticum* muitas vezes se apresentou na forma de um rei doente que consegue se restabelecer; de um rei ou cavaleiro estendido num esquife ou encerrado numa tumba que ressuscita; de um velho caduco que readquire vigor e juventude; de um rei ou de outra figura qualquer que é atingida, sacrificada ou morta e que depois adquire uma vida mais elevada e uma força superior à de

qualquer outro que a tenha precedido. São motivos semelhantes aos dos mistérios do Graal.

3) Os textos herméticos medievais são ricos em referências a Saturno que, como Osíris, é o rei da idade áurea, idade que, como se sabe, está em relação com a tradição primitiva. É significativo o seguinte título de uma pequena obra de Gino da Barma: *Il regno di Saturno trasmutato in età dell'oro*.[102] O tema de um estado primitivo a ser despertado assume no hermetismo a forma da produção do ouro pela transformação do metal de Saturno, isto é, do chumbo, onde ele está oculto. Num hieroglifo de Basílio Valentino, vê-se Saturno coroado com um símbolo complexo que representa a Obra hermética em seu conjunto. Embaixo de Saturno, há o sinal do enxofre, sinal que por sua vez contém o símbolo da ressurreição, ou seja, a fênix.[103] Segundo Filalete, os Sábios encontram o elemento de que precisam na "raça de Saturno", simplesmente acrescentando-lhe o enxofre que lhe falta;[104] nesse caso, a solução do segredo é fornecida pelo duplo sentido do termo grego θεῖον, que significa enxofre e também "o divino". Além do mais, o enxofre equivale normalmente ao fogo, que no hermetismo é o princípio ativo e vivificante. Nos textos helenísticos encontra-se o motivo da sagrada pedra negra, cujo poder é mais forte do que qualquer magia, mas que, para poder ser realmente o "nosso Ouro", isto é "Mitra", e para poder produzir "o grande mistério mitríaco", deve possuir a correta potência ou "remédio da ação correta".[105] Essa é uma maneira diferente de expressar o mistério do despertar e da reintegração. Temos um paralelismo posterior com os temas do Graal: símbolos de uma realeza primitiva e de uma "pedra" que aguardam um poder viril e divino (enxofre = o divino) para poderem se manifestar como "ouro" e como a "pedra filosofal" que tem o poder de um remédio que destrói todas as "doenças".

4) Com base nisso, seria possível interpretar a misteriosa expressão *lapsit exillûs*, utilizada por Wolfram para o Graal, também como *lapsis elixir*, reconhecendo uma correspondência entre o Graal e a "pedra divina" ou "celeste" do hermetismo, que teve também o valor de um elixir, de um princípio que renova, que dá vida perene, saúde e vitória. Conforme mencionamos, essa é a tese de Palgen,[106] e ela poderia ser desenvolvida ainda mais. – Quando num texto que nos foi conservado por Kitâb-el-Foshul se lê: "Esta pedra fala convosco e vós não a entendeis; ela vos chama e vós não lhe respondeis. Ó maravilha! Que surdez fecha vossos ouvidos! Que embriaguez sufoca vossos corações"[107] – somos levados a pensar na "pergunta" inerente ao Graal, pergunta que o herói num primeiro momento não entende, mas que em seguida o faz, realizando dessa maneira o seu dever. Os filósofos herméticos procuram sua "pedra" exatamente como os cavaleiros procuram o Graal, pedra celeste. Zacarias, ao escrever: "Nosso corpo, que é a nossa pedra oculta, não pode ser conhecido nem visto sem inspiração... e sem este corpo a nossa ciência é vã",[108] reproduz, juntamente com inúmeros outros autores, o tema da invisibilidade e da impossibilidade de se encontrar o Graal, reservado àqueles que são chamados ou que, por uma feliz coincidência ou por uma inspiração, são levados até ele. Além do mais, o tema de que "a pedra não é pedra", que esse conhecimento deve ser considerado "num sentido místico e não físico", remonta ao período helenístico, se repete em muitos textos herméticos e lembra a natureza imaterial do Graal que, segundo autores já citados, não é nem de ouro, nem de chifre, nem tampouco de madeira da cruz, nem de pedra, nem de outra substância. Num texto hermético árabe, a procura da pedra está ligada aos temas da montanha (Montsalvatsche), da mulher e da virilidade, na forma mais significativa. "A pedra que não é pedra nem tem natureza de pedra" poderia de fato ser encontrada

no topo da montanha mais alta: dela é possível obter-se o arsênico, isto é, a virilidade (devido ao duplo sentido do termo grego ἀρσενιχόν; o arsênico, na tradição hermética, foi com frequência usado como um símbolo do princípio viril, sinônimo daquele enxofre ativo que deve ser acrescentado a Saturno, a respeito do qual se fala em Filalete).[109] Sob o arsênico encontra-se a sua "esposa" ou Mercúrio, à qual ele se une.[110] A respeito disso, voltaremos logo adiante. Por enquanto, concluímos dizendo que, segundo um dos seus motivos mais comuns, a Arte Real dos herméticos centraliza-se numa "pedra", muitas vezes identificada com Saturno, que contém a Fênix, o *elixir*, o ouro ou o "nosso rei" no estado latente, e que "o mistério estranho e terrível transmitido aos discípulos do rei Hermes" e aos "Heróis", empenhados em abrir para si um caminho até o "paraíso terrestre" com "combates atrozes", consiste em destruir esse estado de latência, chamado frequentemente "morte", ou "doença", ou "impureza", ou "imperfeição", mediante operações de caráter iniciático.

5) Mencionamos, enfim, o *mysterium coniunctionis*. A união do "macho" com a "fêmea", segundo o ensino dos textos helenísticos[111] já é parte essencial da Obra hermética. O "macho" é o Sol, o enxofre, o fogo, o arsênico. Esse princípio, de passivo, deve tornar-se "vivo e ativo" e para tanto é preciso que ele se reúna com o princípio feminino, chamado a "Mulher dos filósofos herméticos", sua "Fonte" ou "Água divina" – no simbolismo metalúrgico, com o Mercúrio. E torna-se aqui mais explícito o sentido implícito que a Mulher tem em muitas partes da literatura cavaleiresca e mesmo dos "Fiéis do Amor". Segundo as palavras de Della Riviera,[112] é a "nossa Hebe", relacionada com o "segundo lenho de Vida", que proporciona a "beatitude natural (olímpica) da alma e a imortalidade do corpo aos heróis". Muitas vezes ela equivale à "Água da Vida". Mais do que isso, o seu lado perigoso é indicado pelo hermetismo, que age de maneira

destrutiva – como o Graal, como a lança ou a segunda espada – com quem se una a ele sem ser capaz de fazer com que o seu limite natural supere o próprio "ouro" ou "fogo" – isto é, o princípio da personalidade e da força "heroica". As núpcias, isto é, a união com a Mulher, causam danos, se não tiverem sido precedidas por uma completa "purificação".[113] O Mercúrio, ou a Mulher dos filósofos, enquanto é Água de Vida, também tem a característica de uma "faísca", de um "veneno ígneo, que dissolve todas as coisas", que "queima e mata tudo", de modo que se acaba aplicando ao "fogo dos filósofos" um simbolismo usado também no ciclo do Graal: a espada, a lança, o machado, tudo o que rasga e fere.[114]

Nesse contexto, são interessantes as alegorias contidas numa obra hermético-rosa-cruzista de Andreae. Aqui, é preciso destacar dois pontos. Em primeiro lugar, algumas provas, sobre as quais é oportuno alertar: "É melhor fugir do que enfrentar o que supera as próprias forças" – provas que são vencidas somente por guerreiros e por aqueles que, ao acreditar que nada podem, se mostraram privados de orgulho. Em segundo lugar, fala-se de uma fonte, junto à qual está um leão, que, de repente, se apossa de uma espada nua e a quebra, acalmando-se somente quando uma pomba lhe entrega um ramo de oliveira, que ele devora.[115] O leão, a espada e a pomba pertencem também ao simbolismo do ciclo do Graal. A espada, isto é, a força exclusivamente guerreira, é rompida pelo poder enfurecido que está ligado à "nascente". A crise não é ultrapassada a não ser por meio da pomba, que é também um pássaro consagrado a Diana (Diana é também um dos nomes herméticos para a "Mulher dos filósofos"), enquanto nos romances do Graal, às vezes, ela é associada ao mistério da renovação da força do próprio Graal. Mais uma vez, temos a referência a uma realização além da virilidade comum e da "crise do contato".

Não é o caso, no momento, de tratar das diferentes fases da obra hermética (sobre elas, é oportuno pesquisar em nossa obra já citada). Interessa apenas indicar aqui dois símbolos essenciais que distinguem o seu acabamento final, isto é, o adaptado. O primeiro é o Rebis, ou seja, o andrógino, que se baseia no simbolismo erótico e no das "núpcias ocultas"; já o encontramos junto aos templários e aos Fiéis do Amor. O segundo é a cor vermelha, cor real (fala-se também da "púrpura tíria" do *Imperator*), superior à cor branca, utilizada para indicar uma fase preliminar, extática e, pode-se dizer, também "lunar" da Obra (nela – diz-se – a Mulher é que domina), fase a ser superada. O vermelho corresponde à realeza iniciática. Um símbolo paralelo para toda a Obra, utilizado por Filalete, o "acesso ao palácio fechado do Rei" – contrapartida, quase, do acesso ao castelo de Montsalvatsche, assim como a virtude curativa da Pedra e do elixir hermético-alquímico é quase um paralelo da cura ou do despertar do rei em decadência do Graal e de outros símbolos correspondentes.

Depois desse resumo geral, podemos nos perguntar qual terá sido o significado da tradição hermética no Ocidente. Deve-se repetir o que já dissemos. A *Ars Regia*, a arte real, testemunha um veio secreto de iniciação, cujo caráter viril, "heroico" e solar está fora de dúvida. Mas, diferentemente de tudo o que no ciclo do Graal e na saga imperial reflete o mesmo espírito (além de ter conexões com a tradição primitiva), falta-lhe o caráter de "empenho". Queremos dizer com isso que não se deve supor qualquer conexão exata dos adeptos herméticos com organizações militantes, como a cavalaria gibelina e os próprios Fiéis do Amor. Falta, portanto, alguma tentativa de intervenção direta no jogo das forças históricas, tendo em vista restabelecer o contato entre um determinado poder político e o "Centro" invisível, concretizar por meio do Mistério aquela dignidade transcendente que o gibelinismo reivindicou para um soberano e determinar novamente a união dos "dois poderes". O testemunho próprio da tradição em questão diz respeito somente à especial dignidade interior a que uma série de individualidades continuou a aspirar; assim, essas individualidades foram guardiãs de uma antiga herança, além mesmo da decadência da civilização medieval e do *Sacrum Imperium*, além da esfoliação humanística da tradição dos Fiéis do Amor, além das contaminações do naturalismo, do humanismo e do laicismo, próprios dos tempos subsequentes. Por isso, o "nosso ouro", o Morto a ser ressuscitado, o Senhor solar de duplo poderio, e assim por diante, apareceram no hermetismo essencialmente como símbolos da obra interior: invisível, do mesmo modo como o "Centro" e o "segundo paraíso", até o qual os "Heróis" de Della Riviera entenderam abrir seu próprio caminho.

Por outro lado, depois da Renascença e da Reforma, os dominadores visíveis apresentaram-se cada vez mais apenas como chefes temporais, despojados de qualquer crisma superior e de qualquer autoridade transcendente, de qualquer capacidade de representar aquela que no gibelinismo foi chamada de "a religião real de Melquisedeque". E não só as monarquias decaem e deixa de existir uma "cavalaria espiritual", como a própria cavalaria decai, os cavaleiros se transformam em soldados e oficiais a serviço das nações e de suas ambições políticas. Nesse período pareceu de todo conveniente, para a transmissão da tradição, justamente a forma "hermética" no sentido comum do termo, que alude a tudo o que é impenetrável e sibilino. Essa forma, como dissemos, utilizou essencialmente o jargão metalúrgico e químico, com as suas combinações extravagantes e desconcertantes de símbolos, sinais, operações e referências mitológicas.[116] Em virtude disso, o "disfarce" foi perfeito; e tendo em vista que, por outro lado, o hermetismo se reportava sobretudo a tradições pré-cristãs autônomas, por essas duas razões ele não se defrontou com o catolicismo ortodoxo, mesmo tendo muito menos a ver com ele do que o esoterismo de um Dante ou dos Fiéis do Amor.

É nas formas mais antigas de um hermetismo prevalentemente rosa-cruzista que as coisas, de certa maneira, se apresentaram diferentes e que se produziu inclusive uma espécie de reemergência momentânea da tradição secreta na história – reaparecimento ao qual deveria seguir-se o seu desaparecimento definitivo.

28. *O Graal e os Rosa-cruzes*

É extremamente difícil isolar o rosacrucianismo do hermetismo, pelo menos no sentido de que, se o hermetismo em seus aspectos essenciais pode ser considerado independentemente do rosacrucianismo, o inverso não é verdadeiro, pois o que se sabe do rosacrucianismo nos mostra algo fortemente influenciado por elementos e símbolos do hermetismo.

Em seu aspecto estritamente histórico, o rosacrucianismo deve ser considerado como uma das correntes secretas que se sucederam à destruição da Ordem dos Templários, algumas já existentes em germe antes desse acontecimento, mas que se definiram e se organizaram, sobretudo, depois, como continuadoras subterrâneas da mesma tendência. Isso marca uma diferença com relação ao hermetismo que, como já dissemos, parece ter existido em formas inalteradas antes e depois dos acontecimentos do esforço medieval de reconstrução da tradição. Um segundo caráter distintivo é que o rosacrucianismo assume, mesmo que apenas como ponto de partida para uma interpretação esotérica, muitos elementos do cristianismo, como também da literatura dos Fiéis do Amor e das tradições românticas dos trovadores, nas quais a rosa se havia tornado um símbolo de importância toda especial. O termo que distingue a corrente rosa + cruz, por si só já deixa entrever essas relações, e por isso o movimento apresenta, afinal, um caráter menos original do que o do Graal, onde a corrente principal é constituída por um núcleo nórdico pré-cristão, e menos original do que o hermético, onde a corrente essencial é constituída por um núcleo mediterrâneo pagão.

Do ponto de vista espiritual, "Rosa-cruz" – assim como "Buda" ou "preste João" ou "Cavaleiro das duas Espadas" – é essencialmente um título que indica um determinado grau da realização interior. O termo deve ser explicado com base num simbolismo universal, mais do que especificamente cristão. A cruz, num simbolismo como esse, representa o encontro da direção do alto, expressa pela vertical | com o estado terrestre, expresso pela horizontal – . Este encontro +, na maioria dos casos, se verifica no sentido de uma parada, de uma neutralização, de uma queda (a "crucificação do homem transcendente na matéria", como os gnósticos e os maniqueus se exprimiam). No iniciado, ao contrário, esse encontro ocorre na plena posse das possibilidades da condição humana, que disso sai transformada; e exatamente um desenvolvimento como esse, concebido como um abrir-se, um expandir-se, um florescer, é indicado pela rosa que, no símbolo rosa-cruzista, começa a se abrir no centro da cruz, isto é, na intersecção da direção vertical com a horizontal.[117] Como verdadeiros rosa-cruzes devem considerar-se personalidades unidas entre si pela identidade de uma realização como essa. A organização da qual participaram deve ser considerada como algo derivado e contingente.

Parece que a atividade dos rosa-cruzes teve seu início na segunda metade do século XIV e que o nascimento do fundador ou reorganizador lendário da Ordem, Christian Rosenkreuz, em 1378, não passa de um símbolo para a primeira organização da corrente. Caráter igualmente simbólico parece ter também vários trechos da vida de Rosenkreuz: ele teria passado doze anos num convento. Em seguida, teria feito viagens ao Oriente, onde provavelmente foi iniciado na verdadeira sabedoria. Vimos que Frederico II já havia mencionado uma misteriosa proveniência oriental de sua "Rosa". Poderia, então, tratar-se de integração do ensinamento ascético cristão (Rosenkreuz no convento) por meio de um saber superior, do qual algumas organizações secretas orientais (árabe-persas) ainda eram depositárias. Christian Rosenkreuz, depois de voltar para o Ocidente, é expulso da Espanha superlativamente católica como suspeito de heresia; estabelece-se na Alemanha, sua pátria e, a esse respeito, é interessante mencionar o seguinte: a terra originária de Rosenkreuz é a Alemanha, "no entanto, nos mapas geográficos não se encontram traços de sua cidade de origem". Ele transmite o seu conhecimento a um grupo bastante restrito de discípulos. Depois de se retirar para uma gruta, que se tornou em seguida a sua tumba, ele deseja que esse sepulcro permaneça secreto até quando for chegada a hora, ou seja, somente 120 anos depois de sua morte. Tendo em vista que Rosenkreuz deve ter morrido em 1484, a descoberta da gruta e do sepulcro teria se verificado somente em 1604, e esse é aproximadamente o período em que a corrente dos rosa-cruzes começa a dar notícia de si e aparece, de certo modo, na história, "como se, literalmente, tivesse saído das entranhas da Terra".[118] O período intermediário, nessa narrativa simbólica, poderia talvez referir-se a um período de reorganização subterrânea, enquanto no período entre 1604 e 1648 – data que, segundo a tradição, marca o abandono definitivo da Europa por parte dos rosa-cruzes – seria possível vislumbrar uma tentativa de exercer determinada influência sobre o clima histórico do Ocidente, com o despertar da sensação de determinadas "presenças", e evocando igualmente o símbolo do Reino invisível. O número dos escritos sobre os rosa-cruzes nesse período é, de fato, surpreendente; por uma espécie de sugestão coletiva, mesmo não sabendo absolutamente nada de preciso acerca deles, os rosa-cruzes se tornaram um mito e deram lugar à literatura mais variada, pró e contra, até que, em determinado momento, o interesse, tão vivo, desapareceu com a mesma rapidez com que se havia espalhado: mais ou menos como, por volta do final do século XII e do início do século XIII havia acontecido com a literatura do Graal.

Para alguma referência, os documentos mais importantes são: a já mencionada *Allgemeine Reformation*, com seu complemento, *Confessio fraternitatis Rosae Crucis, ad eruditos Europae* (Cassel, 1615), e os assim chamados *Manifesti dei Rosacroce*, que apareceram, um em Frankfurt e dois em Paris, no período compreendido entre 1613 e 1623.[119] Os pontos essenciais que podem ser extraídos de escritos desse tipo, depois de separadas as partes espúrias e de revestimento, são mais ou menos as seguintes:

1) Existe uma "confraria" de seres que "habitam visível e invisivelmente" as cidades dos homens. "Deus os cobriu com uma nuvem para protegê-los da malvadeza de seus inimigos." Por isso, na Espanha, e mais tarde na França eles foram chamados de *Alumbrados* e de "Invisíveis" – fato esse que deve estar relacionado com o ser transcendente dessas personalidades enigmáticas, com aquilo pelo que elas são consideradas propriamente "rosa-cruzes". Ninguém pode se comunicar com eles movido por simples curiosidade. Mas essa relação se estabelece automaticamente, e se é inscrito realmente e de fato "no registro de nossa confraria" mediante "a intenção somada à vontade real do leitor", sendo este, se-

gundo os manifestos rosa-cruzistas, o único meio "para que conheçamos a ele e ele nos conheça". É mediante revelação – como na Ordem do Graal – que os rosa-cruzes conhecem os que são dignos de pertencer à sua Ordem e que, tendo-se inscrito, podem também ser rosa-cruzes mesmo sem o saber.

2) "Rosa-cruz", conforme dissemos, representa essencialmente um grau iniciático e uma função, não a pessoa como tal. Assim fala-se que o "rosa-cruz" não estaria sujeito às contingências da natureza, às suas necessidades, às doenças e à velhice: que ele vive em todas as épocas como viveu no princípio do mundo e como viverá no final dos séculos. A Ordem preexistiu aos seus fundadores ou organizadores: Rosenkreuz e (segundo alguns) Salomão. Praticamente, o "rosa-cruz", quando lhe agradar morrer – ou sair da condição humana – escolhe uma pessoa capaz de sucedê-lo, isto é, de assumir sua função, que, assim, continua imutável. Essa pessoa assume o mesmo nome de seu predecessor. A Ordem tem como chefe um misterioso *Imperator*, cujo nome e cuja sede devem ser mantidos desconhecidos. Um escrito que apareceu em 1618, *Clipeum Veritatis*, dá a sequência dos *Imperatores* rosa-cruzistas; entre outros, ali aparecem os nomes de Set – do qual conhecemos a parte simbólica que desempenha no próprio ciclo do Graal – como também o de Enoque e o de Elias, isto é, dos profetas "que nunca morreram", às vezes apresentados também função de iniciadores misteriosos.

3) Os rosa-cruzes são obrigados a usar as "roupas" dos países por onde viajam ou onde fixam residência – isso significa que devem escolher para si uma maneira exterior de aparecer adequada ao lugar e ao ambiente onde pre-

tendem agir. Sem livros nem tampouco sinais, eles podem falar e ensinar a língua de todas as terras onde queiram estar presentes para tirar os homens do erro e da morte. Por alegorias, menciona-se aqui o assim chamado "dom das línguas", a capacidade de traduzir e "falar" nos termos de cada uma das tradições, a única doutrina primordial. Efetivamente, a ciência que os rosa-cruzes dominam não deve ser considerada como nova: é a ciência das origens, "a luz que Adão recebeu antes de cair". Portanto, esse saber não pode ser contraposto nem comparado com nenhuma opinião dos homens (*Confessio fraternitatis*). Os rosa-cruzes ajudam ininterruptamente o mundo, mas de maneira invisível e imponderável (Menapius).

4) A restauração do Rei – motivo fundamental do Graal e do hermetismo – é também o tema central do texto *Chemische Hochzeit Christiani Rosenkreuz anno 1459* (Estrasburgo, 1616), no qual várias aventuras são distribuídas ao longo de sete dias, alegorizando os sete graus ou estágios da iniciação. No último dia, os eleitos são consagrados "Cavaleiros da Pedra de Ouro" – *eques aurei lapidis*. Nesse livro, entre outras coisas, está descrita uma viagem até a residência do Rei; a isso se segue o mistério da ressurreição do soberano, mistério que se transforma, significativamente, na constatação de que o Rei já vive e está desperto: "muitos acham esquisito que ele tenha ressuscitado, estando convencidos de que cabia a eles despertá-lo" – referência à ideia de que o princípio da realeza, em sua essência metafísica, existe sempre e não deve ser confundido com uma mera criação humana, nem com a ação de quem pode propiciar uma nova manifestação do mesmo na história. Ao lado

do rei ressuscitado, Rosenkreuz, que nele deverá reconhecer "seu pai", traz consigo a mesma insígnia dos templários e do navio de Parsifal: um estandarte branco com uma cruz vermelha. Não falta tampouco o pássaro do Graal, a pomba. Os Cavaleiros da Pedra de Ouro juram fidelidade ao Rei ressuscitado, isto é, ao Rei que se manifestou novamente.[120] A fórmula, que aparece em outro texto, com a qual se pede a participação ao mistério da Rosa-cruz, corresponde exatamente ao mote dos templários: "Não a nós, mas ao Vosso nome, somente a Vós, Deus, ó supremo, damos glória, eternamente".[121]

5) As imagens da sede dos rosa-cruzes e de seu Imperador correspondem novamente às do "Centro": é a "cidadela solar", a "montanha no centro do mundo", ao mesmo tempo "longínqua e próxima", o "Palácio do Espírito no fim do mundo, no topo de uma montanha alta, envolvido por nuvens", reprodução, quase, do Montsalvatsche. Mencionamos a seguir algumas referências contidas nos textos rosa-cruzistas: a correspondência entre as duas tradições é suficientemente visível, como é visível que a procura desse Centro misterioso está relacionada, como na lenda do Graal, com provas e experiências iniciáticas que contêm traços "heroicos".

Segundo a *Lettre de F. G. Menapius 15 juillet 1617*[122] os rosa-cruzes moram num castelo construído sobre rochas, envolto no alto pelas nuvens e embaixo pelas águas, em cujo centro se encontram um cetro de ouro e uma fonte de onde brota a Água da Vida. Para alcançar esse castelo, é preciso passar antes por uma torre, chamada a "torre incerta", depois por uma outra, chamada a "torre perigosa", e enfim escalar a rocha e tocar o cetro. Então aparecerá uma Virgem, para conduzir o cavaleiro. As nuvens desaparecem, o castelo torna-se visível e o eleito torna-se partícipe do poder "celeste e terreno".

Podemos citar também a obra *Gründlicher Bericht von dem Vorhaben, Gelegenheit und Inhalt der löbl. Bruderschft des R + C* (Frankfurt, 1617) onde se lê: "No meio do mundo" ergue-se uma montanha, "longínqua e próxima, com os maiores tesouros e a malícia do demônio. O caminho que leva até ela só pode ser encontrado com o próprio trabalho. Rezai e pedi pelo caminho, segui o guia, que não é um ser terreno e está no meio de vós, apesar de não o conhecerdes. Ele vos levará até a metade do caminho à meia-noite (cf. o "Sol da meia-noite" dos Mistérios Clássicos). Precisareis ter a coragem de heróis... No momento de ter a visão do castelo, um vento impetuoso fará tremer as rochas. Tigres e dragões vos tomarão de assalto. Um terremoto destruirá tudo o que o vento poupou, e um fogo poderoso consumirá toda matéria terrestre (cf. as provas no castelo de Orgueluse). De manhã cedo voltará a calma e então vereis o tesouro". Esse tesouro, como a "Pedra" dos hermetistas, tem o poder de transformar em "ouro", isto é, de despertar novamente no homem o estado "solar" original. Ela restabelece a saúde. "Ninguém no mundo deve saber, porém, que estais de posse dela." Depois de ter descoberto o tesouro "voltai-vos para trás e encontrareis alguém que vos tornará partícipes da Confraria e que em qualquer momento vos servirá de guia".[123]

6) Os rosa-cruzes não hesitavam em condenar "os blasfemos do Oriente e do Ocidente", referindo-se com isso claramente aos islâmicos e aos católicos; acrescentavam que eles visavam "desfazer em pó o tríplice diadema do Papa", reivindicando para si mesmos uma "ortodoxia" e

uma autoridade espiritual mais elevada. A referência, aqui, à tríplice coroa papal não está desprovida de um significado especial, pois esse diadema figura entre os símbolos que estão relacionados com o "Rei do Mundo" e com a sua função.[124] Para os rosa-cruzes, o chefe da Igreja católica teria então usurpado essa função, cujo verdadeiro representante seria o seu *Imperator*. Essas personalidades enigmáticas anunciavam que a Europa estava grávida e devia dar à luz um garoto poderoso; falavam também num *Imperator* "romano" "Senhor do Quarto Império", ao qual diziam poder fornecer tesouros inesgotáveis. Do texto rosa-cruzista já citado – *Allgemeine Reformation der gantzen weiten Welt*, como também da *Fama fraternitatis* – a ideia fundamental é a de que os rosa-cruzes têm a missão de operar, antes que chegue o "fim do mundo", um revigoramento geral exatamente no sinal de seu misterioso *Imperator*.

Depois do aparecimento, em Paris, dos dois últimos manifestos rosa-cruzistas, depois da eclosão da Guerra dos Trinta Anos e de sua conclusão com aquele tratado de Westfália que deu o último golpe na autoridade efetiva do sobrevivente Império Romano, os últimos verdadeiros rosa-cruzes teriam deixado a Europa para dirigir-se a uma "Índia",[125] que provavelmente deve ser entendida como aquela mesma Índia simbólica, incorporada ao rei do preste João, para onde, conforme já vimos, ter-se-iam transferido o Montsalvatsche, o Graal e seus cavaleiros. O "fim do mundo", a respeito do qual os rosa-cruzes falavam, referia-se provavelmente apenas ao final de um mundo, isto é, de um ciclo de civilização: do mesmo modo que a visão apocalíptica do desencadear-se dos povos de Gog e Magog, a respeito do qual falamos na saga imperial, havia somente a prefiguração daquele "espírito demoníaco das massas" que nos tempos modernos, depois da Revolução Francesa e da queda das maiores tradições dinásticas europeias, devia assumir proporções cada vez mais impressionantes.

Quanto à missão dos verdadeiros rosa-cruzes no período Setecentista já mencionado, ela deve limitar-se a produzir, mesmo que não desprovida de uma intenção "experimental" precisa, por via indireta, "inspirando" vários autores, certo rumor, certa agitação no ambiente, sem nenhuma verdadeira iniciativa militante. De fato, tudo leva a pensar que os rosa-cruzes jamais constituíram uma organização material "empenhada" no plano político, portanto suscetível de ser localizada ou atingida; e que eles permaneceram efetivamente invisíveis, além do mito que os tomou como assunto (uma das designações de seu grupo foi, de resto, exatamente "O Congresso dos Invisíveis"). Parece que de sua experiência os rosa-cruzes extraíram uma resposta negativa, o que os induziu a "partir". Para tanto, não se deve excluir que tenha contribuído o fato de eles terem constatado a deformação que certas ideias, por causa do ambiente, estavam destinadas a sofrer, a ponto de produzir efeitos opostos aos desejados. Na miscelânea que engloba as obras de um Valentino Andreae, como também as de outros autores ligados à Rosa-cruz está clara, por exemplo, uma forte tendência a utilizar, em sentido protestante e iluminista,[126] a aversão rosa-cruzista pela Igreja católica, chegando desse modo a um dos mais graves equívocos e a um dos mais perigosos desvios: aquele mesmo que levou justamente os príncipes teutônicos a trair a ideia sagrada do Império exatamente no momento de sua emancipação luterana de Roma; àquela mesma involução pela qual, em vez de superar a espiritualidade imperfeita, "lunar", representada pela Igreja com uma forma mais alta, mais próxima da realeza transcendente do Graal, nos tempos modernos não soubemos nos emancipar dela a não ser passando para o fronte do racionalismo iluminista, do liberalismo e da cultura leiga – o que representa uma reviravolta quase demoníaca do gibelinismo.

Efetivamente, na época moderna, muitas vezes deparamos com casos de um uso invertido do "mistério". Esse, que em sua sede própria e nos tempos precedentes havia sempre sido um privilégio aristocrático e a base para uma autoridade absoluta e legítima do alto, transforma-se numa arma de heréticos, de forças degradadas que se insurgem essencialmente de baixo contra as hierarquias que ainda restam, contra a autoridade da Igreja, contra ainda a autoridade dos representantes de organizações políticas tradicionais. A respeito disso, porém, falaremos no próximo capítulo.

Em épocas mais recentes, o hermetismo e o rosacrucianismo inspiraram inúmeras seitas e numerosos autores, que passaram a se autoqualificar como representantes dessas tradições, mais ou menos relacionadas com o teosofismo, com o "ocultismo", com a antroposofia e com produtos semelhantes do desvio pseudoespiritualista contemporâneo,[127] a ponto de o grande público, ignorando até mesmo o princípio de coisas como essas, ser levado fatalmente a pensar em uma ou outra dessas seitas, assim que ouve pronunciar os termos "hermético" e "rosa-cruzismo". Isso não impede que a verdade esteja em outra parte, isto é, que as seitas em questão nada tenham a ver com as tradições das quais usurparam o nome e, às vezes, até mesmo os símbolos, e cujos representantes autênticos parecem efetivamente há muito tempo não ter mais nenhuma residência visível no Ocidente. A relação entre umas e outras é, mais ou menos, a mesma que existe entre o Graal e o Parsifal, cozinhados num molho místico-cristão e romântico-musical por Wagner, e a verdadeira tradição dos "Senhores do Templo".

Notas

1. Cf. A BASSERMANN, *Veltro, Gross-Chan und Kaisersage*, cit., pp. 38 ss.
2. *Ibid*.
3. WOLFRAM VON ESCHENBACH, *op. cit.*, vol. III, pp. 16, 61. O termo é também Templar do Montsalvatsche – *von Munsalvaesche der Templeis*.
4. Cf. J. L. WESTON, *The Quest*, cit., p. 136.
5. *Perceval li Gallois*, p. 134.
6. Cf. J. L. WESTON, "Notes on the Grail Romances" (in *Romania*, vol. XLIII), pp. 411-13.
7. W. F. WILCKE, *Gerschichte des Tempelherrenordens*. Leipzig, 1826, vol. I, pp. 226, 265, 302-04, 326.
8. *Ibid.*, vol. III, p. 299.
9. *Ibid.*, vol. I, p. 268.
10. *Ibid.*, p. 280.
11. Cf. J. EVOLA, *Maschera e volto dello spiritualismo contemporaneo*, cit. cap. VII.
12. W. F. WILCKE, *op. cit.*, vol. I, p. 265.
13. Os templários e os ismaelitas tinham as mesmas cores – vermelho e branco – como cruz e manto uns, como cinto e roupa os outros. O chefe supremo dos ismaelitas, o "Senhor da Montanha", o *xeique AL-giabal*, era concebido como um dominador invisível que "tinha em suas mãos a vida e a morte dos reis". À sua pessoa e à sua residência inacessível, identificada com o "Paraíso", aplicou-se um simbolismo que corresponde àquele mesmo do Rei do Graal e, em geral, do "Senhor Universal". Uma das acusações contra os templários foi a de terem "feito aliança" com o "Senhor da Montanha". Cf. V. E. MICHELET, *Secret de la chevalerie*, cit., p. 50; G. DE CASTRO, *Mondo segreto*. Milão, 1864, vol. III, pp. 39 ss. As interessantes correspondências entre templários e ismaelitas já comentadas por HAMMER-PURGSTALL, *Fundgruben des Orients*. Viena, 1818.
14. Esses pontos de vista, com leves variações, são comuns, no Islã, ao conjunto da corrente chamada Shya e ao imanismo, que subsiste ainda hoje como religião oficial da Pérsia. Os ismaelitas tinham uma iniciação com sete graus. A partir do quarto grau, verificava-se a transmissão do

ensinamento esotérico super-religioso (*tawil*), e era reconhecida a superioridade do adepto a toda lei: a anomia assumia o lugar da obediência cega e incondicionada ao Chefe, regra dos primeiros graus.

15. Cf. *Rivolta contro il mondo moderno*, Primeira Parte, caps. 18-9. Era justamente esse o verdadeiro significado do ato de combater para os cavaleiros do Graal: para eles, não havia diferença no fato de o adversário ser cristão ou sarraceno, como também era a mesma coisa que a luta terminasse em glória ou derrota, pois combater para eles era uma ascese e uma purificação (WOLFRAM VON ESCHENBACH, *Parzival*, vol. II, p. 62; vol. III, p. 86), Naturalmente, prescindindo isso do dever subordinado de defender a "sede do Graal" e de impedir o acesso a ela.
16. F. ZARNCKE, *Der Priester Johannes*, cit., pp. 159 ss. cita um texto no qual, por exemplo, na dinastia desse soberano, somente 11 representantes em 72 são tidos como cristãos.
17. W. F. WILCKE, *Geschichte*, cit., vol. I, p. 303.
18. *Ibid.*, p. 310.
19. *Ibid.*, vol. III, p. 304.
20. *Ibid.*, vol. I, p. 353.
21. *Ibid.*
22. GERBERT DE MOSTREUIL, *Le Conte du Graal*, p. 103.
23. W. F. WILCKE, cit., vol. I, p. 329.
24. *Ibid.*, p. 276.
25. *Inno omerico a Demetra*, pp. 256 ss.
26. W. F. WILCKE, cit. vol. I, p. 277.
27. *Ibid.*, vol. III, pp. 305-06.
28. *Ibid.*, vol. I, p. 371; vol. II, p. 311; vol. III, p. 348.
29. *Ibid.*, cit., vol. III, p. 348.
30. Tr. it.: *Sir Gawain e il Cavaliere Verde*, Adelphi, Milão, 1986 (N. do E.).
31. J. L. WESTON, *The Quest*, cit., p. 92.
32. W. F. WILCKE, *op. cit.*, cit., vol. I, pp. 269 ss.
33. Cf. J. EVOLA, *Metafisica del sesso*, cit., cap. VI. Um livro que tem forma de romance, no qual o símbolo templar de Bafomet constitui um motivo central e que também pode dar mais do que uma ideia para entender o que se mencionou até agora é G. MEYRINK, *Der Engel vom westlichen Fenster* (por nós traduzido para o italiano pelas edições Bocca, 1949, com o título *L'angelo della finestra d'occidente*).

34. Cf. A. GRAF, *Roma nelle memorie e nelle immaginazioni del Medioevo*, cit., vol. II, pp. 488-90.
35. MANESSIER, *Le Conte du Graal*, p. 102.
36. *Ibid.*
37. *Perceval li Gallois*, p, 134.
38. *Queste du Graal*, p. 50.
39. Texto em W. GOLTHER, *Parcifal und der Graal*, cit., pp. 240-42; cf. p. 248. No assim chamado *Lohengrin* da Bavária, o Montsalvatsche, com Artur, também acaba sendo localizado na "Índia central", que é o local para onde, deixando a Europa, teriam se retirado os últimos rosa-cruzes: *"Hôc ein gebirge lît – in der innern Indiâ, daz ist niht wît. – Den grâl mit al den helden ez besliuzet – die Arus prâht mit im dar"*.
40. *Morte Darthur*, vol. XVII, pp. 21-2.
41. Em WOLFRAM VON ESCHENBACH, *op. cit.*, Parsifal parece ter sido concebido como o último entre aqueles que conseguiram, por seus feitos "heroicos", e não por direito divino, tornar-se senhores do Graal. De fato, depois da chegada de Parsifal, é comunicado a todos os países que somente quem é chamado por Deus pode conquistar o Graal e que o Graal não mais poderá ser conquistado combatendo – *Kein strît möht in erwerben*. Nessa tentativa, muitos só obtiveram fracassos, e por isso, desde então o Graal permaneceu oculto: *"vil liut lietz dô verderben – nach dun grâl gewerbedes list; / dâvon er noch verborgen ist"*. Parece o equivalente da profecia tradicional sobre a idade do ferro de Hesíodo, a idade última ou idade obscura, onde a própria possibilidade "heroica" não mais estaria presente.
42. G. ROSSETTI, *Il mistero dell'amor platonico nel Medioevo*. Londres, 1840; E. AROUX, *Preuves de l'hérésie de Dante, notemment d'une fusion operée en 1312 entre la Messenie Albigeoise, le Temple et les Gibelins*. Paris, 1857; L. VALLI, *Il linguaggio segreto di Dante e dei Fedeli d'Amore*. Roma, 1928; A. RICOLFI, *Studi sui Fedeli d'Amore*. Milão, 1933.
43. E. AROUX, *Les mystères de la chevalerie et de l'amour platonique au Moyen Age*. Paris, 1858.
44. O. RAHN, *Kreuzzung gegen den Gral*, cit.
45. *Ibid*, p. 154; G. DE CASTRO, *Mondo Segreto*, cit., vol. II, p. 183: *"Crucem dicunt characterem esse bestiae, quae in Apocalypse esse legitur, et abominationem in loco sancto"*.
46. N. PEYRAT, *Histoire des Albigeois*. Paris, 1880-1882, vol. I, pp. 399-401.

47. *Rivolta contro il mondo moderno*, Segunda Parte, caps. 5-6.
48. N. PEYRAT (*Histoire*, cit., vol. I, p. 67) no ciclo provençal observa exatamente o tema da divinização da mulher, que teria tido uma dupla origem: ibérica e cristã. Os iberos, como os germanos, teriam visto em suas companheiras algo de profético e de divino. A mulher ibérica tinha um nome próprio, que distinguia a família, pelo que se dizia: os filhos de Belissena, de Impéria, de Oliviera. O marido desaparecia como José diante de Maria, e Maria tornava-se divina: o mito mariolátrico, sempre segundo esse autor, teria se encarnado no tipo da mulher cátara, rainha do império do amor trovadorístico.
49. O. RAHN, *Kreuzzung*, cit., p. 121; F. von SUHTSCHECK, *Wolfram von Eschenbachs Reimbereitung des Pârsîwalnâma*, cit., p. 61.
50. É significativo que Bernardo de Claraval, notoriamente simpatizante dos templários, tenha deplorado a difusão do catarismo.
51. N. PEYRAT, *op. cit.*, cit., vol. II, pp. 6-11.
52. *Ibid.*, I, p. 70.
53. Cf. O. RAHN, *Kreuzzung*, cit., p. 16.
54. Cf. principalmente pars. 47 e 48 (N. do E.).
55. Texto *in* A. RICOLFI, *Studi*, cit., p. 63.
56. *Ibid.*, pp. 37, 48.
57. Cf. L. VALLI, *Il linguaggio segreto*, cit., p. 237.
58. *Ibid.*, pp. 34, 53-7, 429.
59. *Ibid.*, p. 242.
60. Em *Diu Crône* (364-65) tem-se esta variação do tema da "viúva": na corte do Graal o rei e seus cavaleiros estão todos mortos, apesar de conservarem uma aparência de vida; a portadora do Graal e suas companheiras, no entanto – segundo se comenta – estão realmente vivas e Deus deixou o Graal com elas no período de "Interregno", até a chegada do herói.
61. L. VALLI, *op. cit.*, cit., pp. 97 ss.
62. *Ibid.*, p. 37. "Essas virtudes são: em primeiro lugar, a docilidade, que, *data novitiis notitia vitiorum, docet illos ab illorum vilitate abstinere*; e essa *docilitas* propiciada aos noviços é muito claramente a virtude iniciática. Seguem-se as outras: a indústria que fabrica determinadas bolsas, bastante estranhas, nas quais são guardadas coisas preciosas, ocultas. A terceira virtude é a constância; a quarta, a discrição; a quinta, a paciência; a sexta, a esperança; a sétima, a prudência, *que te docet custodire quesita*; a

oitava é a glória; a nona, a justiça, *que male custodientem quesita punit*, isto é, aquela enviada por amor para punir quem "vê com maus olhos tanta honra", quem não consegue guardar o segredo; a décima é a inocência, que significa o estado daqueles que servem digna e honrosamente ao amor; a décima primeira é a gratidão, que *introducit in Amoris curiam* e, enfim, a eternidade, que promete a vida eterna".

63. *Ibid.*, pp. 48, 129-30, 393. Frederico II, a certa altura, chama a sua Rosa de "Rosa de Soria"; nisso, Valli acredita vislumbrar uma possível referência a uma tradição nascida no Oriente, pois estava florescendo, na época, no Oriente árabe-persa, uma rica literatura centralizada exatamente no simbolismo da rosa.
64. A. RICOLFI, *Studi*, cit., p. 67.
65. *Ibid.*, pp. 68, 84.
66. L. VALLI, *op. cit.*, pp. 135, 183. A visão da "dama gloriosa de minha mente" faz DANTE evocar (*Vita nova*, I, 2) até mesmo o *"Ecce Deus fortior me, qui veniens dominabitur mihi"*.
67. Nos textos encontra-se, com certa frequência e significativamente, um uso promíscuo de dar a "saudação" e de dar a "saúde". Vimos que uma das etimologias aplicadas ao nome do castelo do Graal, Montsalvatsche, é "Monte da Saúde", ou "da salvação", *mons salvationis*.
68. São estados do ser correspondentes aos próprios graus da iniciação. É interessante que DANTE, em *Vita nova* (I, 14), afirma que algumas de suas ideias só podem ser compreendidas por aquele "que seja em tal grau Fiel do Amor".
69. A. RICOLFI, *op. cit.*, cit., p. 20.
70. Cf. L. VALLI, *op. cit.*, p. 175, para esse texto de Dino Compagni: "Numa rica e nobre fortaleza – está a flor de toda beleza soberana; – num palácio de grande beleza, – foi trabalhado no estilo indiano"; e o castelo é "envolvido por abundante rede de águas". Esse castelo da Flor rodeado pelas águas é, portanto, uma reprodução do castelo do Graal, e não está excluído que a referência à Índia se deva a um eco das narrativas sobre a sede do preste João.
71. *Vita nova*, XII.
72. L. VALLI, *op. cit.*, cit., pp. 192-93.
73. *Ibid.*, pp. 340 ss.
74. A. RICOLFI, *op. cit.*, p. 37.
75. L. VALLI, *op. cit.*, cit., p. 340.

76. A. RICOLFI, *op. cit.*, cit., p. 68.
77. *Ibid.*, pp. 45-6.
78. L. VALLI, *op. cit.*, cit., p. 47.
79. A. RICOLFI, *op. cit.*, cit., pp. 23, 76.
80. L. VALLI, *op. cit.*, cit., p. 423.
81. M. ALESSANDRINI, *Dante, Fedele d'Amore*. Roma, 1961.
82. O cordão lembra o dos Templários e, sobre as "luvas", é bom lembrar a aventura do *Diu Crône*, já narrada, onde elas parecem relacionadas com a ajuda dada por Saelde aos que, procurando o Graal, conseguiram passar por uma prova preliminar. Como é sabido, a luva tem um papel de destaque no ritual da maçonaria.
83. A. RICOLFI, *op. cit.*, cit., p. 24.
84. L. VALLI, *op. cit.*, cit., pp. 342 ss.
85. O fato de Da Barberino indicar em outra parte os religiosos como aqueles que merecem *celestem curiam introire* não constitui um desmentido, como pretenderia Ricolfi; nesse caso, é oportuno observar se, por acaso, não devemos nos referir aqui àqueles religiosos que souberam ir além do lado mais exterior de sua fé.
86. L. VALLI, *op. cit.*, cit., p. 243. Dante falará, consequentemente, dos membros de "Beatriz", entendendo os diferentes grupos da organização que subsistem.
87. Pode-se recomendar um livro – R. L. JOHN, *Dante*. Viena, 1947 (tr. it.: *Dante templare*, Hoepli, Milão, 1987) – no qual o autor tenta multiplicar as provas do templarismo de Dante que ele, todavia, não considera incompatível com a doutrina católica. É interessante o fato de esse livro, de um religioso, trazer o *imprimatur* eclesiástico.
88. A esse respeito, não se deve excluir a influência do joaquinismo, centralizado na ideia de uma nova *Ecclesia spiritualis*, correspondente a uma nova era do cristianismo, com a profecia do advento de um "papa evangélico", contrapartida místico-eclesiástica da profecia do "futuro Frederico".
89. J. EVOLA, *La tradizione ermetica*, cit..
90. Cf. também JACK LINDSAY, *Le origini dell' alchimia nell'Egitto greco-romano*, Roma: Edizioni Mediterranee, 1984 (N. do E.).
91. M. BERTHELOT, *La chimie au Moyen-Age* (textos). Paris, 1983, vol. II, Intr.; vol. III, p. 97.
92. LENGLET DU FRESNOY, *Histoire de la philosophie hermétique*. Haia, 1742, vol. I, p. 17.

93. M. BERTHELOT, *Collection des anciens Alchimistes Grecs* (textos). Paris, 1887, vol. II, pp. 53, 58.
94. *Ibid.*, *op. cit.*, cit., vol. II, pp. 114 *passim*, 124, 145, 188.
95. *Ibid.*, p. 213.
96. *Ibid.*, p. 417.
97. M. BERTHELOT, *Les origines de l'alchimie*. Paris, 1885, p. 10.
98. Confronte-se o simbolismo de Saelde, protetora dos heróis do Graal, que vimos personificar a qualidade do "ser feliz", isto é, do conseguir sucesso nos empreendimentos.
99. C. DELLA RIVIERA, *Il mondo magico de gli heroi* (reed. cit.), p. 14.
100. B. VALENTINO, *Azoth* (in "Biblioteca, Chemica Curiosa", vol. II, p. 214). C. DELLA RIVIERA (*op. cit.*, cit., p. 168) entre os efeitos da realização "heroica" indica a invencibilidade, o tornar-se semelhante ao "terrível leão" e a um deus, honrado na terra "entre os discípulos reais do grande Júpiter".

    Há uma tradução recente do *Azoth*, editada por Manuel Insolera, Edizioni Mediterranee, Roma, 1988 – (N. do E.).
101. Cf. A. MORET, *Du caractère religieux de la royauté pharaonique*. Paris, 1902, pp. 21-3.
102. Huginus à Barmà, *Il regno di Saturno trasformato in Età dell'Oro*, editado por Stefano Andreani, Edizioni Mediterranee, Roma, 1986 (N. do E.).
103. Textos em EVOLA, *La Tradizione ermetica*, cit., Primeira Parte, par. 71.
104. A. J. PERNETY, *Dictionnaire mytho-hermétique*. Paris, 1758, p. 451. (tr. it.: *Dizionario mito-ermetico*, Fênix, Gêniva, 1984). DA ZACCARIA ("Philosophie naturale des métaux", *in Bibl. philos. chymiques*. Paris, 1741, vol. II, p. 512) chama o enxofre de "princípio agente", enquanto DA PERNETY (p. 534) explica-o como sendo a "vontade". Cf. FILA-LETE, *Introitus apertus ad occlusum Regis palatium*, org. 1645, XI, p. 9.
105. M. BERTHELOT, cit., vol., II, pp. 114, 265.
106. R. PALGEN. *Der Stein der Weisen*. Breslau, 1922.
107. Texto em M. BERTHELOT, *La chimie*, cit., vol. III, pp. 116-17.
108. ZACCARIA, *Philos. nat. des métaux*, cit., p. 502.
109. M. BERTHELOT. *Collection*, cit., vol. II, p. 417 (texto): "Sob o nome de arsênico pretendeu-se entender enigmas da virilidade".
110. Texto em M. BERTHELOT, *op. cit.*, vol. III, p. 282; cf. *Libro di Crates* (M. BERTHELOT, *op. cit.*, vol. III, p. 48).

111. Formulação típica em ZOSIMO (texto em M. BERTHELOT, *op. cit.*, cit., II, p. 147).
112. C. DELLA RIVIERA, *Il Mondo magico*, cit., p. 92.
113. J. V. ANDREAE, *Chemische Hochzeit Christiani Rosenkreuz*. Estrasburgo, 1616 (reed. Paris, 1928, p. 4) (tr. it.: *Le nozze chimiche di Cristiano Rosacroce*, in *Manifesti Rosacroce*, editado por Gianfranco de Turris, Edizioni Mediterranee, Roma, 1990).
114. Cf. A. J.. PERNETY, *Dictionnaire mytho-hermétique*, cit., pp. 138, 236, e outros textos em J. EVOLA, *op. cit.*, pars. 1-2.
115. J. V. ANDREAE, *Chemische Hochzeit*, cit., cap. III, pp. 36 ss., 50.
116. Em nosso livro, já citado, mostramos que a alquimia, entendida como arte de transformar os metais em ouro e de compor o elixir por meio de procedimentos físicos, foi unicamente o efeito da incompreensão de alguns profanos, que interpretaram materialmente o simbolismo metalúrgico da Arte Real; e somente com eles deve ser relacionada aquela alquimia, que pelos historiadores da ciência é considerada como uma química supersticiosa e no estágio infantil. Isso, porém, não quer dizer que algumas personalidades, com base nos poderes inerentes à realização hermética, não se tenham aplicado na produção de uma determinada ordem de fenômenos físicos não normais, inclusive no campo de experiências com metais reais e da assim chamada medicina espagírica, o que é bem possível, e nesse caso nada tem a ver com as incompreensões dos alquimistas que acabamos de mencionar, nem tampouco com qualquer das realizações da ciência moderna.
117. Cf. J. EVOLA, *op. cit.*, cit., Primeira Parte, par. 10. Como a vertical exprime também o masculino e a horizontal o feminino, o símbolo complexo da cruz como integração ativa dos dois princípios tem um sentido não diferente daquele das "núpcias mágicas" e da androginia.
118. A lenda de Christian Rosenkreuz está contida num escrito anônimo, publicado em 1614 e reeditado em 1615, com o título de *Allgemeine und generale Reformation der gantzen weiten Welt*, sobretudo na parte conhecida sob o nome de *Fama fraternitatis oder Brüderschaft des hochlöblichen Ordens de R+C*. Cf. também M. POCE, *Alchimia e alchimisti*. Roma, 1930, pp. 136 ss.
119. Referir-nos-emos a esses manifestos dos rosa-cruzes da maneira como estão reproduzidos em LENGLET DU FRESNOY, *Histoire de la philos. hermét.*, cit., vol. I, pp. 372-73, 376. Para um resumo geral sobre as

fontes, cf. J. S. SEMLER, *Unparteiliche Sammlung zur Geschichte der Rosenkreuzer*. Leipzig, 1786-1788.

(História e documentos dos rosa-cruzes foram publicados em dois volumes em estojo contendo o ensaio "I Rosacroce", de J. P. Bayard, e três textos clássicos em *Manifesti Rosacroce*, editado por Gianfranco de Turris, Edizioni Mediterranee, Roma, 1990 – N. do E.)

120. *Chemische Hochzeit Christiani Rosenkreuz*, cit., cap. VII, pp. 127ss. Poderíamos observar aqui também uma variação de um tema do Graal, na forma de uma pessoa "que incorreu no pecado de ver Vênus sem véus" e, por isso, é condenada a ficar de sentinela diante de uma porta até a chegada de alguém que tenha cometido o mesmo pecado, que então passará a assumir essa função. É o que acontece com Rosenkreuz, que desejava libertar o vigia e que não será ele mesmo libertado "antes das festas nupciais do próximo filho do rei".

121. A "pedra" secreta tem também uma parte de destaque no texto rosa-cruciano de SINCERUS RENATUS, *Die wahrhafte und vollkommene Bereitung des philosophischen Steins der Bruderschaft aus dem Orden des Golden und Rosenkreuzes*. Breslau, 1710. Além disso, nesse escrito são expostas regras da Ordem, Ordem marcada seja pela "pedra" (como a cavalaria do Graal em Wolfram), seja pelo rosa (os Fiéis do Amor). Cada membro dessa Ordem utiliza a pedra que, porém, não deve ser mostrada a ninguém; a pedra tem o poder de renovar o cavaleiro e essa transformação verifica-se toda vez que a Rosa-cruz se transfere para um novo local. (pars. 26, 45).

122. SINCERUS RENATUS, *Die wahrhafte*, cit., par., 52.

123. *Apud* P. SÉDIR, *Histoire et doctrines des rose-croix*. Paris, 1923, p. 125.

124. Cf. R. GUÉNON, *Le roi du monde*, cit., cap. IV.

125. A tradição sobre a partida dos últimos verdadeiros rosa-cruzes é encontrada no texto acima citado de Renatus e também no escrito de NEUHAUS, *Avertissement pieux et très utile des Frères de la Rose-Croix, à sçavoir s'il y en a? quels ils sont? d'où ont pris ce nom? Et à quelle fin ont espandu leur renommée?*. Paris, 1623.

126. Cf. F. A. Yates, *L'Illuminismo dei Rosa-croce*, Einaudi, Turim, 1976. Note-se que o original *The Rosicrucian Enlightenment* é de 1973, ou seja, posterior ao livro de Evola (N. do E.).

127. Cf. J. Evola, *Maschera e volto dello spiritualismo contemporaneo*, cit. (N. do E.).

Epílogo

29. *Inversão do Gibelinismo – Considerações Finais*

Tendo em vista que a nossa pesquisa considerou também as interferências entre organizações iniciáticas e correntes históricas, é oportuno dizer algo – a título de conclusão – sobre as relações existentes entre o que chamamos de "herança do Graal", ou seja, o alto gibelinismo, e as sociedades secretas dos tempos modernos, especialmente sobre aquelas que, a partir do Iluminismo, se definiram em forma de maçonaria. Naturalmente, teremos de nos limitar aqui ao essencial.

Já na assim chamada seita dos Iluminados da Bavária encontramos um exemplo típico dessa reversão de tendências, a respeito da qual falamos há pouco. Isso resulta da própria mudança de significado que o termo "Iluminismo" sofreu. Originalmente, ele teve relação com a ideia de uma iluminação espiritual super-racional; mas sucessivamente, pouco a pouco, tornou-se sinônimo de racionalismo, de teoria da "luz natural", de antitradição. Pode-se falar, a esse respeito, de uma utilização contrafeita e "subversiva" do direito próprio do iniciado, do adepto. O iniciado, se o for realmente, pode colocar-se além das formas históricas contingentes de uma determinada tradição, pode acusar – caso receba mandato para tanto – suas limitações e colocar-se acima de sua autoridade; pode recusar o dogma, porque tem algo mais, o conhecimento transcendente e, em outro estágio, sabe da inviolabilidade desse conhecimento; enfim, pode reivindicar para si a dignidade de um ser livre, pois libertou-se dos vínculos da natureza inferior, humana: tendo em vista esse fato, os "livres" são também os "iguais", e sua comunidade pode ser concebida como uma "confraria". Então, é suficiente materializar, laicizar e democratizar esses aspectos do direito iniciático, e traduzi-los em termos individualísticos, para ter os princípios básicos das ideologias subversivas e revolucionárias modernas. A luz da mera razão humana se sobrepõe à "iluminação" e provoca as destruições do "exame livre" e da crítica profana. O sobrenatural é banido ou então é confundido com a natureza. A liberdade, a igualdade e a paridade tornam-se as características abusivamente reivindicadas pelo indivíduo "consciente de sua dignidade" – mas inconsciente de sua escravidão frente a si mesmo – para erguer-se contra qualquer tipo de autoridade e constituir-se ilusoriamente como extrema razão para si mesmo; dizemos ilusoriamente porque, na inexorável inter-relação das várias fases da decadência moderna, o individualismo teve a duração de uma fugaz miragem e de uma enganosa embriaguez, o elemento coletivo e irracional na época das massas e da técnica logo teve razão sobre o indivíduo "que se emancipou", isto é, que se desenraizou e não está mais preso a tradições.

Ora, a partir do século XVIII, ao lado das assim chamadas *sociétés de pensée*, surgem grupos que ostentam um caráter iniciático, enquanto se dedicam mais ou menos diretamente a essa obra revolucionária e "reformista" de "iluminismo" e de racionalismo.[1] Alguns desses grupos eram efetivamente a continuação de organizações precedentes de tipo regular e tradicional. Assim, a esse respeito, deve-se pensar num processo de involução que se desenvolveu até o ponto em que, devido ao retrair-se do princípio animador original dessas organizações, pôde realizar uma verdadeira inversão de polaridade; influências de outro tipo acabaram inserindo-se e agindo em organismos que mais ou menos representavam o cadáver ou a sobrevivência automática daquilo que eles haviam sido anteriormente, utilizando e dirigindo suas forças numa direção oposta à que lhes havia sido própria, normal e tradicionalmente.[2] O prólogo, que é algo mais do que uma pura imaginação (por utilizar dados que resultaram do processo desse personagem), do *Giuseppe Balsamo* de A. Dumas, onde um chefe que se apresenta como um Grande Mestre Rosa-cruz dá, numa reunião secreta de "iniciados" provenientes de todas as nações, como palavra de ordem as iniciais L. D. P. (de *lilia destrue pedibus* – vale dizer: destrua e pisoteie a Casa de França) pode nos valer como um reflexo do clima próprio das convenções dos Iluminados e de grupos afins, que promoveram essa "revolução intelectual" que no final deveria desencadear a onda das revoluções políticas, de 1789 a 1848.[3]

Mas a duplicidade contraditória dos dois motivos – isto é: de um lado, sobrevivências do ritualismo hierárquico simbólico e iniciático e, de outro, a profissão de ideologias totalmente opostas as que se poderiam deduzir de qualquer autêntica doutrina iniciática – é clara, sobretudo na maçonaria moderna. Parece que essa maçonaria se organizou de modo positivo no período dos rumores rosa-cruzistas e da sucessiva partida dos verdadeiros rosa-cruzes da Europa. Elias Ashmole, que parece ter desenvolvido um papel fundamental na organização da primeira maçonaria inglesa, viveu entre 1617 e 1692. Apesar disso, segundo a maioria, a maçonaria em sua forma atual de associação semissecreta militante não remonta além de 1700[4] – em 1717 houve a inauguração da Grande Loja de Londres. Como antecedentes positivos, não apenas imaginados, a maçonaria teve, sobretudo, as tradições de determinadas corporações medievais, nas quais os elementos principais da arte de construir, de edificar, eram simultaneamente assumidos segundo um significado alegórico e iniciático. Assim, a "construção do Templo" poderia tornar-se sinônima da própria "Grande Obra" iniciática, o desbastamento da pedra bruta em pedra quadrada podia aludir ao dever preliminar de formação interna, e assim por diante. Pode-se pensar que até o começo do século XVIII a maçonaria conservou esse caráter iniciático e tradicional, de modo a, aludindo ao desempenho de uma ação interior, ter sido chamada de "operativa".[5] Foi em 1717 que, com a referida inauguração da Grande Loja de Londres e com o aparecimento da assim chamada "maçonaria especulativa" continental, verificou-se o suplantamento e a inversão de polaridades, de que falamos. Como "especulação", de fato valeu aqui a ideologia iluminista, enciclopedista e racionalista, junto com uma correspondente, desviada interpretação dos símbolos, e a atividade da organização concentrou-se decididamente no plano político-social, mesmo utilizando prevalentemente a tática da ação indireta e manobrando com influências e sugestões, cuja origem primeira era difícil determinar.

Pretende-se que essa transformação se tenha verificado somente em algumas lojas e que outras tenham conservado seu caráter iniciático e operativo mesmo depois de 1717. Efetivamente, esse caráter pode ser encontrado nos ambientes maçônicos a que pertenceram um Martinez de Pasqually, um Claude de Saint Martin e o próprio Joseph de Maistre. Mas deve-se observar que também essa mesma maçonaria entrou, por outro motivo, numa fase de degenerescência, e nada pôde contra a afirmação da outra pela qual, praticamente, acabou sendo assimilada. Tampouco houve qualquer ação da maçonaria que teria permanecido iniciática para protestar e desautorizar a outra, condenar sua atividade político-social e para impedir que, em toda parte, ela tivesse validade própria e oficialmente como maçonaria.

Referindo-nos, portanto, à maçonaria "especulativa", nela os vestígios iniciáticos permaneceram limitados a uma estrutura ritual que, especialmente na maçonaria de rito escocês, teve caráter inorgânico e sincretístico, devido aos muitos graus além dos três primeiros (os únicos que têm alguma conexão efetiva com as precedentes tradições corporativas), tendo sido recolhidos símbolos das tradições iniciáticas mais variadas, visivelmente para dar a impressão de ter reunido a herança de todas elas. Assim, nessa maçonaria, também encontramos vários elementos da iniciação cavaleiresca, do hermetismo e da Rosa-cruz: nela aparecem "dignidades" como a de "Cavaleiros do Oriente ou da Espada", "Cavaleiro do Sol", "Cavaleiro das duas Águias", "Príncipe Adepto", "Dignitário do Sagrado Império", "Cavaleiro Kadosh" (isto é, em hebraico, "Cavaleiro Sagrado"), equivalente a "Cavaleiro Templar", "Príncipe Rosa-cruz". Em geral – e este é o ponto que tem um significado todo especial – há uma ambição, particularmente por parte da maçonaria de rito escocês, de reportar-se justamente à tradição templar. Pretende-se, dessa maneira, que pelo menos sete de seus graus sejam de origem templária, além do 30°, que tem, explicitamente, a designação de Cavaleiro Templar num grande número de lojas. Uma das joias do grau supremo de toda a hierarquia (33°) – uma cruz teutônica – traz a sigla J. B. M., que é explicada, na maioria das vezes, com as iniciais de Jacopus Burgundus Molay, que foi o último Grande Mestre da Ordem do Templo, e "De Molay" aparece também como uma "palavra de passe" desse grau, quase como se os que são iniciados nele fossem buscar de volta a dignidade e a função do chefe da Ordem gibelina destruída. De resto, a maçonaria escocesa pretende ter muito de seus elementos transmitidos por uma organização mais antiga, chamada "Rito de Heredom". Essa expressão é traduzida por vários autores maçônicos por "rito dos herdeiros", numa clara alusão aos herdeiros dos templários. A lenda correspondente é que os poucos templários sobreviventes teriam se retirado para a Escócia, onde se colocaram sob a proteção de Robert Bruce e foram reunidos por este numa organização iniciática preexistente, de origem corporativa, que então assumiu o nome de "Grande Loja Real de Heredom".

É fácil perceber o alcance que essas referências teriam em relação específica com aquilo que chamamos de "herança do Graal", caso elas tivessem um fundamento real: forneceriam à maçonaria um título de ortodoxia tradicional. Mas, na realidade, as coisas são muito diferentes. Trata-se aqui de uma usurpação, não de uma continuação; antes, com isso constata-se uma inversão da tradição precedente. Isso resulta de maneira característica considerando em seu complexo exatamente o mencionado grau 30º do rito escocês, que em algumas lojas tem como palavra de ordem: "A revanche dos templários". A "lenda" que se refere a isso retoma o motivo mencionado anteriormente: os templários que teriam encontrado refúgio em determinadas organizações secretas inglesas, criaram nelas esse grau com a intenção de reorganizar a Ordem e cumprir assim a sua vingança. Ora, a inversão já explicada do gibelinismo não poderia encontrar uma expressão mais clara do que nesta explicação do ritual: "A vingança dos templários abateu-se sobre Clemente V não no dia em que seus ossos foram atirados ao fogo pelos calvinistas da Provença, mas sim no dia em que Lutero levantou metade da Europa contra o papado em nome dos direitos da consciência. E a vingança abateu-se sobre Filipe o Belo, não no dia em que seus restos foram atirados entre os destroços de São Dionísio por uma turba em delírio, e nem mesmo no dia em que o último descendente revestido do poder absoluto saiu do Templo, que se transformara em prisão de Estado, para subir ao patíbulo, mas sim no dia em que a Constituinte francesa proclamou diante dos tronos os direitos do homem e do cidadão."[6] O fato de o nível do plano do indivíduo – o "homem" e o "cidadão" – acabar descendo até o das massas anônimas e dos seus dirigentes mascarados, resulta de uma história relacionada com o ritual de vários graus – no Rito Escocês do Supremo Conselho da Alemanha ela aparecia no 4º grau, chamado do "mestre secreto". Trata-se da história de Hiram, o construtor do Templo de Jerusalém que, diante do rei sacral Salomão demonstra ter sobre as massas um poder tão prodigioso que "o rei, famoso por ser um dos maiores sábios, descobriu que, além da sua, havia uma força maior, uma força que no futuro descobrirá o próprio vigor, exercerá uma soberania maior do que a sua (de Salomão). Essa força é o povo (*das Volk*)". E acrescenta-se: "Nós, maçons do rito escocês, vemos em Hiram a personificação da humanidade". O rito, tornando-os "Mestres secretos" deveria proporcionar aos iniciantes maçons a mesma natureza de Hiram: isto é, deveria torná-los partícipes desse misterioso poder de mover a humanidade como povo, como massa, poder que abalaria o próprio poder do rei sacral simbólico.

Quanto ao grau especificamente templar (30°), deve-se observar ainda em seu rito a confirmação da associação do elemento iniciático com o elemento subversivo antitradicional, o que dará necessariamente ao primeiro o caráter de uma efetiva contrainiciação nos casos em que o próprio rito não se reduz a uma cerimônia vazia, mas coloque em movimento forças sutis. No grau em questão, o iniciado que derruba as colunas do Templo e pisoteia a cruz, sendo admitido, depois disso, ao Mistério da escada ascendente e descendente com sete degraus, é aquele que deve jurar vingança e concretizar ritualmente esse juramento golpeando com um punhal a coroa e a tiara, isto é, os símbolos do duplo poder tradicional, da autoridade real e da pontifícia, exprimindo com isso nada mais do que o sentido de quanto a maçonaria, como força oculta da subversão mundial, propiciou ao mundo moderno, partindo da preparação da Revolução Francesa e da constituição da democracia americana e passando pelos movimentos de 1848, chegando até à Primeira Guerra Mundial, à revolução turca, à revolução da Espanha e a outros acontecimentos semelhantes. Onde, no ciclo do Graal, como vimos, a realização iniciática é concebida de tal maneira que assume o empenho de fazer com que o rei ressurja, no rito agora indicado tem-se exatamente o oposto; há a contrafação de uma iniciação que está ligada com o juramento (às vezes com a fórmula: "Vitória ou morte") de atingir ou desestabilizar todo tipo de autoridade superior.

De qualquer maneira, para os nossos objetivos, o lado essencial destas considerações é indicar o ponto em que a "herança do Graal" e de tradições iniciáticas semelhantes para e onde, deixando de lado eventuais sobrevivências de nomes e de símbolos, não se pode mais constatar nenhuma filiação legítima destas. No caso específico da maçonaria moderna, de um lado o seu confuso sincretismo, o caráter artificial da hierarquia da maioria de seus graus – caráter que aparece claramente mesmo a um profano –, a banalidade das exegeses correntes, moralistas, sociais e racionalistas aplicadas a vários elementos retomados, tendo em si um conteúdo efetivamente esotérico – tudo isso levaria a fazer ver nela um exemplo típico de organização pseudoiniciática.[7] Porém, considerando, por outro lado, a "direção de eficácia" da organização com referência aos elementos observados anteriormente e à sua atividade evolucionária, surge a sensação exata de se estar diante de uma força que, no que diz respeito ao espírito, age contra o espírito: uma força obscura, exatamente de antitradição e de contrainiciação. E então é bem possível que os seus rituais sejam menos inofensivos do que se pode acreditar e que em muitos casos esses ritos, sem que se deem conta os que deles participam, estabelecem justamente o contato com essa força, impossível de ser assimilada pela consciência comum.

Uma rápida referência. Na lenda do 32º grau do rito escocês ("Sublime Príncipe do real Segredo") muitas vezes é sabido pela organização e pela inspeção de forças (concebidas como reunidas em diferentes "acampamentos"), que, uma vez conquistada "Jerusalém", deverá ser construído ali o "Terceiro Templo"; Templo este que se identifica com o "Sagrado Império", como "Império do mundo". Discutiu-se longamente sobre os assim chamados "Protocolos dos sábios do Sião", que contêm o mito de um plano detalhado de conspiração contra o mundo tradicional europeu. Falamos em "mito" entendendo com isso deixar em aberto a questão da veracidade ou da falsidade de um documento como esse, muitas vezes aproveitado por um vulgar antissemitismo.[8] O que permanece claro é que esse documento, como muitos outros semelhantes que apareceram em vários lugares, tem um valor sintomático, tendo em vista que as principais reviravoltas da história contemporânea que se verificaram depois de sua publicação apresentaram uma impressionante concordância com o plano nele descrito. Em geral, escritos do gênero refletem a obscura sensação da existência de uma "inteligência" diretora por trás dos fatos mais característicos da subversão moderna. Portanto, qualquer que seja a finalidade prática de sua divulgação ou, prescindindo do fato de serem inventados ou falsos, de como foram elaborados, esses escritos colheram "algo que está no ar", algo a que a história vai aos poucos dando confirmação. Mas exatamente nos "Protocolos" vemos também o reaparecimento da ideia de um futuro império universal e de organizações que trabalham subterraneamente para o seu advento,[9] porém numa contrafação que podemos dizer satânica, porque o que está efetivamente em primeiro plano é a destruição e o desenraizamento de tudo o que é tradição, valores da personalidade e verdadeira espiritualidade. Esse pseudoimpério nada mais é que a suprema concretização da religião do homem mundanizado, que se tornou a extrema razão de si mesmo e que tem Deus como inimigo. Esse é o tema com que parece concluir-se o spengleriano "decadência do Ocidente"[10] e a idade obscura – *kali-yuga* – da antiga tradição hindu.[11]

* * *

Como conclusão, será oportuno mencionar a razão de ser do presente volume.

Nossa finalidade não foi, evidentemente, acrescentar uma ulterior contribuição à numerosa série de ensaios crítico-literários sobre os argumentos aqui tratados. A esse respeito, o nosso livro poderá ter, no máximo, valor por demonstrar a fecundidade do método que, contra aquele das atuais pesquisas acadêmicas, chamamos de "tradicional".[12]

Uma finalidade mais específica diz respeito ao estabelecimento da natureza do conteúdo espiritual da matéria examinada. A esse respeito, este livro relaciona-se com vários outros que escrevemos com a intenção de acusar as deformações que símbolos e doutrinas tradicionais sofreram pela mão de autores e decorrentes dos tempos modernos. No decorrer de nossa exposição mencionamos, por exemplo, com relação aos ciclos do Graal, a falsificação do espírito e dos temas desse ciclo devida a Richard Wagner. Chegou-se ao ponto de, se o grande público ainda sabe algo sobre o Graal, sobre Parsifal e sobre tudo o mais, sabe-o unicamente em relação à maneira arbitrariamente mistificante e descaracterizada com que a obra musical de Wagner apresentou a saga, com base numa incompreensão fundamental: incompreensão, de resto, por ele demonstrada também quando da utilização de muitos temas da antiga mitologia nórdico-germânica em seu "Anel dos Nibelungos".

O mesmo deve ser dito em relação a certo espiritualismo que, muitas vezes, ele mesmo influenciado pelo wagnerismo, e privado de qualquer conhecimento sério e direto das fontes, assumiu amadoristicamente o ciclo do Graal nos termos de um "pseudoesoterismo cristão", tecendo sobre ele fantasias de todo tipo, em grupinhos e conventículos. No entanto, nós mostramos que os temas fundamentais do Graal são não cristãos e pré-cristãos e vimos com que ordem tradicional de ideias, caracterizadas pela espiritualidade real e heroica, eles se relacionam. No ciclo em questão, os elementos cristãos são secundários e servem como cobertura; derivam de uma tentativa de adaptação que nunca chegou a uma conclusão sobre aquilo que indica uma substancial heterogeneidade de inspiração. Como em outros casos, nesse também o esforço de fabricar um inexistente "esoterismo cristão" deve ser julgado como não tendo nenhum fundamento.[13]

Apresentado como um pseudomistério cristão, o mistério Graal carece também daquela relação especial e essencial com um encargo e com um ideal que, como vimos, vão além do puro plano iniciático e foram propostos, mesmo no Ocidente, dentro de um determinado ciclo histórico.

Com isso, aparece mais uma finalidade do presente estudo, finalidade que deve ter-se tornado bastante perceptível ao leitor a partir das últimas considerações que desenvolvemos a respeito da involução do gibelinismo. Hoje, chegou-se tão embaixo, que a palavra "gibelinismo" foi utilizada, nas polêmicas políticas, para indicar a defesa do direito de um Estado "leigo", "moderno" e aconfessional contra as ingerências da Igreja Católica e de partidos clericalizantes nos campos político, social e cultural. Esperamos que a nossa exposição tenha deixado bem claro que esse é um dos casos mais lamentáveis da perda do significado original de um termo. Em sua essência, o gibelinismo não passou de um tipo de reaparecimento do ideal sacral e espiritual – ou melhor, nos termos por nós indicados, até mesmo iniciático – da autoridade própria do chefe de uma organização política de caráter tradicional, portanto exatamente o oposto de tudo o que é "leigo" e, no sentido aviltado, moderno, de tudo o que é político e estatal.[14]

Podemos nos perguntar se colocar à mostra esse conteúdo do gibelinismo do reino do Graal e do templarismo tem hoje um sentido além do de restabelecer a verdade diante das mencionadas incompreensões e contrafações. A resposta a essa questão deve permanecer indeterminada. Já no simples terreno das ideias, o caráter da cultura hoje dominante é tal que a maioria das pessoas não consegue nem mesmo formar um conceito daquilo de que se trata. Quanto ao mais, só uma exígua minoria poderia entender, que como as ordens ascético-monásticas desempenharam um papel fundamental no caos material e moral a que deu lugar a queda do Império Romano, do mesmo modo uma Ordem, nos termos de um novo templarismo, teria uma importância decisiva num mundo que, como o atual, apresenta formas muito mais avançadas de dissolução e de desabamento interior se comparado àquele período. O Graal mantém o valor de um símbolo no qual está superada a antítese entre "guerreiro" e "sacerdote" e até mesmo o equivalente moderno dessa antítese, vale dizer: as formas materializadas e, nesse caso, podemos muito bem dizer luciféricas, telúricas ou titânicas da vontade de poder de uma parte e, de outra, as formas "lunares" da religião sobrevivente de fundo devocional e de confusos impulsos místicos e neoespiritualistas em direção ao sobrenatural e ao ultramundano.

Se nos limitarmos a considerar o indivíduo e alguns indivíduos, o símbolo mantém sempre um valor intrínseco, indicativo para um determinado tipo de formação interior. Mas passar disso para o conceito de uma ordem, de um moderno templarismo, e acreditar que, mesmo quando pudesse assumir uma forma, ele estaria em condições de influir direta e sensivelmente sobre as forças históricas gerais hoje dominantes e sobre processos a esta altura irreversíveis, é bastante arriscado. Já os rosa-cruzes – os rosa-cruzes autênticos – no século XVIII julgaram vã semelhante tentativa. Portanto, mesmo quem tivesse recebido a "espada", deveria esperar para empunhá-la; o momento certo pode ser somente aquele no qual forças ainda não avaliadas, devido a um intrínseco determinismo encontrarão um limite e um ciclo se encerrará – aquele, no qual, mesmo diante de situações existenciais extremas, um instinto desesperado de defesa que surge do mais profundo (poderíamos quase dizer: da *memoire de sangc*) eventualmente torne a galvanizar e dê nova força a ideias e mitos relacionados com a herança de tempos melhores. Julgamos que, antes disso, um possível templarismo possa revestir apenas um caráter interno defensivo, em relação ao encargo de manter inacessível a simbólica – mas não apenas simbólica – "cidadela solar".

Isso esclarece o significado final e não peregrino que um estudo sério e empenhado dos testemunhos e dos motivos da saga templar e do alto gibelinismo pode ter. Compreender e viver esses motivos significa, de fato, penetrar num terreno de realidades super-históricas e, por esse caminho, alcançar gradativamente a certeza de que o Centro invisível e inviolável, o soberano que deve despertar novamente, o próprio herói vingador e restaurador, não são fantasias de um passado morto mais ou menos romântico, mas sim a verdade daqueles que hoje, sozinhos, podem legitimamente chamar-se viventes.

Notas

1. Por puro acaso – devido a documentos encontrados junto ao corpo de um portador morto por um raio – chegaram até nós provas positivas de uma ação organizada revolucionária coordenada pela seita dos Iluminados.
2. Pelo mecanismo desse processo, em sua analogia com uma ação necromântica, cf. R. GUÉNON, *Le règne de la quantité et les signes des temps*. Paris, 1945, cap. XXVI, XXVII. (tr. it.: *Il Regno della Quantità e I Segni dei Tempi*, Adelphi, Milão, 1982).
3. A sigla L. D. P. aparece no primeiro dos assim chamados graus cavaleirescos maçons (o 15º da hierarquia complexa do ritual escocês). Obscuramente, parece que a lenda desse grau alude exatamente ao deslocar-se da função do iniciado; aliás, nele se fala de marcas de dignidade principescas que o iniciando, juntamente com a liberdade, recebe de "Ciro", mas que em seguida acaba perdida; porém, tendo alcançado o Mestre que, junto com poucos fiéis sobreviventes, se havia refugiado entre as ruínas do Templo salomônico, falam-lhe sobre o valor duvidoso desses títulos e ele recebe um novo título e a espada.
4. Cf. A. PIKE, *Morals and Dogmas of the ancient and accepted Scotch rite*. Richmond, 2ª ed., 1927.
5. Deve-se observar que já no seu período operativo e iniciático constata-se, na maçonaria, certa usurpação, quando ela atribui a si própria a "Arte Real". A iniciação ligada às profissões, de fato, é a que corresponde ao antigo Terceiro Estado (a casta hindu dos *vaysha*), isto é, a camadas hierarquicamente inferiores à casta dos guerreiros, aos quais

corresponde legitimamente a "Arte Real". Por outro lado, deve-se observar também que a ação revolucionária da maçonaria especulativa moderna é aquela que corroeu as civilizações do Segundo Estado e preparou, com as democracias, o advento das civilizações do Terceiro Estado. No que diz respeito ao primeiro ponto, mesmo do aspecto mais exterior, é impossível que não fique uma impressão de comicidade ao ver fotografias de reis ingleses que, como dignitários maçons, vestem o avental e outros indumentos característicos das corporações artesãs.

6. *Rituale del XXX grado del supremo consiglio del belgio del rito scozzese antico ed accettato.* Bruxelas, s. d., pp. 49, 50. Na ação dramática ritual (cf. p. 42) dá-se o aparecimento de Squin de Florian, que iria denunciar os templários e que como justificativa, afirma o seguinte princípio: "A Igreja está acima da liberdade"; contra isso, o Mestre da loja afirma: "A liberdade está acima da Igreja". Evidentemente, a primeira proposição está correta, se se tratar da pretensa liberdade de um indivíduo qualquer, enquanto a segunda será verdadeira se se tratar de quem tenha a qualificação requerida para colocar-se além das inevitáveis limitações próprias de um determinado tipo histórico de autoridade espiritual.

7. Surpreende encontrar num autor, normalmente tão qualificado no que se refere a estudos tradicionais, como GUÉNON, a afirmação de que, juntamente com a Compagnonnage, a maçonaria seria quase a única organização atualmente existente no Ocidente que, apesar de sua degeneração, "pode reivindicar uma origem tradicional autêntica e uma transmissão iniciática regular" (*Aperçus sur l'initiation*. Paris, 1946, pp. 40, 103; tr. it.: *Considerazioni sulla via iniziatica*, o Basilisco, Gênova, 1984). O diagnóstico correto da maçonaria como sincretismo pseudoiniciático criado por forças subterrâneas de contrainiciação, que pode ser formulada exatamente com base nas teorias de Guénon, acaba sendo por ele explicitamente desmentida (cf. *ibid.*, p. 201). Como isso possa conciliar--se com o caráter de tradicionalidade que Guénon ao mesmo tempo reconhece no catolicismo, inimigo mortal da maçonaria moderna, é algo que permanece sem explicação. Uma desfiguração desse tipo é perigosa, especialmente fornece armas preciosas para uma interessada polêmica católica. O fato da mistificação e do uso subversivo do Mistério, que se verificou por uma invasão nas correntes já mencionadas e precipuamente na maçonaria em época recente (onde antes não constituíra senão uma anomalia teratológica), serviu para extravagante tese

do catolicismo militante: aquela segundo a qual toda a tradição iniciática, em todos os tempos, teria tido um caráter tenebroso, diabólico, anticristão e, em suas consequências, subversivo. Isso, naturalmente, é apenas uma brincadeira de mau gosto. Mas uma tese como essa não é, acaso, corroborada por quem, desconsideradamente, atribui um caráter de ortodoxia e de filiação regular iniciática à maçonaria?

Gostaríamos muito que o leitor não supusesse em nós nenhuma animosidade preconcebida com relação à maçonaria. Pessoalmente, tivemos relações amigáveis com altos expoentes dessa seita, que se esforçaram por valorizar seus vestígios iniciáticos e tradicionais. Com base nisso, trabalharam também, por exemplo, Ragon, A. Reghini, O. Wirth. Sabemos também de lojas, como a Johannis Loge e outras, que se mantiveram separadas da atividade político-social, apresentando-se essencialmente como centros de estudos. Mas, pelo dever para com a verdade, não saberíamos modificar em nenhum ponto o quadro geral que traçamos da maçonaria moderna do ponto de vista histórico, em consideração à direção predominante, efetiva e comprovada de sua atuação.

8. Nos *Protocolos dos sábios do Sião*, as fileiras do complô estão supostamente nas mãos do hebraísmo, mas há também uma referência à maçonaria. Um outro ponto que, quanto à maçonaria, deve ser colocado em destaque, é que os elementos por ela tomados de empréstimo de tradições propriamente ocidentais passam quase para o segundo plano frente às hebraicas – a grande maioria das "lendas" como também quase todas as "palavras de passe" têm base hebraica. Esse é um outro ponto suspeito. De fato, mesmo no conjunto do hebraísmo pode-se observar um processo de degradação e de inversão que igualmente despertou forças de contrainiciação ou de subversão antitradicional. Essas forças provavelmente tiveram na história secreta da maçonaria um papel que não pode ser deixado de lado.

(O texto integral dos *Protocolos*, publicado pela primeira vez na Itália por Giovanni Preziosi em 1921 e por ele reeditado em 1937 com comentários de Evola, está hoje acessível no apêndice a *I falsi Protocolli* di Sergio Romano, Corbaccio, Milão, 1992, onde se examina com muita objetividade a posição de Evola, definido como "o mais inteligente dos racistas italianos" – ponto de vista que confirma o de Renzo De Felice em sua *Storia degli ebrei italiani sotto il fascismo* (1961), Einaudi, Turim, 1993 – N. do E.).

9. De passagem, devemos observar que a obra revolucionária da maçonaria permanece essencialmente limitada à preparação e à consolidação da época do Terceiro Estado (que deu lugar ao mundo do capitalismo, da democracia, da civilização e das sociedades burguesas). A última fase da subversão mundial, por corresponder ao advento do Quarto Estado, relaciona-se com outras forças que necessariamente vão além da maçonaria e do próprio judaísmo, mesmo que frequentemente tenham se utilizado das destruições propiciadas por ela e por ele. É significativo que as atuais vanguardas da época do Quarto Estado tenham escolhido o símbolo do pentagrama, a estrela de cinco pontas, como estrela vermelha dos Sovietes. O antigo símbolo mágico do poder do homem como iniciado dominador sobrenatural – símbolo que viu a consagração da espada do Graal – torna-se, por inversão, símbolo da onipotência e da demonia do homem materializado e coletivizado no reino do Quarto Estado.
10. Cf. OSWALD SPENGLER, *Il tramonto dell'Occidente*, Guanda, Parma, 1991 (N. do E.).
11. Cf. JULIUS EVOLA, *Rivolta contro il mondo moderno*, cit., Segunda Parte, caps. 1, 16 e apêndice (N. do E.).
12. Em relação à edição alemã do presente volume (*Geheimnis des Grals*. Munique, 1954), esse valor já foi reconhecido: cf. W. HEINRICH, *Ueber die traditionelle Methode*. Salzburgo, 1954. (tr. it.: *Sul metodo tradizionale*, Fondazione Julius Evola, Roma, 1982).
13. Cf. JULIUS EVOLA, *Maschera e volto dello spiritualismo contemporâneo*, cit., cap. VII (N. do E.).
14. Sobre o gibelinismo com relação à temática política atual, cf. o nosso livro *Gli uomini e le rovine* (1953), Roma, Edizioni Settimo Sigillo, Roma, 1990.

Apêndice

A redescoberta da Idade Média

Do início dos anos 1960, quando saiu a segunda edição de *O Mistério do Graal* (primeira depois da guerra), até hoje, a situação cultural e o consequente juízo sobre a época medieval mudaram radicalmente. Vigorava então, ainda, o preconceito iluminista segundo o qual a "Idade do Meio" fora um parêntese escuro entre as luzes da Antiguidade e da época moderna. A História era interpretada nos termos da linha evolucionista, que encarava a Idade Média como uma espécie de infância da humanidade, a qual, após a queda do mundo antigo, recomeçava do zero seu caminho, sobrecarregada de superstições e de violência nos relacionamentos humanos, além de incapaz de libertar-se da miséria.

O preconceito contra a Idade Média tem raízes antigas, surgidas numa época que, por comodidade – embora hoje os historiadores não estejam de acordo –, se considera ter vindo logo depois dela: o Renascimento. Na verdade, o desprezo do humanismo renascentista pelos séculos que o precederam significa tanto uma involução quanto uma evolução. O que renasce, com efeito, não passa de imitação dos modelos do classicismo grego e romano, erigidos em ideal estético supremo com base nos quais se deve avaliar o resto – e isso revela uma absoluta incompreensão daquilo que se desenvolveu de maneira totalmente diversa, como a arte românica e gótica. Como bem demonstrou Régine Pernoud, semelhante critério provocou a destruição de obras de arte em quantidade incalculável. A Idade Média, não há dúvida, conhecia os autores clássicos e os monges da época é que os fizeram chegar até nós, servindo-se deles sem imitá-los. No século XII, Bernardo de Chartres definiu a si próprio, e a seus companheiros, como "anões sobre os ombros de gigantes", posição na qual, sabia-o bem, eles poderiam ver mais longe que seus predecessores. Tudo isso se degradou nos séculos seguintes, a ponto de levar Henri Matisse a exclamar: "O Renascimento é a decadência".[1]

Ao preconceito estético de origem renascentista, juntou-se durante o Iluminismo a imagem da Idade Média como uma era de superstição e ignorância, da qual o homem estava finalmente saindo para alcançar a luz da Razão. Via-se a queda do Império Romano como o fim de todas as formas de civilização, parecendo absolutamente inconcebível considerar dignos de apreço os modos de vida, as concepções e os costumes dos "bárbaros". Na realidade, sabemos hoje que o mundo novo nasceu do encontro das três culturas: a herdada do mundo clássico, a de origem céltica e germânica, e o cristianismo – todas igualmente significativas para a compreensão da mentalidade e do espírito que animaram a Idade Média. Os costumes medievais, por muito tempo desprezados como selvagens, parecem-nos ao contrário bem mais ciosos da liberdade individual que os clássicos: isso se aplica, por exemplo, à condição da mulher, mais livre e respeitada entre os "bárbaros" que no mundo romano. É uma condição que prevalecerá durante toda a era medieval, quando também não havia escravos (estes reaparecerão, convém lembrar, justamente durante o século XV).

O mesmo preconceito nos impede de entender a organização social típica daqueles tempos: o feudalismo. A esse respeito, confrontemos as afirmações de Turgot com as de Régine Pernoud. Turgot: "Em meio à prostação geral, uma nova forma de governo aponta o golpe de misericórdia no que ainda restava. Ao poder régio, humilhado e reduzido a frangalhos, sucede uma miríade de pequenas senhorias subordinadas umas às outras, entre as quais as leis feudais mantêm não sei que falsa imagem de ordem, perpetuando a anarquia. Reis sem autoridade, nobres sem freio, povos oprimidos, campos cobertos de fortalezas e continuamente devastados (...) comércio e comunicações interrompidos (...) as únicas riquezas, a única disponibilidade de tempo são para uns poucos homens, amolentados no ócio de uma nobreza dispersa pelos castelos e capaz apenas de travar batalhas sem interesse algum para a pátria, as nações imersas na mais grosseira ignorância...".[2]

Agora, as palavras de Régine Pernoud: "Bom seria nos lembrarmos hoje de que talvez haja existido em outros tempos uma forma de Estado diferente da nossa, de que as relações entre os homens podem ter se instaurado em bases diversas das que caracterizam uma administração centralizada, de que, outrora, a autoridade provavelmente não possuía sua sede nas cidades". A sociedade feudal é, pois, uma sociedade "de tendência comunitária, regida por obrigações mútuas", tipicamente fundiária e agrícola. "Uma civilização nascida dos castelos (...). O castelo feudal: órgão de defesa, erário, asilo natural da população dos campos em caso de ataque, centro cultural rico de tradições originais, sem nenhuma influência antiga (embora todo o patrimônio legado pela Antiguidade fosse conhecido e frequentado) (...). Tem enorme significação o fato de se atribuírem a essa cultura os termos *courtois, courtoisie* – cortês, cortesia –, oriundos de uma civilização que não devia nada ao universo urbano e propunha como ideal a toda a sociedade um código de honra, uma espécie de rito social da cavalaria e, portanto, uma certa sutileza de modos – enfim, uma atenção cheia de respeito que a mulher exigia do homem".[3] A historiadora francesa explica ainda que a força da sociedade feudal era o costume ou "conjunto de usos originários de fatos concretos, que derivavam sua autoridade e poder da consagração do tempo; sua dinâmica era a da tradição, que é um dado, mas um dado vivo, não petrificado, sempre suscetível de evolução e nunca submisso a uma vontade individual".[4] Com isso, cada homem era julgado de acordo com as leis da terra onde nascera e se educara, num processo aparentemente mais justo que muitas concepções modernas.

Se a visão de um dos aspectos mais significativos e mais incompreendidos da Idade Média, como a sociedade feudal, mudou radicalmente ou foi mesmo abolida, o mesmo sucedeu a outras "lendas" fabricadas sobre essa época. Sabe-se, assim, que o comércio jamais se interrompeu e que o homem, em pleno período medieval, de fins do século X em diante, viajava bastante, como o prova a prática costumeira das peregrinações; que a cultura atingiu níveis elevados não apenas nos mosteiros e que o analfabetismo, embora muito difundido, de modo algum era geral, pois até os filhos dos camponeses e servos aprendiam muitas vezes os rudimentos da leitura e da escrita, podendo muito bem assinar seu nome – situação nada diferente da que imperou até fins do século passado.

A mudança de visão ocorreu principalmente na historiografia: *Annales* é o título de uma revista fundada em 1929, na

França, por Lucien Febvre e Marc Bloch, e editada até hoje. Ela alterou radicalmente a fórmula e a metodologia dos estudos históricos, em particular com relação à Idade Média. Os historiadores da *Annales* procuraram documentar condições de vida, materiais e espirituais, que definissem com precisão maior as linhas e contornos de uma cultura e de uma sociedade. Enfatizando não apenas o estudo dos fatos oficiais, quer no plano político-militar, quer no socioeconômico, mas também a análise de documentos que dessem testemunho do cotidiano, conservados principalmente nos arquivos paroquiais, viram-se logo em presença de um panorama da vida medieval totalmente diverso do que até então era aceito.

Segundo Franco Cardini, a *nouvelle histoire* nasce dotada de um componente político: após a Primeira Guerra Mundial, alguns estudiosos franceses sentiram a necessidade de se reaproximar da Alemanha e postularam uma história que não falasse apenas de batalhas e dinastias, num tom nacionalista e evolucionista, mas insistisse nas raízes europeias comuns, na mentalidade e na existência cotidiana, recorrendo ao auxílio da geografia, da antropologia cultural e das ciências humanas. Daí o interesse pela Idade Média, "sede" da formação da Europa. O medievalista viu-se, pois, na contingência de desmistificar lendas e corrigir equívocos: para esquecer os preconceitos ideológicos herdados de outros tempos e chegar à verdade, bastava compulsar os textos. Hoje, medievalistas absolutamente leigos ou marxistas como Le Goff reconhecem a grandeza do período que estudam e aceitam confrontar-se com a mentalidade dos homens daquela época a fim de entendê-la a partir de dentro, sem lhe impingir juízos *a priori* oriundos de posições ideológicas. A imagem da Idade Média como período negativo foi, pois, abandonada de todo pelos historiadores que estudaram honestamente os documentos.

Essa mudança, porém, esteve confinada até há pouco tempo ao âmbito acadêmico, enquanto na mentalidade comum se eternizavam os velhos pressupostos. Sempre se observa um certo descompasso entre a cultura "superior" e a cultura de divulgação; mas cinquenta anos parece muita coisa. A hegemonia cultural resistia encarniçadamente, impedindo que o grande público tivesse acesso aos textos dos especialistas e, assim, mudasse de opinião. Na Itália, sobretudo até o início dos anos 1980, o pensamento dominante, o universo cultural era o de "esquerda", com caráter leigo e marxista; banir os preconceitos contra a Idade Média não era possível a quem se nutria deles para todos os fins. Seria, com efeito, renegar o progresso a todo custo reconhecer que uma época na qual a dimensão do Sagrado se difundia por todos os níveis não era de modo algum uma fase de obscurantismo e sim de realizações para os homens que então viviam. O campo da historiografia, na Itália, foi um dos que por mais tempo preservaram essas concepções, a ponto de, em muitas universidades, as cátedras de medievalística e filosofia medieval serem tratadas como outras tantas gatas-borralheiras. Se assim era no nível acadêmico, que dizer do que acontecia no mundo da cultura e das comunicações em geral? Foram necessários alguns abalos para que as coisas mudassem.

O primeiro e mais importante ocorreu graças ao enorme sucesso, no mundo inteiro, de *O Senhor dos Anéis*, de J. R. R. Tolkien, publicado na Itália em 1970. Com efeito, o *boom* tolkieniano revelou que modelos e ideais extraídos do espírito medieval e da literatura cortês fascinavam grandemente o homem de nossos dias e, em especial, as novas gerações. A obra de Tolkien tem por base símbolos e mitos universais, tirados de toda a tradição ocidental. Aquele mundo feito de honra cavalheiresca, aquela epopeia de coragem e sacrifício por um ideal mais elevado que qualquer ideologia, a percepção do Sagrado, a luta entre o Bem e o Mal, a presença da magia e do maravilhoso unida à recusa da técnica e a uma relação diferente com a natureza, aquela Idade Média idealizada – isso parecia, a muitos, a única salvação frente à catástrofe do mundo contemporâneo. Houve, é claro, muita resistência da parte da *intelligentsia* dominante, mas, apesar das polêmicas e críticas, o processo não pôde ser refreado e acabou por assumir as características de um verdadeiro "culto" no mundo inteiro, pois vinha de encontro às exigências mais profundas de seus leitores. "Não foi, com efeito, um movimento de cima para baixo, mas ao contrário. Sensações e sentimentos difusos acharam abrigo num livro que, por sua vez, funcionou como uma espécie de caixa de ressonância, lançando as bases de um duplo *revival* em todo o Ocidente: o de uma Idade Média imaginária e o da narrativa *fantasy*".[5]

Quem lia Tolkien desejava reencontrar também em outros lugares aquele espírito e aqueles valores. Assim, de um lado, desenvolveu-se a literatura *fantasy*, secundada por filmes como *Guerra nas Estrelas* e *Excalibur*, que recorriam ao mesmo espírito e contribuíram para sua difusão; e, de outro, buscaram-se as fontes. Foram de novo publicadas as obras de Chrétien de Troyes e todo o ciclo arturiano e do Graal, que logo encontraram continuadores modernos. A literatura do Graal encerrara-se no fim da época medieval e início do Renascimento, mergulhando no olvido; hoje, porém, reencontra toda a sua vitalidade e riqueza simbólica graças a obras como o ciclo de Merlin, de Mary Stewart, e aos romances de Bradley ou Lawhead. Além deles vão surgindo, cada vez mais numerosas, coletâneas de mitos e lendas de todos os povos, em particular de origem céltica, chegando-se quase à publicação completa dos textos medievais mais significativos: da *Carta do Preste João* ao *Pearl*. "A redescoberta das fábulas, a nova paixão pelo mundo mágico e folclórico popular... foram uma consequência indireta, um reflexo, porquanto se difundira um novo gosto pela criação de realidades imaginárias e pelo resgate daquele panorama fabuloso que sempre, até o advento de um racionalismo exacerbado, acompanhara o homem (...). Tolkien, com sua obra, tirara finalmente a tampa da panela de um imaginário coletivo por muito tempo sob pressão e sem uma via de escape, indicando o caminho certo a seguir".[6] Aos poucos, portanto, o imaginário coletivo mudou de rumo e muita gente aprendeu a encarar como positivos até os elementos que até então tinham valor oposto e eram classificados como "irracionais", "retrógrados", "reacionários": do senso do sagrado às relações baseadas na fidelidade e na honra, portanto pessoais e não abstratos e coletivos como os preceituados no direito positivo, característicos das sociedades modernas. Todos esses elementos estavam presentes em nossa Idade Média.

Tudo isso, porém, ficaria limitado ao plano literário não fosse o trabalho paciente dos historiadores da escola dos *Annales*: quem, com efeito, passava da literatura à história encontrava uma correspondência que, sem os estudos daqueles pesquisadores, jamais se perceberia. O plano do imaginário aproximou-se então da verdade histórica, com a qual coincidia em larga medida. Verificou-se que alguns medievalistas importantes como Cardini e Régine Pernoud se interessavam por ambos os níveis: o da verdade histórica e o literário e do imaginário coletivo, saindo-se bem em qualquer um dos dois. Assim, Pernoud pôde escrever a introdução ao ciclo, para o público juvenil, da *Távola Redonda* e do *Graal*, editado pela Jaca Book, realçando a importância e a necessidade de apresentar-lhe, além dos heróis das histórias em quadrinhos, outros personagens e temas que, por sua densidade simbólica, fossem capazes de "excitar a imaginação, burilar a personalidade e mesmo desvendar o sentido da vida, induzindo os jovens a desenvolver o *melhor* e o *mais* que cada qual traz em si".[7]

Para ela, essa incursão na história era também, até certo ponto, uma iniciação. Todos os historiadores da Idade Média, aliás, reconheceram a necessidade de inteirar-se também do imaginário e das expressões literárias que dele se originaram, pois são essenciais para sua compreensão.

Os motivos profundos do sucesso tolkieniano e da mudança de concepção com respeito à Idade Média baseiam-se, porém, não apenas na estrutura da alma humana, cujas exigências permanecem sempre as mesmas, mas igualmente num deslocamento de perspectiva ocorrido em nosso século, sobretudo nos últimos anos, face à visão linear da história e ao conceito de "progresso", para não falar da crise da razão e da ciência clássica.

Se o romantismo já percebera a falsidade da ideia de progresso, entre fins do século XIX e início do XX, essa consciência vai se disseminando cada vez mais. No campo filológico, assistimos à desconstrução do conceito de tempo e de história tais quais eram entendidos até aquele momento, de Nietzsche, o primeiro a questionar a concepção linear do tempo em favor da concepção cíclica dos antigos, a Bergson, Benjamin e Bloch, que discutem a "história" enquanto tal. Para este último, em particular, não existe uma "história" unitária, mas um conjunto de "histórias", todas igualmente válidas, configurando um *multiversum* à semelhança de uma polifonia de vozes. Assim, além da concepção de história como linha unitária, entra em crise a própria ideia de progresso e, portanto, a noção de modernidade. O desenvolvimento técnico levado a extremos nos mostrou que o conceito de progresso é vazio, pois seu valor final consiste em propiciar condições nas quais sempre seja possível continuar progredindo: sem um objetivo último, o percurso em si deixa de ter significado. Por experiência própria, vivemos numa situação de finitude da história entendida como "ir adiante": à expectativa de um crepúsculo do mundo ocidental, junta-se uma espécie de estranhamento devido justamente à fase extrema da evolução técnica a que chegamos e que nos dá a sensação, por um lado, de correr em círculos, sem rumo nenhum, e, por outro, de permanecer imóveis.

A esse movimento soma-se o da crise da razão tal qual era entendida pelos iluministas: a pesquisa científica, com efeito, vai superando constantemente a si mesma, chegando a resultados cada vez mais inacessíveis à percepção comum, mas também abrindo as portas à categoria da possibilidade e do maravilhamento. O mecanicismo é posto em cheque, o evolucionismo entra em discussão e a física dos *quanta* soa muitíssimo diferente da concepção newtoniana, sólida e fácil de entender quando explica a estrutura da realidade. O relativismo científico ensina que todo o nosso sistema de conhecimento é, no fundo, convencional e não pode na verdade penetrar a natureza daquilo que nos cerca, conseguindo no máximo estabelecer leis, também elas infundadas ontologicamente. A necessidade cede o posto à probabilidade e, de novo, escancaram-se as portas do Mistério.

Esse clima tão alterado permite a Pernoud sustentar que, sob alguns aspectos, estamos agora mais perto da mentalidade do homem medieval do que em qualquer período anterior e muito distanciados do classicismo de épocas como o Renascimento ou o Iluminismo. O que caracteriza essas épocas, de fato, é a certeza de poder intuir e penetrar a realidade, de ter uma norma absolutamente estável capaz de avaliar todos os aspectos da atividade humana e de uma natureza à qual não é preciso senão nos adequarmos. O que caracteriza o homem medieval, ao contrário, é o maravilhamento e a abertura à dimensão do Mistério. Por certo, o homem medieval vive segundo uma verdade já fornecida – pelas Escrituras –, mas essa é uma verdade que o transcende e, portanto, não limita sua inventiva nem seus atos. Diz Régine Pernoud: "Nossa geração se vê às voltas com duas concepções de mundo. A primeira é aquela em que fomos criados, herdeira dos três ou quatro séculos precedentes: no centro de tudo erguia-se o *homo academicus*, movido pela razão e pela lógica aristotélica, julgando pelo direito romano e só admitindo, em estética, os produtos da antiguidade clássica greco-latina – tudo isso no seio de um universo tridimensional cujos limites e componentes, ainda no século passado, Berthelot achava possível definir em breve. Sucede que os progressos científicos (...) fizeram desmoronar essa concepção de mundo (...) levando ao aniquilamento daquilo que chamaríamos de visão clássica do universo". E conclui: "Hoje o microscópio eletrônico, assim como a viagem do cosmonauta, poderiam nos aproximar de uma época que, por instinto, aceitava o prodígio, uma época que não teria rejeitado esses saltos qualitativos... os quais, pelas categorias da lógica clássica, são inadmissíveis".[8]

Do mesmo modo, depois da queda das ideologias e em particular do marxismo, que nivelara povos e culturas, assistimos ao renascer de sentimentos étnicos com tons às vezes trágicos, mas também ao desejo de encontrar nossas raízes um pouco por toda parte, rejeitando o cosmopolitismo e a abstração fria, impessoal, do Direito positivo. Hoje, ninguém mais acredita no Estado Ético, centralizador e depositário único do Direito; ao contrário, multiplicam-se as exigências de descentralização num grau que, também nesse sentido, se aproxima da mentalidade medieval – quase como uma espécie de vingança das motivações profundas, antes consideradas irracionais, contra a razão abstrata. Podemos, pois, afirmar que o homem do final do século XX, depois de seguir um percurso parabólico que o levou da presunção de dominar o universo, secundada pela recusa de quaisquer tradições ou laços com o passado, à crise e à consciência de sua impotência, sente por isso mesmo a necessidade de voltar às próprias raízes, de resgatar seu patrimônio morto e enterrado. As tentativas são ainda, o mais das vezes, confusas, mas todo o chamado pensamento pós-moderno está se movendo nessa direção.

Ao final dos anos 1990 não faltam, é certo, vozes contrárias, que continuam a defender o pensamento iluminista e a reivindicar-lhe a herança. Diríamos até que elas são em maior número, mas seu primado e suas teses começam finalmente a ser postos em dúvida. Foi o que aconteceu com *O Nome da Rosa* (1980), de Umberto Eco: o autor, especialista em filosofia medieval (doutorou-se com uma tese sobre Santo Tomás de Aquino), não consegue ou não quer abandonar sua postura de iluminista convicto. Confecciona assim uma obra ambígua, que por um lado reconstitui uma Idade Média historicamente embasada e convincente – ele sustenta, com efeito: "Quis me tornar completamente medieval e viver na Idade Média como se esse fosse o meu tempo"[9] –, mas, por outro, cria uma imagem sutilmente deformada, sombria e hostil ao novo e à razão, toda empenhada na defesa de um conceito de autoridade distorcido. Ora, o homem medieval era bem mais aberto que seus pósteros, a *Auctoritas* constituía um ponto de referência imprescindível, mas não impedia nem a pesquisa nem as aproximações ou construções mais audazes. A ideia de que, na Idade Média, se tivesse medo do riso (tema central do romance de Eco) é inteiramente absurda quando se pensa nas companhias de atores ambulantes e no modo como se praticava uma atividade de todo religiosa como a peregrinação. Sem dúvida, a Idade Média escolhida por Eco é o século XIV, o único segundo Régine Pernoud ao qual se podem aplicar os estereótipos surrados e abusivos que todos conhecem, pois foi mesmo um período de guerras, carestia e pestilência, mas também uma época de transição entre duas concepções diversas do mundo: a medieval e a moderna, que se afirmará a partir do século XV.

William de Baskerville, dublê de Occam e herdeiro de Roger Bacon, ilustra perfeitamente os novos tempos que se avizinham por sua fé absoluta na razão e na lógica; mas nem Jorge nem Bernardo Gui, o inquisidor, ou qualquer outro personagem do romance encarnam o espírito autêntico do homem medieval: são antes a caricatura de alguns de seus aspectos parciais. Assim, embora o cenário, o rigor histórico e mesmo a linguagem da época sejam respeitados, bem como certas descrições da arte e do pensamento medievais, faltam ao livro a *compreensão* e a *participação* do autor na verdadeira alma do período. A imagem que dele se tira é, pois, ainda uma vez negativa, a de uma era obscura e irracional onde uns poucos homens particularmente lúcidos se contrapunham aos demais, humildes ou poderosos, que viviam no medo e na ignorância. O filme de 1986 baseado no romance é naturalmente ainda pior, uma vez que o diretor J. J. Annaud exumou todos os lugares-comuns mais ridículos e pífios sobre a Idade Média, os monges, a Inquisição e a própria Igreja para realizar uma obra-prima de "livre pensamento" e... absurda (pois não exibe sequer o rigor histórico respeitado no romance). Por isso mesmo, todavia, pode-se pôr o filme de lado sem dificuldade, ao passo que a operação conduzida por Eco é mais sutil e, portanto, mais perigosa.

O Nome da Rosa alimentou uma estranha concepção da Idade Média que lhe reconhece e lhe sofre o fascínio, mas não lhe aceita as implicações ou motivações mais profundas. Observa-se, pois, uma dicotomia entre uma Idade Média "boa", povoada de rebeldes, opositores e por isso mesmo, em primeira instância, de hereges, e uma Idade Média "obscurantista e reacionária" dominada pela Igreja, os nobres e tudo quanto encarna os poderes constituídos. Dicotomia tipicamente *moderna*, alheia à situação da época, pois só se entende a heresia no interior de um discurso sobre o Sagrado bem mais amplo e que envolva a todos, hereges e fiéis, o que dificilmente se adapta à mentalidade de hoje. As seitas heréticas eram um movimento *interno* à dialética religiosa e não uma tentativa de fugir-lhe ou de instaurar uma "religiosidade natural", apresentando comumente elementos muito mais "irracionais" que os da Igreja oficial, esta sempre ao lado da razão e da prudente *medietas*. Mesmo do ponto de vista social, essa espécie de "epopeia dos humildes" rebelados contra seus opressores parece pouco convincente, pois os hereges eram malvistos até pelos pobres e chegaram às vezes a ser protegidos por nobres que simpatizavam com eles. Foram sem dúvida perseguidos, mas, explica Régine Pernoud, a relação entre o sagrado e o profano era na época tão estreita que os desvios na esfera religiosa e doutrinária assumiam extrema importância mesmo no cotidiano. O fato de os cátaros não darem valor ao juramento, por exemplo, abalava os próprios alicerces da vida feudal, toda baseada em vínculos pessoais e na promessa de lealdade. Daí a geral reprovação que a heresia suscitava naquele tempo: "Com efeito, ela rompia o acordo profundo que ligava a sociedade inteira e esse rompimento parecia da máxima gravidade aos olhos de quem o testemunhava. Qualquer incidente de ordem espiritual, em semelhante contexto, assumia maior gravidade que um incidente físico".[10]

Embora os preconceitos e lugares-comuns mais grosseiros tenham sido eliminados, a era medieval ainda é alvo de mal-entendidos, agora mais sutis, mas nem por isso menos contaminados por ideologias. O pensamento progressista, com efeito, apenas recorreu a outros pretextos para continuar sustentando as teses de sempre. O eixo em torno do qual girava a existência do homem na Idade Média era sua relação com o Sagrado e, enquanto não assumirmos esse ponto de vista, não compreenderemos nada do espírito da época. Isso foi o que reconheceu até mesmo o historiador marxista Le Goff: "Na Idade Média, toda tomada de consciência ocorre por causa e por intermédio da religião, no nível da espiritualidade. Poderíamos definir assim essa mentalidade: ela não consegue se expressar independentemente das referências religiosas".[11] Outro medievalista de formação leiga, Duby, afirma: "Não sei bem em que acreditar, mas uma coisa é certa: não poderia fazer meu trabalho de medievalista se não participasse de alguns sentimentos dos homens que estudo, insinuando-me em seus pensamentos, se não tivesse conhecimento dos textos sacros e se não os interpretasse mais ou menos como eles os interpretavam".[12] O próprio Eco conhece certamente os textos sacros e os utiliza; mas o que não compreende ou não admite é o fato de, para os homens da Idade Média, a relação com o divino e a certeza da presença do Mistério e do Sagrado em todos os aspectos da realidade não constituirem em verdade nenhum obstáculo à afirmação do eu, do qual, muito pelo contrário, eram a *premissa*. Daí o caráter ambíguo de sua obra.

Em contraposição à Idade Média de Eco e mais ainda de Annaud ergue-se a imagem poderosamente sugestiva que Pupi Avati soube construir em seu filme *Magnificat* (1993). Avati é um leigo fascinado por um mundo que queria descrever e, para tanto, mergulhou nele à diferença dos casos precedentes. Dá-nos assim uma Alta Idade Média extremamente realista e historicamente embasada (pois não deixa espaço à idealização ou ao sentimentalismo fácil), e por isso mesmo mais cheia de "presenças" e significados. O filme mostra o cotidiano de alguns personagens escandido pelo tempo litúrgico da Semana Santa: da jovem noviça ao carrasco, do frade humilde ao feudatário, todos escolhidos por sua significação simbólica. O que se depreende do filme é, em suma, a importância do símbolo, a consciência do Mistério e do Sagrado que permeiam os mínimos aspectos do real. O diretor explica: "O homem da Alta Idade Média vive num mundo repleto de ecos, vibrações, regras e ritos que o mantêm em perpétuo contato com o cenário à sua volta. Ele é parte desse cenário. Vive nele. Por seu turno, a natureza participa dessa ritualização... Em minha narrativa não há objeto, pessoa ou animal que não pertença a um todo, que não tenha essa consciência. Que não lhe aceite as regras, às vezes terríveis (...) Daí a mistura das ferramentas de culto e de trabalho, bem como sua relação com o tempo, as estações, a vida e a morte. A espada, o machado que esquarteja e o sacramento que abençoa pertencem ao mesmo contexto; tudo busca Deus em todos os atos do cotidiano, encontrando-O na seiva das árvores ou numa lasca de madeira". Ao contrário, "o universo em que vivemos mergulhou num silêncio absoluto, profundo e desesperado; eis a razão de todas as nossas angústias".[13]

Essa é, pois, a chave de arco para penetrarmos realmente no universo medieval: se, em nossa concepção, o real não foi mais que os objetos captados pelos sentidos, se não compreendermos que o mundo no qual vivemos constitui sob esse aspecto uma regressão e não uma conquista, não entenderemos a Idade Média. Compenetrando-se das antigas influências pagãs e cristãs que caracterizaram a Alta Idade Média, Avati determina o momento talvez mais interessante e rico para o espírito do homem, embora as condições de vida fossem muito difíceis, ou talvez por isso mesmo: é o momento em que se fazem as perguntas fundamentais, sobre a vida e sobre a morte, que hoje nossa cultura proíbe; é o momento que "apresenta ainda uma espécie de sobrevivência de algo muito antigo no homem, que este procurará, nos séculos seguintes, racionalizar e evitar, conseguindo com isso apenas cair sob o domínio do pensamento dominante e de todos os poderes, ocultos ou não".[14] A Idade Média torna-se então, além de tudo, um *topos*, um arquétipo que para além de suas conotações históricas, de resto amplamente respeitadas, se contrapõe ao universo leigo, à decadência espiritual e humana que hoje vivemos.

O caminho percorrido nos últimos vinte anos pela revalorização da história como categoria estética e espiritual foi bem longo. Mas então por que reeditar este texto de Evola? Em parte, porque no âmbito do *revival* medieval este texto não poderia faltar, mas sobretudo porque, à luz das considerações acima, ele parece bastante atual. Numa época em que semelhante operação era absolutamente impensável, Evola soube perscrutar o âmago do pensamento medieval e compreender que seu segredo consistia na relação entre o homem e o Sagrado, expressa em diferentes tons, mas sempre como elemento fundamental. Percebeu também outro fato altamente significativo: que não existia para o homem da Idade Média uma esfera profana contraposta a uma esfera sagrada, mas que ambas formavam uma unidade profunda dissimulada no mito da realeza oriunda do Graal e expressa em figuras como o Preste João e o próprio Artur, além de Merlin, símbolos do Rei do Mundo que reúne em si as funções de soberano e sacerdote. O método utilizado por Evola, além disso, de análise simbólica e comparativa das várias tradições, tem sido amplamente adotado não só na história das religiões, mas também nos estudos literários, quando pretendem ir além da letra do texto, em especial no caso dos mitos e lendas dos diferentes povos. Pondo de parte as interpretações mistificadoras e romanescas surgidas na esteira do *Parsifal* wagneriano, o autor nos apresenta o relato do Graal em toda a sua pujança, com sua mescla de elementos célticos, alusivos a uma tradição mais antiga, e cristãos. Ainda que não concordemos com todas as afirmações e conclusões de Evola, permanece o fato de que sua obra nos ajuda grandemente a entrar não só no mundo dos Cavaleiros do Graal, mas na própria mentalidade da Idade Média. Não bastasse isso, Evola, antes de qualquer outro, soube descobrir no "mito do Graal", símbolo e expressão tanto da visão de mundo quanto da vida nos tempos feudais, uma possibilidade de resistência ao ambiente materialista e massificado no qual vivemos – necessidade que, como vimos, é hoje ainda mais sentida e partilhada.

CHIARA NEJROTTI

Notas

1. H. Matisse, cit. por R. Pernoud em *Medioevo. Un Secolare Pregiudizio*, Bompiani, Milão, 1992, p. 19.
2. J. TURGOT, *Quadro Filosofico dei Progressi Successivi dell'Intelletto Umano*, em *Le Ricchezze, il Progresso e la Storia Universale*, editado por R. Finzi, Einaudi, Turim, 1978, p. 21.
3. R. PERNOUD, *Medioevo*, cit., p. 74.
4. *Ibid.*, p. 71.
5. G. de Turris, *Il Caso Tolkien*, em AA.VV., *J. R. R. Tolkien Creatore di Mondi*, Il Cerchio, Rimini, 1992, p. 17.
6. G. de Turris, *Il Caso Tolkien*, cit., p. 18.
7. R. PERNOUD, apresentação de *Il Ciclo Bretone della Tavola Rotonda*, textos de A. Voglino e S. Giuffrida, Jaca Book, Milão, 1986.
8. R. Pernoud, *Medioevo*, cit., pp. 161-63.
9. U. ECO, *Postille a Il Nome della Rosa*, em *Il Nome della Rosa*, Bompiani, Milão, 1986, p. 523.
10. R. PERNOUD, *Medioevo*, cit., p. 123.
11. J. LE GOFF, *La Civiltà dell'Occidente Medievale*, Einaudi, Turim, 1983.
12. G. DUBY, de um diálogo com os alunos da Sorbonne em novembro de 1989.
13. Entrevista com Pupi Avati, em *Litterae Communionis*, Milão, junho de 1993, pp. 36-8.
14. Entrevista com Pupi Avati, em *L'Italia Settimanale*, Roma, nº 19, 12 de maio de 1993, pp. 60-1.

Bibliografia

Nos últimos vinte anos, as publicações sobre a Idade Média se multiplicaram a tal ponto em nosso país que já não se podem contar. Por isso, assinalaremos apenas os textos mais significativos e acessíveis, eles próprios em número considerável. Procuraremos, no entanto, mencionar mais extensamente as edições de obras literárias medievais, indisponíveis há poucos anos. A fim de mostrar a que ponto chegou o *revival* medieval, citaremos também romances, filmes e histórias em quadrinhos inspirados no tema e em geral muito populares na Itália. (C.N.)

1. *Ensaios*

a) *Historiografia, arte e filosofia*

J. Baltrusaitis, *Medioevo Fantastico*, Adelphi, Milão, 1988.

R. Barbieri e M. Dambrosio, *Dentro il Medioevo*, Jaca Book, Milão, 1989.

Beda il Venerabile, *Storia Ecclesiastica degli Angli*, Città Nuova, Roma, 1987.

O. Begbeder, *Lessico dei Simboli Medievali*, Jaca Book, Milão, 1993.

S. Bertelli, *Il Corpo del Re. Sacralità del Potere nell'Europa Medievale e Moderna*, Ponte alle Grazie, Florença, 1990.

I. Biffi e C. Marabelli, *Invito al Medioevo*, Jaca Book, Milão, 1982.

M. Bloch, *I Re Taumaturghi*, Einaudi, Turim, 1973.

_____, *La Società Feudale*, Einaudi, Turim, 1987.

M. Boutruche, *Signoria e Feudalesimo*, Il Mulino, Bolonha, 1974.

O. Brunner, *Vita Nobiliare e Cultura Europea*, Il Mulino, Bolonha, 1972.

B. Calati, *La Spiritualità nel Medioevo*, Borla, Milão, 1988.

F. Cardini, *Magia, Stregoneria, Superstizioni nell'Occidente Medievale*, La Nuova Italia, Florença, 1979.

_____, *Alle Radici della Cavalleria Medievale*, La Nuova Italia, Florença, 1981.

F. Cardini e F. Bertini (orgs.), *Medioevo al Femminile*, Laterza, Bari, 1992.

F. Cardini, *I Poveri Cavalieri di Cristo, Bernardo de Clairvaux e la Fondazione dell'Ordini Templare*, Il Cerchio, Rimini, 1992.

_____, *Dio lo Vuole! Intervista sulla Crociata*, Il Cerchio, Rimini, 1995.

P. Caucci von Sauken (org.), *Guida del Pellegrino di Santiago*, Jaca Book, Milão, 1989.

G. de Champeaux e S. Sterckx, *I Simboli del Medioevo*, Jaca Book, Milão, 1981.

M. D. Chenu, *Il Risveglio della Coscienza nella Civiltà Medievale*, Jaca Book, Milão, 1982.

Chiffaleau, Martines, Paravicini (orgs.), *Riti e Rituali nelle Società Medievali*, Centro Studi Alto Medioevo, Spoleto, 1994.

M. M. Davy, *Iniziazione al Medioevo*, Jaca Book, Milão, 1981.

M. M. Davy, *Il Simbolismo Medievale*, Edizioni Mediterranee, Roma, 1988.

L. de Anna, *Mito del Nord. Tradizioni Classiche e Medievali*, Liguori, Nápoli, 1994.

R. Delort, *Vita Quotidiana nel Medioevo*, Laterza, Bari, 1989.

T. di Salvo, *Il Cavaliere Medievale*, La Nuova Italia, Florença, 1988.

G. Duby, *L'Anno Mille*, Einaudi, Turim, 1977.

_____, *L'Europa nel Medioevo*, Garzanti, Milão, 1987.

_____, *L'Arte e la Società Medievale*, Laterza, Bari, 1991.

_____, *Il Cavaliere, la Donna e il Prete*, Laterza, Bari, 1991.

F. Eiximenis, *Estetica Medievale*, Jaca Book, Milão, 1986.

V. Fumagalli, *L'Alba del Medioevo*, Il Mulino, Bolonha, 1993.

_____, *Paesaggi della Paura: Vita e Natura nel Medioevo*, Il Mulino, Bolonha, 1994.

E. Garin, *Medioevo e Rinascimento*, Laterza, Bari, 1993.

J. Huizinga, *L'Autunno del Medioevo*, Sansoni, Florença, 1989.

E. Kantorowicz, *I Due Corpi del Re*, Einaudi, Turim, 1989.

R. Kieckhefer, *La Magia nel Medioevo*, Laterza, Bari, 1993.

J. Le Goff, *La Civiltà dell'Occidente Medievale*, Einaudi, Turim, 1983.

_____, *L'Immaginario Medievale*, Laterza, Bari, 1991.

_____, *Meraviglioso e Quotidiano nell'Occidente Medievale*, Laterza, Bari, 1993.

J. Le Goff (org.), *L'Uomo Medievale*, Laterza, Bari, 1993.

A. Maier, *Scienza e Filosofia nel Medioevo*, Jaca Book, Milão, 1984.

D. Novacco, *Dei, Eroi, Cavalieri dell'Età Medievale*, Casa del Libro, 1989.

R. Oursel, *Pellegrini del Medioevo*, Jaca Book, Milão, 1988.

M. Pastoureau, *La Vita Quotidiana al Tempo dei Cavalieri della Tavola Rotonda*, Rizzoli, Milão, 1990.

R. Pernoud, *Luce del Medioevo*, Volpe, Roma, 1978.

_____, *Medioevo, un Secolare Pregiudizio*, Bompiani, Milão, 1983.

_____, *Eleonora d'Aquitania*, Jaca Book, Milão, 1983.

_____, *La Donna al Tempo delle Cattedrali*, Rizzoli, Milão, 1986.

R. Pernoud, *Eloisa ed Abelardo*, Jaca Book, Milão, 1984.
E. Power, *Vita nel Medioevo*, Einaudi, Turim, 1984.
_____, *Donne del Medioevo*, Jaca Book, Milão, 1988.
F. Prinz, *Clero e Guerra nell'Alto Medioevo*, Einaudi, Turim, 1994.
G. Tardiola, *Atlante Fantastico del Medioevo*, De Rubeis, Ladispoli, 1990.

b) *Ensaios sobre literatura medieval*

S. Battaglia, *La Lirica dei Trovatori*, Liguori, Nápoli, 1965.
E. Curtius, *Letteratura Europea e Medioevo Latino*, La Nuova Italia, Florença, 1992.
D. del Corno e V. Branca, *Il Romanzo Cavalleresco Medievale*, Sansoni, Florença, 1974.
D. de Rougemont, *L'Amore e l'Occidente*, Rizzoli, Milão, 1993.
C. di Girolamo, *I Trovatori*, Boringhieri, Turim, 1989.
C. di Girolamo (org.), *Letteratura Romanza Medievale*, Il Mulino, Bolonha, 1994.
Harf-Lancner, *Morgana e Melusina, Nascita delle Fate nel Medioevo*, Einaudi, Turim, 1989.
Lanza-Longo, *Meraviglioso e Verosimile tra Antichità e Medioevo*, Olschki, Florença, 1991.
M. Mancini, *La Gaia Scienza dei Trovatori*, Pratiche, Parma, 1984.
L. Maranini, *Personaggi ed Opere in Chrétien de Troyes*, Cisalpino, Milão, 1974.
H. I. Marrou, *I Trovatori*, Jaca Book, Milão, 1983.
C. Poirion, *Il Meraviglioso nella Letteratura Francese del Medioevo*, Einaudi, Turim, 1988.
O. Shepard, *La Leggenda dell'Unicornio*, Sansoni, Florença, 1984.
F. Stella, *La Poesia Carolingia e Tema Biblico*, Centro Studi Alto Medioevo, Spoleto, 1993.

A. Vatuero, *Apparizioni Fantastiche, Tradizioni Folkloriche e Letteratura nel Medioevo*, Il Mulino, Bolonha, 1994.

P. Zumthor, *La Lettera e la Voce: Letteratura Medievale*, Il Mulino, Bolonha, 1990.

c) *Ensaios sobre o ciclo arturiano e do Graal*

D. Branca, *I Romanzi Italiani di Tristano e la Tavola Rotonda*, Olschki, Florença, 1989.

L. Charbonneau-Lessay, *Il Sacro Graal*, Il Cerchio, Rimini, 1995.

F. Cigni, *Bibliografia degli Studi Italiani di Materia Arturiana*, Schena, Bari, 1992.

G. Ferracuti, *La Materia di Bretagna, Mitologia Cristiana*, em *I Quaderni di Avallon*, nº 2, Rimini, 1983.

A. Graf, *Artù nell'Etna. Miti e Leggende*, Atanòr, Roma, 1980.

G. Hancock, *Il Mistero del Sacro Graal*, Piemme, Casale Monferrato, 1995.

M. Inferna (org.), *Inchiesta del San Gradale*, Olschki, Florença, 1993.

N. Lorre Goodrich, *Il Mito della Tavola Rotonda*, Rusconi, Milão, 1991.

_____, *Il Mito di Merlino*, Rusconi, Milão, 1992.

_____, *Il Graal*, Rusconi, Milão, 1996.

J. Matthews, *Il Graal, Ricerca dell'Eterno*, Fabbri, Milão, 1982.

_____, *Il Graal, la Ricerca Infinita*, Xenia, Milão, 1995.

J. Matthews e B. Stewart, *Il Guerrieri di Re Artù*, Melita, Gênova, 1991.

A. Menduni, *La "Klage" di Hartmann von Aue*, Università di Genova, Genova, 1992.

A. Morganti, *Il Mistero del Mago Merlino*, Il Cerchio, Rimini, 1997.

A. Palumbo, *Merlino e i Suoi Simboli*, em E. Zolla (org.), *Il Superuomo e i Suoi Simboli nelle Letterature Moderne*, vol. IV, La Nuova Italia, Florença, 1976.

M. Polia, *Il Mistero Imperiale del Graal*, Il Cerchio, Rimini, 1996.
P. Ponsoye, *L'Islam e il Graal*, All'Insegna del Veltro, Parma, 1980.
G. Sinopoli, *Parsifal e Venezia*, Marsilio, Veneza, 1993.
D. Viseux, *L'Iniziazione Cavalleresca nella Leggenda di Re Artù*, Edizioni Mediterranee, Roma, 1987.
J. L. Weston, *Inchiesta sul Santo Graal*, Sellerio, Palermo, 1994.
F. Zambon, *Robert de Boron e i Segreti del Graal*, Olschki, Florença, 1984.

2. *Textos do ciclo arturiano e do Graal*

Anônimo, *Dell'Illustre et famosa historia di Lancillotto del Lago* (repr. anastática), Forni, Bolonha, 1980.
_____, *La Storia del Santo Graal*, org. por A. Terenzoni, 2 vols., Alkaest, Gênova, 1981.
_____, *La Morte di Re Artù*, org. por L. Nerazzini, Ed. del Graal, Roma, 1981.
_____, *La Cerca del Graal*, Borla, Roma, 1985.
_____, *Sir Gawain e il Cavaliere Verde*, org. por P. Boitani, Adelphe, Milão, 1986.
_____, *Il Romanzo di Tristano*, Costa & Nolan, Gênova, 1990.
_____, *La Ricerca del Graal*, org. por A. Béguin e Y. Bonnefoy, Newton Compton, Roma, 1991.
_____, *Sir Perceval di Galles*, org. por Barbara Corzani, Pratiche, Parma, 1994.
_____, *Le Avventure di Artù al Lago di Wadling*, org. por E. Giaccherini, ETS, Pisa, 1993.
AA.VV., *Romanzi Medievali d'Amore e d'Avventura*, Garzanti, Milão, 1981.
G. Agrati e M. L. Magini (orgs.), *La Leggenda del Santo Graal*, Oscar Mondadori, Milão, 1995.
G. Agrati e M. L. Magini (orgs.), *Merlino l'Incantatore*, Oscar Mondadori, Milão, 1996.

J. Bedier (org.), *Il Romanzo di Tristano e Isotta*, TEA, Milão, 1988.
Beroul, *Il Romanzo di Tristano*, Jaca Book, Milão, 1983.
R. de Beaujeu, *Il Bel Cavaliere Sconosciuto*, Pratiche, Parma, 1992.
R. de Boron, *Il Racconto della Storia del Graal*, org. por A. Terenzoni, Alkaest, Gênova, 1980.
_____, *I Primi Due Libri della Istoria di Merlino* (reproduzido anastaticamente), Forni, Bolonha, 1968.
Chrétien de Troyes, *Perceval*, Guanda, Parma, 1980.
_____, *Romanzi*, org. por C. Pellegrini, Sansoni, Florença, 1970.
G. de Malmesbury, *Gesta Regum Anglorum*, Studio Tesi, Pordenone, 1992.
T. Malory, *Storia di Re Artù e dei Suoi Cavalieri*, 2 vols., Mondadori, Milão, 1985.
M. L. Meneghetti (org.), *I Fatti di Bretagna. Cronache Genealogiche Anglo-Normanne dal XII ao XIV Sec.*, Antenore, Padova, 1979.
G. di Monmouth, *Storia dei Re di Britannia*, Guanda, Parma, 1989.
_____, *La Profezia di Merlino*, Sellerio, Palermo, 1992.
_____, *La Follia del Mago Merlino*, Sellerio, Palermo, 1993.
_____, *Perceval*, Jaca Book, Milão, 1986.
D. e F. Schlegel, *La Storia del Mago Merlino*, Studio Tesi, Pordenone, 1984.
W. von Eschenbach, *Parzival*, 2 vols., UTET, Turim, 1967.
_____, *Titurel o il Guardiano del Graal*, Il Cerchio, Rimini, 1993.
G. von Strassburg, *Tristano*, Einaudi, Turim, 1988.

3. *Textos mitológicos do mundo céltico*

AA. VV., *I Celti*, Bompiani, Milão, 1991.
G. Agrati e M. L. Magini (orgs.), *Saghe e Leggende Celtiche*, Oscar Mondadori, Milão, 1982.
Lady A. Gregory, *Dei e Guerrieri*, Studio Tesi, Pordenone, 1986.

4. Outros textos literários medievais

Anônimos, *Fabliaux. Racconti Francesi Medievali*, Einaudi, Turim, 1979.
Anônimo, *La Leggenda dei Tre Compagni*, OR, Milão, 1972.
_____, *Ludwigslied. Il Canto di Ludovico*, Dell'Orso, 1990.
_____, *Il Canto dell'Impresa di Igor*, Rizzoli BUR, Milão, 1991.
_____, *Il Romanzo di Alessandro*, Einaudi, Turim, 1991.
_____, *Il Lai di Narciso*, Pratiche, Parma, 1991.
_____, *Storia di Huon e di Auberon*, Guanda, Parma, 1991.
_____, *La Canzone di Orlando*, Rizzoli BUR, Milão, 1992.
AA.VV., *Scritture e Scrittori Sec. VII-X*, Einaudi, Turim, 1977.
_____, *Scritture e Scrittori Sec. XI*, Einaudi, Turim, 1977.
_____, *Scritture e Scrittori Sec. XII*, Einaudi, Turim, 1978.
_____, *Storie di Dame e Trovatori di Provenza*, Bompiani, Milão.
G. Acutis, *Leggenda degli Infanti di Lara. Due Forme Epiche del Medioevo Occidentale*, Einaudi, Turim, 1978.
G. Angeli (org.), *La Castellana di Vergy*, Salerno, Roma, 1991.
R. Bartoli e F. Cigni (orgs.), *Il Viaggio di San Brandano*, Pratiche, Parma, 1994.
J. Bodel, *Il Miracolo di S. Nicola*, Pratiche, Parma, 1988.
C. Bologna (org.), *Liber Monstruorum*, Bompiani, Milão, 1984.
M. Bonafin (org.), *Il Viaggio di Carlomagno in Oriente*, Pratiche, Parma, 1993.
P. Caraffi (org.), *Libro de Apolonio*, Pratiche, Parma, 1991.
L. Cocito (org.), *Il Romanzo di Flamenca*, Jaca Book, Milão, 1988.
Chrétien de Troyes (atribuído a), *Guglielmo d'Inghilterra*, Pratiche, Parma, 1991.
Cynewulf, *Il Sogno della Croce*, Pratiche, Parma, 1992.
G. da Hildesheim, *Storia dei Re Magi*, Newton Compton, Roma, 1982.
I. da Varazze, *Legenda Aurea*, org. por A. e L. Vitale Brovarone, Einaudi, Turim, 1995.

J. De Lorris e W. De Meung, *Le Roman de la Rose*, 2 vols., texto integral, L'Epos, Palermo, 1992.

A. Del Monte (org.), *Conti di Antichi Cavalieri*, Cisalpino, Milão, 1972.

C. Donà (org.), *Trubert*, Pratiche, Parma, 1993.

Dhuoda, *Educare nel Medioevo*, Jaca Book, Milão, 1983.

E. Fassò (org.), *La Canzone di Guglielmo*, Pratiche, Parma, 1995.

F. Ferrari (org.), *Saga di Oddr l'Arciere*, Iperborea, Milão, 1994.

_____, *Saga di Egill il Monaco*, Iperborea, Milão, 1995.

E. Giaccherini (org.), *Perla*, Pratiche, Parma, 1989.

_____, *Sir Orfeo*, Pratiche, Parma, 1994.

R. A. Grignani (org.), *La Navigazione di San Brandano*, Bompiani, Milão, 1975.

Hartmann von Aue, *Gregorio e il Povero Enrico*, Einaudi, Turim, 1990.

M. J. Heijkant (org.), *Tristano Riccardiano*, Pratiche, Parma, 1992.

Helinant de Froidmont, *I Versi della Morte*, Pratiche, Parma, 1993.

L. Koch (org.), *Gli Scaldi, Poesia Cortese Vichinga*, Einaudi, Turim, 1985.

_____, *Beowulf*, Einaudi, Turim, 1991.

_____, *La Saga dei Volsunghi*, Pratiche, Parma, 1994.

M. Lecco (org.), *La Battaglia di Quaresima e Carnevale*, Pratiche, Parma, 1990.

C. Lee (org.), *Daurel e Beton*, Pratiche, Parma, 1991.

M. Liborio (org.), *Aucassin e Nicolette*, Pratiche, Parma, 1991.

R. Lullo, *Il Libro dell'Ordine della Cavalleria*, Arktos, Carmagnola, 1982.

_____, *Il Libro del Gentile e dei Tre Savi*, Gribaudi, Turim, 1986.

_____, *Il Libro delle Bestie*, Novecento, Palermo, 1987.

Maria di Francia, *Eliduc*, Sansoni, Florença, 1974.

_____, *Lais*, Pratiche, Parma, 1992.

M. Meli (org.), *Saga di Ragnarr*, Iperborea, Milão, 1993.

V. Molinari (org.), *Le Stagioni del Minnesang*, Rizzoli, Milão, 1994.

M. Montesano (org.), *Vita di Barbato*, Pratiche, Parma, 1994.

L. Morini (org.), *Bestiari Medievali*, Einaudi, Turim, 1996.

B. Penvini (org.), *Gormond e Isembart*, Pratiche, Parma, 1990.
R. Romanelli (org.), *Il Cavaliere e l'Eremita*, Pratiche, Parma, 1987.
T. von Ringoltingen, *Melusina*, Stampa Alternativa, Roma, 1991.
G. Zaganelli (org.), *La Lettera del Prete Gianni*, Pratiche, Parma, 1990.

5. Obras contemporâneas de fantasia sobre uma Idade Média "ideal", que recriam o ciclo arturiano ou retomam os mitos do mundo céltico

L. Alexander, *La Saga di Prydain*, Nord, Milão, 1986.
_____, *Taran di Prydain*, Nord, Milão, 1989.
M. Ashley (org.), *La Leggenda di Camelot*, Newton Compton, Roma, 1996.
M. Z. Bradley, *Le Nebbie di Avallon*, Longanesi, Milão, 1986.
_____, *Le Quercie di Albion*, Longanesi, Milão, 1994.
G. Bradshaw, *Falco di Maggio*, SugarCo, Milão, 1989.
V. Canning, *La Leggenda del Calice Cremisi*, Nord, Milão, 1990.
F. Cardini, *Il Giardino d'Inverno*, Camunia, Milão, 1996.
F. Cuomo, *Gunther d'Amalfi, Cavaliere Templare*, Newton Compton, Roma, 1989.
_____, *Il Codice Macbeth*, Newton Compton, Roma, 1996.
R. Giovannoli, *Il Predatori del Santo Graal*, Piemme, Casale Monferrato, 1995.
H. Harrison, *La Via degli Dei*, Nord, Milão, 1995.
_____, *Il Trono di Asgard*, Nord, Milão, 1996.
S. Lawhead, *Taliesin*, Nord, Milão, 1991.
_____, *Merlin, il Mago Guerriero*, Nord, Milão, 1992.
_____, *Arthur, un Re nella Leggenda*, Nord, Milão, 1992.
_____, *La Guerra per Albion*, Nord, Milão, 1993.
_____, *Mano d'Argento*, Nord, Milão, 1994.
M. Llewellyn, *Il Leone d'Irlanda*, Nord, Milão, 1990.

_____, *I Guerrieri del Ramo Rosso*, Nord, Milão, 1991.
_____, *La Saga di Finn Marc Cool*, Nord, Milão, 1995.
_____, *L'Orgoglio dei Leoni*, Nord, Milão, 1996.
L. Mancinelli, *I Tre Cavalieri del Graal*, Einaudi, Turim, 1996.
M. Stewart, *La Grotta di Cristallo*, Rizzoli, Milão, 1976.
_____, *Le Grotte nelle Montagne*, Rizzoli, Milão, 1978.
_____, *L'Ultimo Incantesimo*, Rizzoli, Milão, 1981.
_____, *Il Giorno Fatale*, Rizzoli, Milão, 1985.
J. R. R. Tolkien, *Lo Hobbit*, Adelphi, Milão, 1973.
_____, *Il Signore degli Anelli*, Rusconi, Milão, 1977.
_____, *Il Silmarillion*, Rusconi, Milão, 1978.
J. Vance, *Lyonesse*, Nord, Milão, 1985.
E. Walton, *I Mabinogion*, Garzanti Vallardi, Milão, 1980.
T. H. White, *Re in Eterno*, Mondadori, Milão, 1989.
P. Wooley, *Figlia della Primavera Nordica*, Rizzoli, Milão, 1991.

6. Cinema: filmes de inspiração arturiana ou alusivos a uma Idade Média lendária e fantástica

Il Settimo Sigillo, de Ingmar Bergman (*Detojunde Huseglet*, Suécia, 1956).
Lancillotto e Ginevra, de Robert Bresson (*Lancelot du Lac*, França-Itália, 1974).
Perceval, de Eric Rohmer (*Perceval le Gallois (Perceval, o Gaulês)*, França, 1978).
Il Signore degli Anelli, de Ralph Baski (*The Lord of the Rings (O Senhor dos Anéis)*, Estados Unidos, 1979).
Excalibur, de John Boorman (*Excalibur*, Grã-Bretanha-Estados Unidos-Irlanda, 1980).
La Spada di Hok, de Terry Marcel (*Hawk the Slayer*, Grã-Bretanha, 1980).

La Spada a Tre Lame, de Albert Pyum (*The Sword and the Sorcere (A Espada e o Feiticeiro)r*, Estados Unidos, 1981).
Il Falcone, de Vatroslav Mimica (*Banovic Strahinja*, Iugoslávia, 1982).
La Spada e la Magia, de Brian Stuart (*Sorceress*, Estados Unidos, 1982).
Lady Hawke, de Richard Donner (*Lady Hawke (O Feitiço de Áquila)*, Estados Unidos, 1984).
L'Amore e il Sangue, de Paul Verhoeven (*Flesh and Blood (Conquista Sangrenta)*, Estados Unidos, 1985).
Highlander, l'Ultimo Immortale, de Russell Mulcahy (*Highlander*, Estados Unidos-Grã-Bretanha, 1986).
Quarto Comandamento, de Bernard Tavernier (*La Passion Béatrice*, França-Itália, 1987).
Storia Fantastica, de Rob Reiner (*The Princess Bride (A Princesa Prometida)*, Estados Unidos, 1987).
Highlander II – Il Ritorno, de Russell Mulcahy (*Highlander II – The Quickening*, Estados Unidos, 1991).
Magnificat, de Pupi Avati (Itália, 1993).
Il Primo Cavaliere, de Jerry Zucker (*First Knight (Lancelot – O Primeiro Cavaleiro)*, Estados Unidos, 1995).
Braveheart – Cuore Impavido, de Mel Gibson (*Braveheart (Coração Valente)*, Estados Unidos, 1995).

7. *Histórias em quadrinhos: séries e personagens de inspiração arturiana ou baseados numa Idade Média fantástica*

Prince Valiant (Príncipe Valente), de Harold Foster (*in The New York American Journal*, 1937).
Lancelot, de Jacques Blondeau, Ollier-Francey e Santo d'Amico (*in Le Journal de Mickey*, 1959, 1961-1965, 1966-1987).

Le Chevalier Ardent (Cavaleiro Ardente), de François Craenhais (*in Tintin*, 1966).
Black Knight, de Thomas e Tuska (*in The Avengers*, 1968).
Camelot 3000, de Bar e Bolland (*in Camelot 3000*, 1982).
Il Ciclo Bretone della Tavola Rotonda (1. *Artù Signore dei Britanni*; 2) *Parsifal e Lancillotto*; 3) *La Cerca del Graal*; 4) *Gli Ultimi Guerrieri della Tavola Rotonda*), de Alex Voglino, Sergio Giuffrida e Franco Vignazia (Jaca Book, Milão, 1985-6).
Excalibur, de Davis e Claremot (*in Excalibur*, 1987).

Impresso por :

gráfica e editora

Tel.:11 2769-9056